나는 쓰는 대로 이루어진다

고즈원은 좋은책을 읽는 독자를 섬깁니다.
당신을 닮은 좋은책—고즈원

나는 쓰는 대로 이루어진다
한명석 지음

1판 2쇄 발행 | 2013.12.20.

일러스트 ⓒ 고부기

발행처 | 고즈원
발행인 | 고세규
신고번호 | 제313-2004-00095호
신고일자 | 2004. 4. 21.
(121-896) 서울특별시 마포구 동교로13길 34(서교동 474-13)
전화 02)325-5676 팩시밀리 02)333-5980

값은 표지에 있습니다.
ISBN 978-89-92975-58-2 03320

고즈원은 항상 책을 읽는 독자의 기쁨을 생각합니다.
고즈원은 좋은책이 독자에게 행복을 전한다고 믿습니다.

나는 쓰는 대로 이루어진다

한명석 지음

곰주인
God'sWin

나의 놀이터요, 배움터인
'글쓰기를 통한 삶의 혁명' 카페 회원들에게
이 책을 드립니다.

차 례

글쓰기는 어마어마한 도구다

　나는 글쓰기 중독자다. 마음에 드는 글 한 편을 쓰면 날아갈 것 같고, 쓰지 못하면 욕구불만을 넘어 불안해지는 것이 오래되었다. 글을 쓰지 못해서 가라앉는 건지, 아니면 기분이 좋지 않아서 글을 못 쓰는 건지 구분이 안 될 정도로 나와 글쓰기는 한 몸이다. 글쓰기는 이미 내 일상을 주재하는 주인이요, 컨디션의 바로미터요, 행복감을 받쳐 주는 바지랑대가 된 것이다. 학문적으로 중독이라고 말하려면 내성과 금단증상이 있어야 한다는데, 금단증상은 명확하게 느끼고 있거니와 갈수록 그 자리에 필요한 단 하나의 표현에 집착하게 되는 걸 보면 내성도 생긴 것 같다. 물론 좋은 의미지만 말이다. 그런데 나는 내가 글쓰기 중독인 것이 좋다. 글쓰기는 너무 자극이 심하고 변화 속도가 빨라서 마치 가상현실 같아지는 삶을 살아가는 지침이 되어 준다.

　글쓰기를 하면 자기 자신에 대해 잘 알게 된다. 이것이 글쓰기의 첫 번째 성과다. '나'에 대해 잘 알고 있는 사람은 인생을 주도적으로 헤쳐 나갈 수 있다. 내가 원하는 것을 명확하게 알고 있고, 원하는 것을 가졌을 때의 행복감이 얼마나 큰지 잘 알고 있기 때문에 그것을 외면할 수가 없다. 자신에 대해 잘 알고 있는 사람은 행복하게 살 확률도 높다. 내가 좋아하는 일을 내가 원하는 방식으로 하는 것이 행복이기 때문이다. 이런 사람들은 실수를 했을 때에도 훌훌 털어 버리고 조금 방법을 달리해서 새로운 시도를 할 수 있다. 스스로의 결정에 따랐으므로 스트레스를 덜 받는 데다가 남의 탓을 하느라 에너지를 분산시키지 않았기 때문이다. 일의 과정을 즐기기에 백 퍼센트 성공은 아니라도 간 만큼 이익이라고 생각한다. 그런데 많은 사람들이 자신이 누구인지를 몰라서 답답해한다.

　나는 누구인가? 내가 생각하는 '나'가 나인가? 남들이 생각하는 '나'가 나인가? 이것부터가 쉽지 않다. 오죽하면 두 사람이 만나면 여섯 명이 함께 있는 것과 같다는 말이 있을 정도다. 제각기 내가 생각하는 나, 상대가 생각하는 나, 그리고 진짜 내가 있어서 그리 된다는 해석이다. 전에는 내가 생각하는 내가 '나'라고 단호하게 믿었다. 자기중심성이 강한 성격이라 오직 내 마음만이 중요했던 것이다. 그런데 살아 볼수록 타인의 관점이 눈에 들어온다. 타자의 비중은 나이에 비례하여 점점 커지고 있다. 내가 하는 말은 내 입에서 발설되었을 때 성립하는 것이 아니라 타자가 수용했을 때 비로소 의미가 성립하는 것이다. 나의 에너지가 다른 사람의 에너지를 불러일으키지 못한다면 에너지도 아니다. 내가 아무리 개성 있는 삶을 산다 해도 그것이 다른 사람들에게 아무런 의미가 없다면 도대체 무슨 소용이랴. 요컨대 '사람은 섬이 아니다.'

그렇다고 해서 타자의 인정에 급급하여 끌려 다닌다면 '나'라고 하는 실체는 없어질 것이다. 나를 둘러싼 사람들이 한 가지 입장으로 통일되어 있는 것도 아니니 어느 장단에 춤을 춰야 할지 혼란스러울 것이다. 그래서 나는 이렇게 정리했다. 내가 옳다고 생각하는 대로 움직이되 내가 인정하는 준거집단의 시선을 존중하기로 했다. 내가 생각하는 나와 '의미 있는 타인들'에게 보여지는 나를 통합한 것이 '진정한 나'라고 본 것이다. 그래서 가끔은 낯선 시선으로 나를 바라보는 것이 필요하다. 마치 거울을 들여다보듯이 완벽한 타인의 시선으로 나를 바라보는 것! 그런데 이것을 글쓰기가 도와준다. 종이 위에 내 감정을 풀어 놓으면 마치 남의 일처럼 객관화가 된다. 그 일에 얽힌 감정과 기대치가 뒤엉켜 복잡하던 것들이 가지런히 정렬되어 뼈대만 남는다. 내가 반복하는 행동의 패턴이 보이고, 어떤 일의 진짜 동기가 드러나기도 한다.

그런데 최근의 연구에 의하면 사람의 타고난 성격이 고정불변이라는 가설에 대한 생각이 바뀌고 있다고 한다. 뇌의 신경세포는 거의 평생 동안 새로 생겨나고, 그 결과 성격도 언제고 변할 수 있다는 것이다. 이는 사람들이 원래 있는 자아를 발견하거나 실현하려는 일이 상대적으로 의미가 없다는 뜻이 된다. 전에는 생후 3년 이내에 성격의 대부분이 형성된다고 알려졌다. 그래서 생후 첫 인간관계인 부모, 특히 엄마의 역할에 초점이 맞춰지곤 했다. 그때 형성된 긍정적인 자아상이 평생 간다는 것에 동의한다. 그러나 30년 이상 살아온 사람이 아직도 부모 탓을 한다면 그것도 문제가 아닐까. 이제는 부모에게서 받고 싶었던 것을 내가 나에게 주어야 하는 시점인 것이다.

이제 문제는 더 이상 '나는 누구인가'가 아니라, '나는 누가 될 수 있는가'다. 마음 한 번만 고쳐먹어도 달라지는 것이 사람인데 '나'라고 하는 고정불변의 실체가 있다는 시각은 좀 답답하다. 인생이 너무 길어져서 한 가지 정체성을 가지고 사는 것이 불가능해지기도 했다. 어떤 측면을 보느냐에 따라서 모든 것이 달라진다. 타고난 기질을 이해하는 것도 중요하겠지만, 내가 원하는 방향으로 나를 가꾸어 가는 것이 훨씬 주도적이고 역동적인 삶을 보장해 줄 것이다. be가 아닌 becoming이라고 하듯, 자신의 운명에 순종하는 것이 아니라 자신이 무엇이 될지 각자 자유롭게 정하는 것이다. 따라서 '내적 이미지'와 '외적 이미지' 못지않게 '이상적인 자기 이미지'가 중요해진다. 온갖 장애물을 극복하고 성공에 도달하는 사람들의 특징은 자신이 이상적이라고 생각하는 사람의 모습을 창조하여, 그 이미지에 부합하기 위해 지속적으로 성장해 나가는 것이라고 한다. 자신의 이상적인 자아를 생생하게 떠올리는 사람은 이상적인 자기와 현재의 자기 사이의 차이를 좁히기 위한 노력을 멈추지 않게 된다. 이것이 바로 성공으로 가는 첫걸음이다. 그러니 자신이 원하는 삶의 주인이 되고 싶다면, 건강하고 미래지향적인 자기 이미지부터 구축할 일이다. 그리고 계속해서 여기에 부합하도록 적응해 나가면 된다. 이런 작업들도 글쓰기가 도와준다. 글쓰기의 두 번째 성과는 '자기 암시'다.

목표를 추구하는 과정에서 글로 쓰라고 강조한 사람은 수없이 많다. 글로 쓰면 좀 더 명확하게 뇌에 입력되므로 목표에 다가갈 확률이 높아지기 때문이다. 무언가를 간절히 원하면 우주가 그것을 도와준다는 말은 허울만 번지르르한 말이 아니다. 뇌가 목표 중심으로 프로그래밍되어 아주 작은 징후도 놓치지 않고, 따로 떨어져 있는 것들을 연결하여 새로운 기회를 만들어 내고, 강력한 실천력을 갖추게 되기 때문에 가능한 일이다. 바로 이것이 융이 말하는 '동시성'의 원리다. 나를 확실하게 던지는 순간 신도 따라 움직인다!

알고 보니 글쓰기는 이미 임상 치료에서 그 효용을 인정받고 있었다. 이름 하여 '저널 치료', 글쓰기가 정서 조절에 뛰어난 효과가 있다는 얘기다. 베스 제이콥스Beth Jacobs의 〈감정 다스리기를 위한 글쓰기〉를 읽어 보고 깜짝 놀랐다. 이제껏 글쓰기 안에서 내가 누려 온 것들이 학문적 용어로 고스란히 정리되어 있었기 때문이다. 그러니까 나는 저널 치료의 모범생이었던 것이다. '치료'라는 말이 좀 거슬릴 수도 있겠지만 요즘 널리 쓰이는 '테라피'와 동의어이니 넓은 의미로 받아들이면 좋겠다. 저자는 저널이 '개인의 정서와 현실 사이의 중간 점검 장소'라고 말한다. 사람들은 이곳에서 '복잡한 정서를 분출하고 발굴하고 묘사하고 해부하며 전환함으로써 일종의 해방감과 함께 정서를 조절할 수 있는 기술'을 익히게 된다고 한다. 정말 그랬다. 신경 쓰이는 일을 종이 위에 풀어 놓고 나면 마치 나를 속속들이 이해해 주는 누군가에게 하소연하고 난 것처럼 마음이 후련해졌다. 좀 전까지 무겁게만 느껴지던 문제가 거짓말처럼 가볍게 느껴지며 다시 한 번 해 보자는 마음이 되곤 했다. 이런 경험을 갖고 있었기에 나는 '정서와 현실 사이의 중간 점검 장소'라는 멋진 표현을 고스란히 이해할 수 있었다.

　사람은 하고 싶은 말을 하면서 살아야 한다. 마음에 담아 둔 말을 하지 못했을 때 병이 나는 것은 '임금님 귀는 당나귀 귀' 이래로 사실이다. 글쓰기는 하고 싶은 말을 맘껏 쏟아 낼 수 있는 공간을 제공한다. 쏟아 내는 것만으로도 정화가 되지만 마음속에 여백이 생겨 빠르게 다른 감정을 받아들일 수도 있다. 언젠가 어느 병원 앞에 '화병, 만성두통, 신경성 위장장애 전문'이라고 쓰인 것을 보고 발길이 멈추었다. 이런 증상을 묶어 놓았다는 것은 원인이 같다는 뜻이고, 그것은 아마 과거에 일어난 일을 쉽게 놓지 못하는 기질일 거라는 생각이 들었다. 다른 사람들에게 정말 가슴 아픈 일, 아직도 벗어나지 못한 일에 대해서 털어놓기란 쉬운 일이 아니다. 이럴 때 글로 쓰면 다른 사람에게 어떻게 보일까 하는 걱정 없이 무거운 짐을 내려놓을 수 있게 된다. 글을 쓰다 보면 문제에 짓눌려 있는 듯하던 기분에서 벗어나게 되는데, 이것은 과학적으로도 증명이 되었다. 글 쓰는 동안을 뇌파 촬영해 보면 우뇌와 좌뇌의 뇌파 활동이 밀접하게 연관

된다고 한다. 그렇기 때문에 글로 쓰면 문제 해결에 도움이 되어 사고의 감옥으로부터 벗어날 수 있는 것이다.

　글쓰기는 정말 힘이 세다. 글은 내 마음을 헤집어 내 생각을 표현하는 행위이기 때문에, 스쳐 지나가는 장면에서도 의미를 찾아내고 실낱같은 가능성에서도 희망을 보게 한다. 글로 정리해 놓으면 어떤 실수나 시행착오에서도 배움을 이끌어 낼 수 있어, 일시적인 역경에 사로잡히지 않고 다시 시작할 수 있는 힘을 받게 된다. 글쓰기는 무엇보다도 재미있다. 쓸 만한 글감을 하나 떠올린 순간, 빠르게 키보드를 두드리는 순간, 심장에서 시작한 전율이 격하면서도 잔잔하게 전신으로 퍼지는데, 내게는 어떤 도락도 이 즐거움을 따라오지 못한다. 아무 일도 하지 않고 데굴거리는 맛, 여행과 맛있는 음식도 모조리 글쓰기 다음이다. 그런데 살아 볼수록 스스로 재미를 생산할 수 있는 능력이 중요하다는 것을 확인하게 된다. 스스로 즐거움의 원천이 되는 사람은 자기감정에 솔직하다. 내 시간과 관심을 주도할 수 있어서 당당할 수도 있다. 바로 여기에서 다른 사람의 의견이나 세상의 잣대에 휘둘리지 않는 주체성이 나온다. 살다 보면 크고 작은 결단이나 변화를 해야 할 기회가 수도 없이 많은데 그때마다 자신의 마음을 따라갈 수 있는 뱃심의 정체도 바로 이것이다.

　글쓰기를 친구로 삼으면 삶이 충만해진다. 매 순간 오감을 열어 놓고 느끼고 반응하게 되므로, 글 쓰는 사람은 인생을 몇 배로 산다. 직접 겪으면서 살고, 글로 쓸 때 반추하며 다시 한 번 살고, 거기에 상상의 세계를 현실처럼 생생하게 느끼니 그의 세계는 '따따블'인 셈이다. 벚꽃이 구름처럼 만개한 봄날, 바람이 쏴아 하고 불 때마다 작은 꽃잎들이 천천히 팔랑이며 떨어진다. 여기까지 오느라 수고했다는 듯 내 머리 위에 꽃잎 세례가 축복처럼 주어진다. 아기 손톱 같은 연분홍 꽃잎이 조그만 바퀴가 되어 팽글팽글 온몸으로 굴러가는 장면이 너무나 아름다워 가슴이 저릿해진다. '이 아름다운 세상에서 정말 사는 것처럼 한번 살아 보고 싶어!' 글로 써 놓은 장면은 사진처럼 각인되어 나는 언제고 그 장면을 불러올 수 있다. 글은 스쳐 가는 순간을 보존하여 삶을 촘촘하게 해 준다.

일상적인 글쓰기가 주는 위안이 이렇게 클진대, 책 쓰기에 도전하면 더 큰 기회가 열린다. '밥벌이의 비루함'에 갇혀 낙타처럼 끌려다니지 않아도 된다. 책 쓰기는 나의 언어와 철학을 가지고 당당하게 설 수 있다는 존재 선언이기 때문에, 다른 사람이 만들어 놓은 제도와 구조 속에 부속품으로 살아가는 것이 아니라, 자기 세계를 가진 사람들과 어울려 새로운 세상을 만들어 가는 새로운 삶이 시작된다. 나처럼 본격적인 저술을 계획하지 않더라도 일상적인 글쓰기만 익혀도 크게 도움이 된다. 글쓰기는 표현, 소통, 초월, 학습과 성장, 상상력, 영성의 추구 같은 중차대한 역할을 한 방에 수행하는, 실로 어마어마한 도구다.

누구나 감동적인 글을 쓸 수 있다. 글쓰기에 대한 몇 가지의 오해와 자기 검열에서 벗어나기만 해도 글쓰기가 훨씬 더 가깝게 느껴질 것이다. 글쓰기에 대한 대표적인 오해는 '글을 쓰기 위해서는 타고난 재능이 필요하다'거나 '좋은 글이란 미사여구가 빼어난 글이다' 같은 것을 들 수 있다. 본격적으로 순수문학을 할 것이라면 타고난 재능이나 아름다운 비유가 필요할지도 모른다. 하지만 개별화와 감성, 지식과 창조성이 강조되는 오늘날에는, 개성 있고 독자적인 인간이라면 누구나 글쓰기를 피해 갈 수 없다. 보통 사람에게는 타고난 재능이 아닌 '훈련', 미사여구가 아닌 '정확한 의사 전달'이면 충분하다. 그래도 막상 글을 쓰려면 아득하고 대단한 것으로 느껴지는 분들에게 길 안내를 해 드리려고 한다. 생각을 깊게 해 주면서도 실용성도 갖춘, 품격 있는 매뉴얼을 쓰려고 애썼는데 부디 도움이 되었으면 좋겠다.

1장

글쓰기는 문장력의 문제라기보다
심리적인 문제다

죽어라 글이 안 써질 때

글이 잘 써질 때가 있고 죽어라 안 써질 때가 있다. 크게 마음먹지도 않았는데 글이 술술 써질 때는 하고 싶은 말이 분명할 때다. 이 생각이 옳은가 그른가, 다른 사람이 어떻게 생각할까 자문해 볼 틈도 없이 내 생각에 빠져 있으면 짧은 시간에 '미끄덩' 글 한 편이 빠져나온다. 글을 쓰기 시작한 후 5년 동안 나는 늘 이렇게 글을 써 왔다. 단골 사이트와 내 블로그에 올리는 편안한 글이나마 내 만족도는 대단했다. 복숭아꽃이 핀 것이나 멋진 노을을 보기만 해도, 심지어 피싱 전화를 받고 심란했을 때에도 글 한 편이 써졌다. 글로 쓰면 생각이 정리되어 소소한 경험에서도 의미를 찾아낼 수 있었고, 불안하던 마음이 가라앉아 다음 행동으로 나아갈 수 있었다. 글쓰기는 그야말로 나의 만병통치약이었고 나는 글을 쓰는 데 아무런 스트레스도 받지 않았다. 2007년에 구본형변화경영연구소에서 메일 서비스 필진으로 활동했는데 여러 사람에게 보내는 글인데도 매번 30여 분이면 쓸 수 있었던 기억이 난다. 그중 한 편을 옮겨 보면 이렇다. '저렴하게 인생을 즐기는 법'이라는 제목의 글이다.

　밤기차로 부산에 왔습니다. 25년 전에 첫사랑과 같이 왔던 곳이군요. 이번에는 딸과 함께입니다. 새벽 부산 역사에서, 흘러간 영화 포스터와 여배우 사진전을 봅니다. 옛 여배우들의 품격 있는 아름다움에 감탄합니다. 버스를 타고 태종대에 갔습니다. 울창한 동백나무 숲을 비롯해서 나무가 참 좋습니다. 짙은 옥색의 바다로 빨려 들어갈 것 같아서 내려다보기가 겁이 납니다.
　오랜만에 헌책방 거리의 정취에 젖어 보기도 했습니다. 오쇼 라즈니쉬의 책 한 권과 이왕주 산문집 〈쾌락의 옹호〉를 샀습니다. 국제시장은 그야말로 '국제적'이군요. 전형적인 시장 풍경 사이로 불쑥불쑥 일본풍, 인도풍 소품이 고개를 내미는 식입니다. 딸아이와 나는 깔깔거리며 옷을 하나씩 골랐습니다. '국제시장에서 산 옷'이라는 추억이 하나 생기는 순간입니다.
　부대시설이 풍부한 곳을 고르면 찜질방에서도 충분히 즐길 수 있습니다. 조용한 한쪽에서 책을 보다가 DVD룸에서 아주 편안한 자세로 기대어 〈스파이더맨〉을 보았습니다. 오늘 고른 곳은 식당 시설이 좋아서 아침으로 먹은 구운 계란과 팥빙수, 점심으로 고른 제육덮밥이 모두 합격입니다.

　마치 도보 여행자처럼 많이 걸었습니다. 조금도 서둘지 않고 천천히 낯선 풍광에서의 일상을 즐겼습니다. 광안리의 야경과 달맞이고개의 그리움, 해운대의 아침 바람을 모두 몸에 새겨 넣었습니다. 부산시립미술관에서 화살표를 따라 관람해 나가다가, 문득 딸애가 "화살표가 없다!"고 철학적인 탄성을 내뱉기도 했습니다.

　"그럼 이제 스스로 결정하는 거야?"

　태종대에서 본 새가 떠오릅니다. 바람이 일렁이는 날씨였는데, 하늘 꼭대기에도 바람이 불고 있나 봅니다. 새 몇 마리가 날개를 쫙 펴고 바람을 타고 있었거든요. 고개가 아프도록 올려다보아도, 언제까지나 새들은 날갯짓 한 번 하지 않고, 유유하게 비행을 즐기고 있었습니다.

　딸과 함께한 2박 3일간의 부산 여행은 정말 재미있었다. 우리는 해외여행이라도 간 듯 낯선 시선으로 부산의 이모저모를 살펴보았다. 유명한 관광지 몇 군데 둘러보고 마는 것이 아니라 시장과 골목, 공원과 박물관을 천천히 느끼며 걸어 다녔다. 이 글을 쓰는 데 거의 타자 치는 시간밖에 들지 않았다. 충만한 경험과 그로 인해 생겨난 감흥을 받아쓰기만 하면 되었기 때문이다. 나는 이 짧은 기행문이 아주 마음에 든다. 언제고 다시 꺼내 보면 진정한 카르페 디엠을 경험했던 순간을 불러올 수 있어 기분이 좋다. 이렇게 글로 정리해 놓은 일은 두고두고 기억이 보강되지만 그렇지 않은 일은 빠른 속도로 잊혀 간다.

그러나 좋은 시절은 5년 만에 끝났다. 이제는 그때만큼 편하게 글을 쓸 수가 없다. 글 한 편을 쓰는 데 걸리는 시간도 대폭 늘어났고, 쓰고 나서의 만족감도 전처럼 충일하지가 않다. 어떨 때는 두 달 동안이나 아무것도 쓰지를 못해서 불안하기도 했다. 지나치는 상념을 애걸복걸하며 붙들어서 억지로 꿰어 맞춘 글은 누더기처럼 참담하였다. 도대체 무엇이 달라졌을까. 나는 꼼꼼하게 원인 분석에 들어갔고 두 가지 결론을 얻었다.

첫째는 내가 글쓰기 강사가 된 것이 주원인이었다. 나는 강의를 하기 위해 글쓰기에 대해 나와 있는 책을 거의 다 읽었다. 실용서는 물론이고 시나 소설 창작, 어린이용 책까지 백여 권을 읽었는데, 책에서 읽은 것과 강의를 하면서 강조한 글쓰기 원칙들이 무의식적인 장애물이 된 것 같았다. 수강생들에게 모범이 되는 글을 써야 한다는 부담도 있었을 것이다. 어린아이처럼 내 생각에 빠져 내게 다가온 느낌 하나에 집중하고 환호하던 이전에 비해 이제는 고려해야 할 것이 너무 많아진 것이다. 이렇게 쓰면 나의 어떤 면이 드러날 텐데, 이렇게 쓰면 어른스럽지 못한데, 이렇게 쓰면 글의 수준이 떨어질 텐데… 하는 생각에 걸려 도저히 편하게 글을 쏟아 낼 수가 없었다. 그래서 나는 글쓰기를 하는 데 자기 검열이 제일 무섭다는 것을 알았다.

두 번째로 나는 너무 내 안에 갇혀 있었다. 나는 관찰력이 발달하고 스토리텔링을 즐기는 편이라 굳이 사람들과 어울리지 않고도 충분히 재미있었다. 사람들과 어울리기보다 한발 옆에 떨어져 '저 사람은 이럴 때 이렇게 반응하는구나', '저런 유형의 사람들을 편하게 대하네', '음, 이 표정은 아무래도 위장의 냄새가 나는걸' 하는 식의 관찰을 일삼았다. 언어에 민감해서 서로의 말을 못 알아들은 채로 자기 말만 하는 것을 유독 힘들어하기도 했다. 워낙 익숙해져서인지 혼자 뚝 떨어져 지내도 별로 불편을 느끼지 못했는데 글에 탄력이 붙질 않는 거였다. 내 글에는 책에서 건져 올린 개념만 있고 살아 있는 사람이 빠져 있었다. 사람들과 어울리면서 일어나는 크고 작은 경험이 훈훈한 글을 만드는 것인데 내 글에는 오직 '나'의 생각, '나'의 각오만 있을 뿐 당최 사람에 대한 애정이 없었다. 첫 책은 그것 가지고도 어찌어찌 되었을지 모르지만 더 이상은 안 되리라는 것을 나는 직감적으로 알았다. 마침 조금씩 사람들이 그리워지고 있는 것을 게으름 때문에 내버려 두고 있을 때였는데, 더 이상은 방치할 수 없겠다는 생각이 들었다. 나는 '엇, 뜨거라' 싶어서 사람들에게 다가가기 시작했다. 이래저래 글쓰기가 나를 사람 만든다 싶다.

01

자기를 믿는 사람이 글도 잘 쓴다

"글을 써 보니까 모르면 한 문장도 쓸 수가 없더라고요. '나는 걸어간다'라는 단순한 문장을 쓰려고 해도 내가 왜 걸어가는지 모르면 글이 써지지 않아요. 하다못해 일기를 쓸 때도 잘 모르는 내용이나 정확하지 않은 내용, 틀린 내용을 가지고 글을 쓰면 어김없이 글이 앞으로 나가지 않더라고요. 그래서 내가 아는 것, 깨달은 것만을 가지고 글을 써야겠다, 그도 아니면 철저하게 공부를 해서 내 언어로 이야기할 수 있을 때 써야겠다고 다짐하게 됐어요."

–동화작가 김희경(《마음의 집》으로 국제아동도서전 라가치상 수상) 인터뷰 중에서

소설가 김연수는 매일 글을 쓰면 더 나은 인간이 될 수 있다고 장담한다. 가령 미래가 어둡다는 생각만으로는 한 장을 채울 수 없고 며칠을 버틸 수가 없지만 매일 쓰는 사람은 어떻게든 그 상황을 돌파하자는 생각을 하는 사람이기 때문이란다. 나는 다른 이유로 매일 쓰는 사람은 자기가 원하는 삶을 거머쥘 수 있다고 믿는다. 글쓰기는 생각이다. 어떤 일에 부딪쳐 내 안에 일어난 반향을 쓰는 것이니 느낌이 확실하면 어려울 것이 없다. 조금이라도 글을 써 본 사람은 한 번쯤 글이 술술 써지는 경험을 해 보았을 것이다. 글감과 마음이 한 치의 틈도 없이 겹쳐져서 그것을 받아쓰기만 하면 되는 경우이다. 쓰다 보면 생각이 정리되기도 한다. 글로 써 놓으면 머리로만 생각할 때보다 훨씬 정리가 잘된다. 그동안 생각해 온 과정의 결실인지 시각화의 영향인지 모르겠지만 이 효과는 분명하다. 어떤 경우든 글쓰기는 내 느낌을 명료하게 해 준다. 명료한 것을 넘어 이렇게 생각하는 내가 여기에 있다는 것에 희열을 느끼게 해 준다.

글로 쓰면 감흥이 더욱 깊어진다. 한 번 겪고 스쳐 지나가는 것보다 다시 한 번 곱씹어 글로 쓰면서 추체험하는 맛이 달콤하다. 머리로 떠올리며 손가락을 움직이고 소리 내어 읽으면서 오감을 사용해 재현하는 감흥은 실제보다 더 섬세하고 깊어져 거의 오묘하다. '그래, 바로 이것이야!' 내게 일어난 일을 분명하게 알아차릴 때마다 나는 더욱 당당해진다. 글쓰기는 '나'의 느낌을 알아차리고 이름을 지어 주고 정당성을 부여한다. 그럼으로써 나다움을 보강해 준다. 매사에 내 느낌을 생생하게 느낄 수 있다면 내가 원하는 삶에 도달할 확률이 높다. 내가 무엇을 좋아하는지 몰라 우왕좌왕하지 않고, 무책임한 제3자의 개입에 감정을 낭비할 필요가 없으며, 내 것이 아닌 것을 거부할 힘을 갖게 되기 때문이다.

그런데 매일 쓰는 사람은 많지 않다. 매일은커녕 어쩌다 쓰는 것도 힘들어서 몸을 비트는 사람이 더 많다. 어떻게 하면 글쓰기에 좀 더 가까이 다가갈 수 있을까? 글쓰기는 감흥으로 쓰는 것이니, 이것을 가로막는 것이 무엇인지 찾아서 제거하면 막혔던 글줄이 풀리지 않을까? 이에 자연스러운 자기표현을 못하는 유형을 네 가지로 나누어 보았다.

무얼 보든 느낌이 없다?
레퍼런스를 키워라

우선 감흥 자체가 빈약한 사람을 들 수 있겠다. 이런 사람은 다른 사람의 글을 많이 읽으며 어떤 경험이 어떤 느낌을 불러왔는지 유심히 살펴보면 좋겠다. 익숙한 일상을 벗어나 색다른 경험을 하는 기회를 늘리는 것도 필요하다. 무엇을 보든 이렇다 할 느낌이 없는 것을 성격 탓이라고 돌리기 쉬운데 사실은 관심과 배경지식이 없는 탓일 수도 있다.

내게는 음악이 그런 것이다. 나는 음치다. 정말 음을 모른다. 노래방에서 내 노래를 들은 사람들이 어이없어하는 반응을 모아 어록을 만들어도 될 정도다. 음에 맞춰 부르면 훨씬 재미있다고 강의를 하려 드는 합창단원이 있었고, 자기는 음이 틀리면 신경 쓰여서 이어 나가질 못하는데 너는 어쩜 그렇게 잘도 나가냐며 감탄하는 대학 동창도 있었다. 나야 틀린 줄을 모르니 그럴 수밖에. 음악이라고 하는 거대한 영역에 문외한인 것이 서운하고, 가끔은 무언가 들어 보고 싶기도 했다. 하지만 너무 모르면 도대체 어디서 무엇을 찾아서 들어야 하는지도 모르는 법. 도움말을 듣기 위해 자료를 찾아보다 실로 감탄스러운 두 사람을 알게 되었다.

정신과 의사이자 클래식 전문가인 박종호는 '내가 사랑하는 클래식'이라는 제목의 책을 세 권이나 펴냈다. 전북대 영문과 교수인 이종민은 '이종민의 음악편지' 시리즈로 책을 두 권 펴냈다. 장르는 다르지만 두 분 다 음악에 대한 애정과 식견이 대단하다. 만만치 않은 직업에 종사하면서 취미라 할 영역에서 이만한 경지에 도달하기 위해 얼마나 많은 시간과 정성을 쏟아야 했을까. 나는 두 사람의 라이프스타일에 감탄했지만 그들이 추천하는 음반은 제대로 들어 보지도 못했다. 음악에 대해 아무런 기초도 경험도 없다 보니 어떤 주옥같은 선율도 내 귀에는 곤혹스러운 소음에 불과했던 것이다. 그러니 음악에 관한 한 내 신경은 코끼리 엉덩이에 덖인 흙만큼이나 두터운 셈이다.

음악에 관해서는 이런 나지만 문자나 스토리에는 엄청 예민하다. 책에서 읽은 한 구절이 내 안으로 들어와 평생 지니고 갈 좌우명이 되기도 하고, 글로만 접한 저자의 죽음에 며칠 동안 가슴이 먹먹한 적도 있다. 번역가이자 신화 연구가인 이윤기 선생이 심장마비로 별세했을 때도 그랬다. 그의 책은 두어 권을 읽었을 뿐이지만 그의 가식 없는 진정성은 깊이 흠모하고 있었다. 특히 소문난 가족주의자인 그의 모습이 참 보기 좋았다. 그는 아이들이 배울까 봐 교통법규 한 번을 어기지 않았다고 한다. 또 그의 가족은 들어오고 나갈 때 반드시 서로 안아 준다고 한다. 그런 그의 모습에서 내 아이들에게 보여 주고 싶었던 아버지상을 발견했나 보다. 그런 그가 아직 한창 일할 나이인 63세에 급작스러운 죽음을 맞이했다는 것은 엄청난 충격이었다. 나는 마치 잘 알던 사람처럼 그의 죽음이 두렵고 서러워서 눈물을 흘리며 내 블로그에 조사를 올렸다. 일개 독자인 내가 이럴진대 그가 그토록 사랑한 가족은 얼마나 막막할까. 장례식에 가서 위로의 말이라도 건네고 싶었다.

그러나 마음뿐 장례식에 가지는 못했는데 얼마 후 정혜신의 블로그에서 나와 똑같은 상황을 발견했다. 그녀 역시 만난 적은 없지만 저서를 통해 많은 것을 빚진 독자로서 그의 느닷없는 죽음에 깊은 조의를 표하고 있었다. 생각만 하고 만 나와는 달리 그녀는 선생의 부재를 확인하러 장례식에 갔단다. "그냥 선생님을 좋아하던 사람이라서요." 하고 유족에게 인사를 하는데 눈물이 후두둑 떨어지더라는 글을 보며 그녀가 아주 인간적으로 느껴졌다. 직접 만날 일 없는 저자와 독자 사이지만 그녀와 연결되는 기분이었다.

선생의 심장마비 소식을 접했을 때 내가 소설가라면 이 시점에 소설을 한 권 쓰겠구나 싶을 정도로 감회가 컸다. 사람과 삶에 대한 사랑이 충만하고 일에 대한 욕심과 기량이 무르익은 절정의 순간, 모든 것을 끝내야 하는 인간의 한계가 너무나 가혹하게 여겨졌다. 이는 내가 유독 죽음에 민감한 탓도 있고, 그와 같은 진짜 저자들을 마음 깊이 미더워한 때문이기도 하지만, 나의 이야기적인 감수성이기도 하다. 파고들면 뭔가 나올 것 같은 직감과 이것을 이야기로 구체화시키고 싶다는 창작 욕구인 것이다. 실제로 작가들의 집필 동기를 살펴보면 이처럼 우연한 일이 빌미가 되기도 한다. 영화 〈왕의 남자〉의 원작인 연극 〈이爾〉의 대본은 사료에서 본 한 구절로부터 시작되었다고 한다. 〈연산군일기〉에 천민 광대의 신분으로 임금에게 '이'라는 호칭을 받은 공길이라는 인물이 극작가의 흥미를 끌었던 것이다. 불과 몇 줄의 사료에 작가의 상상력이 더해져 연극 한 편이 되었다니 실로 놀랍지 않은가.

애정 어린 관심을 갖고 보아야 각별한 눈맞춤이 일어나고, 또 거기에서 새로운 삶의 경험이 시작된다. 내 눈에 띄지 않은 것은 존재하지 않는 것이나 마찬가지니, 내가 세상을 건성으로 대하면 그만큼 내 세상이 좁아진다. 그러니 무언가 색다른 것을 보더라도 이렇다 할 느낌이 없다면 삶에 대한 태만을 부끄러워해야 옳다. 나를 둘러싼 세상에 대한 애정이 부족하다는 뜻이기 때문이다. 어떤 사물, 어떤 경험도 우리가 의미를 부여해야 의미가 생기는 것이지 그 자체에 의미가 들어 있지는 않다. 똑같은 것을 보아도 깊이 보고 나의 언어로 표현해 냄으로써 새로운 의미를 만들어 내는 것이 글 쓰는 사람의 자질인지도 모른다. 못, 바늘, 부채, 손톱깎이처럼 사소한 물건들에 대한 상념을 모아 책 한 권을 쓴 〈김선우의 사물들〉은 언제 봐도 감탄스럽다. '눈 덮인 산에서 복수초를 찍을 때면 고요한 오수를 즐기던 지층이 잠에서 깨어나 투덜거리는 느낌을 받는다'는 그녀의 감성에 걸리면 모든 것이 명상이요 잠언이다. 젓가락으로 집어 먹을 때는 고개를 숙일 필요가 없지만, 숟가락으로 떠서 입에 넣을 때는 반드시 고개를 숙이게 되므로 숟가락은 공경을 내포한단다. 거울을 자주 보기보다 오래 보라고 한다. 고요한 가운데 지극한 마음으로 보아야 비로소 자기의 얼굴을 볼 수 있기 때문이다. 세상 만물에 대한 경배심으로 가득 차 있는 그녀의 관심을 비켜 갈 수 있는 것은 없다. 그녀의 안에 꽃 한 송이의 사생활도 지켜 주려는 애틋함에서부터 석유에 대한 탐욕으로 빚어진 전쟁에 대한 분노까지 모두 들어 있기 때문이다. 세상에 대한 뜨거운 관심이 공부를 하게 만들고, 이것들이 어우러져 발언하게 만든다. 시와 산문, 소설과 시나리오를 넘나드는 그녀의 거침없는 창작력이 어디에서 비롯되는지 알 것 같다.

내 안에 의미를 불러올 만한 관심과 배경지식이 없다면 나는 희대의 명화를 보아도 눈먼 장님이요, 천상의 음률을 들어도 귀머거리에 불과할 것이니, 나의 경험 세계와 지식 창고를 늘리는 것은 온전한 인간이 되고자 노력하는 일이 된다. '아는 만큼 보인다', '알면 사랑하게 된다'는 말은 사실이다. 정진홍이 말하듯 와인도 마셔 버릇한 사람이 그 맛을 알고, 차도 타 본 사람이 차이를 아는 것이다. 그는 〈완벽에의 충동〉에서 '감각의 기억 – 레퍼런스'를 쌓을 것을 강변한다. 그의 조언은 어찌나 설득력이 있는지 아름답기까지 하다.

"레퍼런스 두께가 곧 나의 두께입니다. 우리는 너 나 할 것 없이 각자의 레퍼런스 두께만큼만 세상을 보고 느끼며 삽니다. 똑같은 영화를 보아도 받아들이는 것은 천차만별입니다. 각자의 레퍼런스가 다르기 때문이죠. 똑같은 책을 봐도 느끼는 것은 다 다릅니다. 역시 각자의 레퍼런스가 다르기 때문입니다. 내가 영화를 보는 것이 아니라 나의 레퍼런스가 영화를 보는 것이고, 내가 책을 읽는 것이 아니라 나의 레퍼런스가 책을 읽는 것이죠. 레퍼런스란 책 뒤의 참고문헌과 같은 것입니다. 모든 책은 그 참고문헌만큼만 책입니다."

내 느낌에 자신이 없다?
나는 언제나 무조건 옳다

다음으로 느낌이 없지는 않은데 자기 느낌에 확신을 갖지 못하는 경우다. 글쓰기는 생각이다. 많은 사람들이 글을 문장력으로 쓴다고 생각하는데 문장 이전에 생각이 먼저다. 누구에겐가 혹은 세상에 대고 할 말이 있을 것! 그것이 글쓰기의 첫 번째 요건이다. 생각이 정리가 안 되어 모호하거나 내 생각에 확신이 없으면 글을 이어 갈 수가 없다. 내가 틀렸으면 틀렸다는 것을, 모르면 모른다는 것을 확실히 알아야 한 줄 한 줄 글을 채워 나갈 수 있다. 그런데 의외로 많은 사람들이 자기 느낌에 자신을 갖지 못한다. 책이나 영화를 보고 떠오른 생각을 블로그에 포스팅하고 싶어도 자기 생각이 모조리 틀린 것 같아서 쓸 수가 없노라는 사람을 보고 놀란 적이 있다. 느낌에 맞고 틀리는 정답이 어디 있는가? 느낌이란 다른 누구의 승인도 필요 없고 내가 인정해 주기만 하면 성립하는 것이다. 그런데도 무엇을 느끼는 데 눈치를 보는 사람들이 많은 것은 아무래도 위압적인 학교문화의 폐단일 것이다.

여고 시절, 어느 날 세계사 선생님이 나를 지명하며 무언가를 질문하였다. 모르는 문제였으므로 모른다고 대답했을 뿐인데, 똑바로 쳐다보며 지체 없이 모른다고 한다고 한참 설교를 들었다. 모르는 것이 뭐 자랑이냐는 것이다. 바로 전 시간에 다른 과목 교사에게서 모르면 모른다고 하라는 잔소리를 실컷 들은 직후였다. 도대체 어느 장단에 춤을 추라는 건지. 이런 식으로 성장기에 가정과 학교에서 표현이나 상상력에 저지를 당해 보지 않은 사람이 있을까.

〈누구나 글을 잘 쓸 수 있다〉에 나오는 한 장면은 우리에게도 그리 낯설지 않은 장면이다. 저자는 초등학교 3학년 미술시간에 처음으로 물감을 사용하게 되어 흥분했다고 한다. 모든 물감을 써 보고 싶은 그녀가 빨강과 주황, 자줏빛 물감을 떨구고 변화무쌍한 빛깔에 홀려 있을 때 미술 교사가 다가왔다.

"뭘 그린 거니?"

한참 생각해 보았지만 그게 뭘 그린 것이어야 하는지 통 알 수가 없어 주눅 든 목소리로 그녀가 답했다.

"꽃밭…."

그러자 미술 교사는 붓을 와락 채 가더니 그림 위에 좍좍 선을 그어 댔다.

"넌 바로 이렇게 하고 싶었던 거야."

그때 그녀는 스스로가 창조성도 없고 부적격자이며 무가치한 존재라는 느낌을 학습했다고 한다.

부모도 여기에서 자유롭지 못하다. 사회에 나가면 또 어떤가? 개별적인 것, 튀는 것, 솔직한 것을 은근히 배척하는 조직문화에 적응하느라 오랫동안 자신의 뜻을 거스르다 보면 점점 독자적인 느낌에 자신이 없어지는 것도 이해가 된다. 그런데 바로 그렇기 때문에 글쓰기가 필요하다. 내 느낌에 확신을 갖지 못하는 것은 그냥 덮어 두고 말 문제가 아니기 때문이다. 내가 무엇을 좋아하는지, 언제 행복한지 모르고서는 내가 원하는 삶을 구축할 수가 없다.

나는 세상에서 제일 중요한 것이 자기 이미지라고 생각한다. 사람들은 스스로 믿는 사람을 믿고 싶어 한다. 연애부터 비즈니스까지 세상일이란 나의 확신으로 기회를 잡아당기는 것이다. 자기 확신이 있는 사람은 다른 사람들의 반응에 예민하거나 인정에 연연하지 않는다. 어느 정도 방향과 철학이 정해졌으면 실행에 옮겨 실전에서 배운다. 일이 잘 풀리지 않을 때에도 배우는 것이 있으므로 실패라고 생각하지 않고, 미비한 점을 보강하여 다시 시도하다 보면 언젠가는 목표에 도달하게 된다. 이처럼 소신껏 자기 길을 가는 사람은 주변에 믿음을 주어 도와주고 싶다는 생각을 갖게 만든다. 이것이 '하늘은 스스로 돕는 자를 돕는다'는 오래된 격언의 비밀이다.

2009년에 방영된 SBS스페셜 '매력 DNA' 편은 아주 흥미롭다. 제작진은 다섯 명의 대학생을 모집하여 특정 장소를 찾아가는 간단한 미션을 맡긴다. 그리고 첫 번째 길 찾기가 끝난 후 멤버들 간에 매력 순위를 투표하게 하고는 그 결과를 당사자들에게 거꾸로 알려 준다. 적극적이고 재치 있는 태도로 가장 많은 표를 받은 사람에게 꼴찌를 했다고 하고, 반대로 제일 낮은 표를 받은 사람에게 가장 큰 지지를 받았다고 알려 주는 것이다. 그리고 이어서 두 번째 길 찾기를 하게 한다. 두 번째 길 찾기를 하는 참가자들의 태도는 많이 달라져 있었다. 제일 매력 있다는 말을 들은 참가자는 훨씬 적극적이고 유머러스한 태도로 길 찾기를 주도하여 '정말로' 매력 있는 사람이 되었다. 반면에 처음에 매력적인 태도를 보였던 사람은 뒷전에 서서 사태를 관망하는 쪽을 택했다.

이 간단한 실험은 자기 이미지가 어떻게 태도의 변화를 가져오는지를 극명하게 보여 준다. 안정적인 자기 이미지를 갖고 있는 사람은 매사에 적극적으로 대처함으로써 새로운 기회를 만들어 낸다. 그렇다면 어떻게 건강하고 확신에 찬 자기 이미지를 가질 것인가 하는 문제가 남는다. 부모를 비롯하여 나를 믿어 주는 사람의 존재, 독서, 명상 등 여러 요인이 있겠지만 내가 알고 있는 가장 효과적인 방법은 단연코 글쓰기다. 글이란 언제나 나의 느낌에 대해서 쓰는 것이기 때문에 나를 발견하고 보살피는 최대의 지원군이다.

'나는 이렇게 생각해!' 이것 없이는 글이 써지지 않는다 그리고 이런 훈련이 계속되면 '이게 나야!'가 된다. 글쓰기는 스치고 날아가는 생각을 붙들어 눈앞에 앉혀 주기 때문에 느낌을 좀 더 명확하게 알아볼 수 있게 한다. 내 느낌을 명확하게 알아차릴수록 내가 아닌 나로 살아가는 일은 불가능해진다. 나는 글을 쓰면서 점점 소신이 확실해지는 것을 느끼곤 한다. 글은 내 안의 어린아이를 보살펴 주며 내가 나를 설득하는 작업이기에, 글을 쓰다 보면 어느새 나 자신에 대한 깊은 믿음을 갖게 된다. 소신이 확실하면 실행력이 생겨 성큼성큼 나아갈 수 있다. 그래서 글을 쓰는 일은 나를 발견하고 바로 세우는 일이며 잘 살아가는 데 훈련이 된다. 모든 것은 나의 내면에서 시작한다. 무엇이든 내가 절실하게 느껴야 글이 나오는 것이다. 그러니 '나는 언제나 무조건 옳다'는 뱃심으로 나의 느낌을 중시하고 존중하는 습관이 필요하다. 윤리적으로 옳다는 것이 아니라 나의 느낌에 충실하게 복무한다는 뜻이다. 언제 어디서나 내 감정의 편이 되어 주자. 내 느낌을 똑바로 들여다보고, 이름 지어 주고, 충분히 빠져들자.

이만교는 〈나를 바꾸는 글쓰기 공작소〉에서 이것을 '실질적 정직'이라고 부른다. 외부의 시선이나 관습에 의해 내재된 규범을 따라가는 것이 '도덕적 정직'이라면, 스스로의 생각을 중시하여 자기 안의 꿈틀거리는 욕망을 존중하는 것이 '실질적 정직'이다. 만일 지갑을 주웠다면 주인을 찾아 돌려주는 것이 당연하다. 그러나 지갑을 주운 뒤에 슬쩍 챙기고 싶은 욕심과 돌려줘야 한다는 규범 사이에서 갈등이 생겼다면 그것을 정직하게 진술하는 태도가 글쓰기에서는 더 바람직하다는 것이다. "실질적 정직 없이는 글감 자체가 생겨나지 않는다. 반대로 실질적 정직을 유지한다면 삶의 모든 것이 글감으로 변한다." 이만교의 말대로 실질적 정직이 글쓰기의 기본이다. 글쓰기는 '그래야 한다' 혹은 '다들 그렇게 한다'는 외부적 시선과 통념을 거스르고 나만의 목소리에 귀 기울이는 일이다. 정직하고 진솔하게 내 감정을 드러낼 때 나는 치유되고 독자들은 매료된다. 글쓰기는 내가 나답게 사는 것을 좋아한다.

나를 드러내기가 두렵다?
작가는 치부노출증 환자

느낌이 없지는 않은데 나를 드러내기 힘들어하는 경우다. 글을 쓰면서 나를 드러내지 않기를 바라는 것은 불가능하다. 글이란 내 생각을 온전하게 이해해 줄 완벽한 독자를 상정하고 쓰는 연애편지다. 나의 경험을 통틀어 그중 애틋한 것, 나의 마음을 통틀어 가장 지순한 것으로 다가서지 않으면 읽는 이의 마음을 열 수가 없다. 그러므로 '나'를 떠나서는 한 줄도 쓰일 수 없는 것이 글이다. 논문이나 기사처럼 공적인 글에도 주제 선정이나 풀어 나간 방식을 통해 글쓴이의 일면이 드러날 정도이니 에세이 같은 사적인 글에서는 말할 것도 없다. 남에게 보이고 싶지 않은 어떤 측면이 있다고 하자. 주도면밀한 검열을 통해 피하고 싶은 부분은 숨길 수 있을지 몰라도 다른 측면은 속절없이 노출된다. 숨는다고 머리는 파묻었지만 꽁지는 하늘을 향해 치켜든 꿩의 형국이다.

수강생들의 글을 읽다 보면 같은 사람의 글이라는 것이 믿기지 않을 정도로 차이가 날 때가 있다. 자기를 사로잡고 있는 것에 대해 쓴 글에서는 긴장감이 새어 나온다. 문장은 단호하고 속도는 빠르다. 하고 싶은 말이 명확하므로 우왕좌왕하지도 않는다. 글의 행간에서 절실함이 느껴진다. 이럴 때면 글을 꽉 채우고 있는 에너지에 포획되는 기분이 든다. 바로 이것이다. 우리는 글을 읽으며 저자가 어떤 심경으로 썼는지를 고스란히 느낄 수 있다. 그러니 내가 열렬한 관심을 갖고 있는 것에 대해 쓰는 것은 기본이다. 쓰는 이 자신도 빠져들지 못한 글에 빨려 들 독자가 어디 있겠는가? 독자를 잡아당기고 싶다면 우선 쓰는 사람이 불타오를 것! 살 떨리게 화가 났던 순간, 무릎이 팍 꺾어지며 좌절했던 순간, 도저히 잊을 수 없는 상처, 마음 한 편에 담아 둔 소중한 기억을 불러내라. 지금 간절하게 원하는 바로 그것도 남겨 두지 마라.

  글감이 반드시 대단할 필요는 없다. 오히려 일상의 소소한 장면이 나라는 인간을 벼리는 훈련장 아니던가. '보는 사람이 없다면 때로 버리고 싶은 것이 가족'이라는 말처럼 가족에 대한 이율배반적인 감정, 친하게 어울리는 사람들 사이에도 엄연히 존재하는 권력관계, 정강이를 걷어차 주고 싶은 직장 상사, 걸그룹에 대한 소회, 아이폰, 펀드, 다이어트 등 모든 것에 대한 생각이 글이 된다. 그 속에 내가 드러나는 것은 당연하다. 다른 사람을 인터뷰하는 글이라 해도 그 사람에 대한 나의 시각이 필요하다. 글쓰기에 뜻을 두었다면 나를 드러내는 것을 결코 피할 수 없거니와 오히려 나를 드러내야만 읽는 사람의 정서에 다가설 수 있다. 나의 속살을 드러내면 읽는 사람은 무장해제 된다. '내게도 이런 순간이 있었지. 나의 분노는 당연한 거야' 혹은 '우리는 똑같은 사람이구나. 맞아, 이처럼 연약한 듯 강하고 좌충우돌하며 나아가는 것이 사람이야' 하는 공명이 이루어진다. 이론만으로 이런 공감을 이끌어 내기는 쉽지 않다. 모든 커뮤니케이션은 감정을 타고 흐르기 때문이다.

한 남자가 뇌종양 수술로 감정을 관장하는 능력을 상실했다. 특히 언짢은 느낌과 나쁜 선택과의 관계를 전혀 몰랐다. 수술을 통해 그는 정상을 회복한 것처럼 보였다. 여전히 지적이고 합리적이었으며 지능지수도 그대로였다. 하지만 그는 결혼과 사업, 대인관계에서 실패를 거듭하고 투자를 잘못해 재산을 날렸다. 정서를 잃었는데 이성을 상실한 결과를 빚은 것이다. 이 연구는 뇌과학 연구의 한 획을 그었다고 한다.(김태원, 〈가장 듣고 싶은 한마디 Yes!〉)

감정이 의사 결정의 방해 요소가 아니라 필수 요소임이 증명된 것이다. 이것이 바로 사람들이 그토록 이야기를 좋아하는 이유이며, 읽는 이의 정서에 호소하는 글쓰기를 해야 하는 이유다. '정서 반응을 활성화시키지 않는 한 생각 자체만으로 뇌가 정보를 활용하기는 힘들다'고 하니 논리적인 반응을 이끌어 내고 싶을수록 정서를 움직여야 할 일이다.

그러기 위해서는 무엇보다도 솔직해야 한다. 인간적인 면모를 보이는 것에 주저할 필요가 없다. 나탈리 골드버그는 여기에서 한발 더 나아가 강박관념을 이용하라고 말한다. 작가란 결국 자신의 강박관

넘에 대해 쓰게 되어 있고, 우리를 옥조이는 강박관념에는 힘이 있기 때문에 회피하지 말고 차라리 정면 돌파를 하라는 것이다. 여기에 딱 맞는 사례가 하나 있다.

십여 년 전에 만화 〈누들누드〉를 보았다. 내가 성인이 되어 읽은 유일한 만화책인데, 저자 양영순은 아무도 상상할 수 없는 방식으로 성性을 형상화했다. 동서고금에 성처럼 은밀한 금기어가 또 있을까. 누구나 관심 있고, 누구나 관련되어 있는데, 모두들 슬쩍 피해 가는 영역! 한쪽에서는 과도하게 부풀리고 다른 쪽에서는 기묘한 시치미가 공존하는 영역. 누구도 내놓고 공론화하거나 전수하지 않지만 아무도 모르는 사람 없이 저마다의 방법으로 해결하는 은밀한 영역을 한 청년이 밝은 대낮으로 가져온 것이다.

기상천외의 상상력이었다. 다들 쉬쉬하는 성을 이렇게 건강하게 까발리다니, 깜찍한 도발이 감탄스러웠다. 아마 꽤 히트했을 것이다. 그 책을 읽고 얼마 후에 우연히 양영순의 인터뷰를 보았다. 그는 결혼을 한 후 성적 긴장감이 사라져 그만한 창작을 할 수가 없노라고 토로하고 있었다. 내게는 그 인터뷰가 굉장히 인상 깊어서 잊어버리질 않는다. 스물다섯의 한창나이, 시달리다 못해 고통스러울 수도 있는 사안을 창작을 통해 멋지게 해소하는 것이 바로 예술의 특권이구나 싶었다. 자기 자신에게 가장 가깝고 절실한 주제를 파고들 때 생생하고 좋은 작품이 나온다는 것도 알 것 같았다.

〈뼛속까지 내려가서 써라〉에서도 이와 연관되는 예화를 발견할 수 있다. 나탈리 골드버그가 여느 때와 같이 워크숍을 연 첫날, 십 분간 글쓰기를 하고 발표하는 시간이었다. 아직 첫날이기 때문에 그녀는 자신을 완전히 드러내는 글을 기대하지 않았다. 그런데 이변이 일어 났다. '어린 시절'이나 '너무 예민했던 성격'처럼 첫 수업에 무난한 글들이 발표된 후 데이비드라는 청년이 사람들의 얼을 빼고 말았다. 바로 이런 식으로 글을 읽었던 것이다.

> "마스터베이션, 마스터베이션, 마아아아아스… 마! 마! 마! 마!
> 마스터. 바, 베, 베, 베이, 션, 션, 션…"

데이비드는 워크숍 내내 다른 주제로는 글을 쓰지 않았고, 그녀는 그런 데이비드에게 후한 평가를 내리고 있다. 글의 규칙을 따르기보다, 자신이 말하고 싶은 것을 말하고 싶은 방식으로 말하는 행위의 이면에 폭발적인 에너지가 숨어 있다는 것이다. 나는 데이비드라는 청년에게서 만화가 양영순을 본다. 데이비드는 〈누들누드〉를 창조하기 직전의 양영순이라고 할 수 있다. 강박증의 변두리에서 완전히 새로운 이야기를 창조해 낼 수 있다는 나탈리 골드버그의 말을 알 것 같다.

사람은 이야기하는 존재다. 자신에게 가장 소중하고 절실한 이야기일수록 다른 사람과 나누고 싶어 한다. 가슴 아프거나 때로 수치스러운 일이라 해도 예외일 수가 없다. 솔직하게 나를 드러내는 글을 쓰고 나면 하고 싶은 말을 다 했다는 시원함, 내가 이런 사람임을 인정하는 용기, 한 편의 글을 완성한 만족감에 희열로 가득 찬다. 여기에 글을 읽은 사람들의 인정과 환호라도 있을라치면 기분은 절정에 달한다. 이렇게 글쓰기가 진행될수록 경험과 글쓰기 사이에 밀접한 연관성이 생긴다. 나만 해도 모든 의미 있는 경험은 글로 갈무리해 놓아야 마무리가 된다. 지나고 나면 글로 써 놓은 기억만 오래 남고, 그렇지 않은 것들은 빠른 속도로 망각의 강으로 떠내려간다. 이래저래 글쓰기는 소중한 경험을 인증하는 의식이요, 경험은 글쓰기를 부추기는 자원이 된다. 어떤 작가가 이혼하고 난 뒤에 이제 이혼에 대해서 쓸 수 있다고 했다는 것처럼 삶과 글 사이에는 한 치의 간극이 없다. '작가란 치부노출증 환자'라는 말이 있을 정도로 모든 경험이 글로 전환되는 것이다. 자기를 드러내기 힘들어하는 사람은 이해할 수 없을지 몰라도 이것이 글의 본질이다. 내가 세상에 줄 것은 오직 나뿐이기 때문이다.

한 문장도 완벽하지 않으면 나아가지 못한다?
어제의 나와 비교하라

마지막으로 자기표현에 만족하지 못하는 완벽주의 경향이다. 완벽주의도 자기 검열이 과한 경우다. 감흥도 있고 표현력도 있는데 아무리 해도 내 표현이 내 느낌을 제대로 설명한 것 같지 않은 미진함을 갖는 것이다. 완벽주의 성향을 가진 사람은 글쓰기에 상당한 잠재력을 가지고 있다. 좋은 글에 대한 엄격한 잣대가 있고, 자신의 글을 판단할 수 있는 객관적인 눈이 있기 때문이다. 하지만 아무리 잠재력을 갖고 있어도 글을 안 쓰면 말짱 도루묵이다. 방금 쓴 한 줄의 문장이 완벽하게 마음에 들지 않으면 한 걸음도 못 나가는데 잠재력이 무슨 소용이란 말인가! 글을 쓰지 못하게 만드는 잠재력은 장애물일 뿐이다.

우리는 자기 자신을 속속들이 알고 있기에 후한 점수를 주기가 쉽지 않다. 나도 어떤 날은 열 시간 가까이 모니터 앞에 앉아 있었는데도 A4 한 장도 못 쓸 때가 있다. 그나마도 마음에 들지 않아 삭제해버리기도 한다. 다른 사람들의 절묘한 비유나 에너지를 팍팍 불러일으키는 힘찬 선동을 접하면 밋밋하기 그지없는 내 문장에 슬며시 회의가 든다. 이러고도 글 쓰는 사람이 되고 싶다고 생각했다니 내가 어지간히 물정 모르는 사람이구나 싶다. 그러나 내가 귀감으로 삼고 있는 성공한 작가도 보이지 않는 곳에서는 글을 완성하기 위해 무진 애를 쓰고 있는지도 모른다. 윌리엄 진서의 〈글쓰기 생각쓰기〉나 스티븐 킹의 〈유혹하는 글쓰기〉에는 너무 많이 고쳐서 누더기가 된 초고가 나온다. 나는 그것을 프로라고 하는 사람도 이 정도로 고치면서 쓰고 있으니 글이 조금 안 써진다고 해서 섣불리 좌절하지 말라는 메시지로 알아들었다. 자신의 내밀한 모습을 공개하면서까지 독자를 응원하는 그들이 감동적이었다.

애니메이션을 만들 때 수없이 많은 밑그림이 필요하다. 한 장 한 장 밑그림을 그려서 빠른 속도로 연결하면 우리 눈에 연속 동작처럼 보이는 것이다. 우리는 우리 자신이 맨땅에 헤딩하는 듯한 노력은 낱

장짜리 밑그림을 그리는 과정으로 인식하고, 다른 사람이 이룬 성취는 완성된 애니메이션으로 받아들이는지도 모른다. 그러나 아무리 세련된 애니메이션이라 해도 그 출발점에는 한 장 한 장 피땀으로 그린 밑그림이 필요했다는 것을 잊지 말자. 글이 써지든 안 써지든, 마음에 들든 안 들든 매일 한 장의 밑그림을 그릴 때 꿈의 영화에 도달할 수 있는 것이다. 좋은 작품을 많이 읽어 눈이 높아진 경우에도 자기 글에 만족하지 못할 확률이 높다. 읽는 것과 직접 쓰는 것은 다르다. 꾸준히 쓰는 일만이 이 격차를 좁혀 준다. 때로는 독서가 글쓰기에 대한 회피 수단으로 작용할 때도 있다. 위에 나열한 이유 등으로 자꾸 글쓰기를 미루면서, '나는 노력하고 있어! 이렇게 열심히 준비하고 있잖아!' 하는 자기 합리화의 수단이 필요하기 때문이다. 그러나 읽는 것은 쓰는 것이 아니다. 공부하는 것도 쓰는 것이 아니다. 글쓰기는 오직 첫 줄을 시작하고 계속해서 한 줄씩 써 내려 갈 때 이루어지는 것이다.

우리는 종종 글쓰기에 입문한 지 겨우 일 년 정도 된 내 글을 십 년 이상 고된 훈련을 거친 전문작가의 글과 비교하는 어리석음을 범한다. 동네 스포츠센터에 다니면서 올림픽 금메달리스트와 비교하는 식이다. 그러나 기성작가들도 계속 책을 써 나가면서 글솜씨가 늘고 있다. 좋아하는 저자를 한 사람 정해서 첫 번째 저서부터 꼼꼼히 살펴보라. 두 번째, 세 번째… 책이 거듭될수록 문장력과 구성력이 완연하게 발전하는 것을 알아볼 수 있을 것이다. 누구나 그렇게 써 나가면서 배우는 것이다. 완벽함은 훌륭함의 적이라는 말이 있다. 완벽하지 않다면 쓰지 않음으로써 더 나아지고자 하는 훈련을 스스로 차단하기 때문이다. 완벽한 기준에 맞추려 하지 말고 어제보다 나아 졌다면 스스로 칭찬해 주면서 선택적 만족을 해 보자. 그렇게 꾸준 히 써 나가는 일만이 내가 원하는 경지에 도달할 수 있는 유일한 방 법이다. 김훈조차 하루아침에 김훈이 될 수는 없다고 하지 않는가?

좋은 글을 쓰고 싶으면
재미있게 살아라

방 안에 사람과 개와 파리가 있다고 하자. 파리는 전등과 음식물 외에는 모두 똑같이 장애물로 인식한다. 개는 제 발로 밀고 나갈 수 있는 문과 올라앉을 수 있는 소파나 의자 정도를 제외하고는 모두 장애물로 인식한다. 파리나 개는 벽에 걸려 있는 명화와 벽을 구분할 필요도 능력도 없는 것이다. 실내에 있는 모든 것을 각각 다른 용도로 사용할 수 있는 사람만이 식탁과 책상, 옷장과 책꽂이를 구분할 수 있고, 벽에 걸려 있는 그림이 피카소의 것인지 아니면 모네의 것인지에 의미를 둔다. 이처럼 누구에게나 똑같이 파악되는 하나의 객관적 세계란 존재하지 않는다. 각각의 생물체가 나름대로 필요한 범위까지만 세계를 구성해서 인지하는 것이고, 그 숫자만큼 다양한 세

계가 존재하는 것이다.(김용규, 〈철학 통조림 4〉)

철학사조 중에 '구성주의'를 접하고 가슴이 철렁 내려앉았다. 특이하게도 이 사조는 동물들이 주변 환경을 어떻게 알아차리나 연구하던 생물학자들에게서 비롯되었다고 한다. 위에서 예로 든 것처럼 동물은 자신이 할 수 있는 행동의 수만큼 대상물을 구분한다. 사람도 마찬가지다. 만약 그 방에 투시력이 뛰어난 육백만 불의 사나이가 있었다면 벽 뒤와 마루 밑까지 꿰뚫어 봄으로써 훨씬 더 다양한 공간으로 그곳을 파악했을 것이다.

내 가슴이 철렁한 이유는 내가 인지하는 나의 세계가 너무나 좁고 보잘것없었기 때문이다. 나는 이상하게도 청소년기부터 세상을 데면데면하게 보았다. 공부에도 별 관심이 없었고, 외모에는 말할 것도 없었다. 시험을 잘 못 봤다고 울고불고 교무실로 찾아다니는 아이들을 이해할 수 없었고, 소녀들의 우정에도 민감하지 않았다. 학창 시절 여러 사람이 해 준 말을 떠올려 보니 어지간히 시큰둥한 내 모습이 그려진다. "너는 도대체 무엇에 관심이 있니?" 혀를 차던 엄마, "너는 그렇게 걷는 게 멋인 줄 아니?" 터덜터덜 걷는 나를 이해할 수 없어 하던 언니, "쟤 같은 애 처음 봤어." 소풍 가서 사진 찍으면서도 계속 무표정한 나를 보고 아이들이 하던 말. 카메라를 들이댔다고 해서 갑자기 표정을 바꾸는 일이 너무 얄팍하고 인위적이라 생각했던 게 아직도 기억난다. 의례적이고 상식적인 것에 흥미를 갖지 못하고, 부나 명예에도 욕심이 없는 기질은 아직도 계속되고 있다. 어설픈 초월주의에 귀차니즘, 여기에 내가 관심을 갖고 있는 일이 아니면 꼼짝도 할 수 없는 의미중심주의가 더해졌으니 오죽하겠는가? 보고 싶은 것만 보는 나의 시야는 마치 깔때기처럼 좁았다.

내가 구성한 세계에는 오직 나만 있었다. 좋게 보면 대범하고 사실은 아무 생각 없이 게으른 편이라 주위 사람들에 대한 애틋함을 몰랐다. 오죽하면 보고 싶은 사람이 없을 정도다. 한 시절 친하게 지낸 사람들이 없는 것은 아니지만 모두 지나간 일이고 추억으로 족하다고 생각하기 때문이다. 나는 아이들에게조차 내가 희생해야 한다는 생각을 하지 않는다. 내가 행복해야 가족이 행복하다는 생각이 워낙 철저하게 각인된 탓일까, 내 옷과 내 음식을 먼저 챙기는 것이 내게는 너무나 당연하다.

내가 구성한 세계에서는 오직 의미가 중요했다. 작은 몸짓 하나를 하는 데에도, 모임 한번 나가는 데에도 내가 설정한 의미에 부합하지 않으면 나는 꼼짝도 하지 않았다. 그렇게 지나친 사람과 모임이 얼마나 많았던가! 그러면서 은연중에 '나는 너희와 다른 사람이야! 나는 나만의 세계를 가진 독특한 사람이야!' 하는 생각을 코에 걸고 살았던 것은 아닐까? 인생의 중반을 넘어 정신을 차리고 보니 독특한 사람은커녕 상식적인 일에도 서툰 '어른아이'가 거기 있었다.

내가 구성한 세계는 텅 비어 있었다. 음악과 스포츠, 경제에 대해서는 문외한이고, 여행과 식도락에는 희망사항만 있고, 영화나 요리 같은 귀한 영역에도 쥐꼬리만큼 시간을 할애하고, 오직 읽기와 쓰기, 이미지에만 약간의 관심을 갖고 있는 기형적 세계! 무엇보다 사람이 없고, 세상과 나와의 사이에 연결 고리가 없었다. 한번은 버스를 타고 지나가는데 바깥 풍경이 너무 낯설어서 깜짝 놀랐다. 화사한 햇볕이 내리쬐는 거리와 그 속에서 움직이는 사람들이 나와는 전혀 상관없는 비현실로 느껴졌다. 낯선 거리였고 지나가는 사람을 모르는 것이 당연하지만 그날 느낀 완벽한 단절은 충격이었다. 나는 본능적으로 위기감을 느꼈다. '이런 느낌이 계속된다면 어느 날 불현듯 궤도 밖으로 튕겨져 나가는 것은 일도 아니겠구나. 안 돼! 세상 속으로 들어가야 해!'

누구나 자기 세계에서 글이 나온다. 무언가를 알고 있고 행하고 있다면, 그것에 대해 시시콜콜 말하지 않더라도 글 속에 다 드러난다. 나이가 들수록 외부에 열려 있는 사람의 활달한 에너지가 드러나는 글이 좋아진다. 자기 안에 갇혀 맴도는 글은 옹알이 같아서 갑갑하다. 이것은 오래도록 나밖에 몰랐던 세월에 대한 반동일 수도 있고, 더불어 사는 것이 우리 모두의 염원인 탓도 있을 것이다. 정덕현의 〈숨은 마흔 찾기〉를 읽으며 나는 그것을 거듭 확인했다. 이 책은 편안한 문체도 좋지만 그보다는 친구를 엄청 좋아하는 저자의 모습이 더 인상적이다. 그는 급성백혈병으로 사망한 친구 태준이와 보험회사 소장으로 일하는 병수를 보며 책을 쓸 생각이 들었다고 한다. 친구의 이른 죽음은 삶의 끝을 보게 만들었고, 남은 친구는 칼날 같던 젊음에서 아득히 물러나 누가 툭 차면 잘도 굴러가는 둥글디둥근 공이 되어 버렸다. 하지만 그의 어조는 결코 나른하지 않다. 청춘의 과잉이었던 20대, 이상과 현실을 조율하는 30대를 지나, 마흔이 인생의 통합적 의미를 추구하는 시기라는 것을 알고 있기 때문이다.

튼튼한 자의식과 든든한 연대의식, 세계에 대한 책임감이 물씬 묻어 나는 이 책은 건강한 글을 쓰기 위해서는 건강한 라이프스타일을 영위해야 한다는 것을 생생하게 보여 준다. 지극히 평범한 일상이나 누구나 접할 수 있는 대중문화에서 뽑아내는 담론도 만만치 않았지만 그보다 동시대를 사는 인간에 대한 애정이 훨씬 매력 있었다.

주철환은 한술 더 뜬다. 무심히 샘터를 들춰 보다 '친절한 철환 씨'라는 연재물을 보았다. 이름은 익히 알고 있는 방송인이었지만 이렇게 글솜씨가 좋은 줄은 몰랐다. 술술 읽히는 구어체 문장도 좋았지만 명랑한 에너지가 일품이었다. 그의 부드럽고 따뜻한 성품에 반하여 그가 쓴 책을 두어 권 읽어 보았더니, 대단한 전망을 보여 주는 책은 아니었지만 스스로 즐기고 다른 사람을 즐겁게 해 주는 삶의 태도를 배우기에는 충분했다. '귀여운 할아버지'가 되는 것이 삶의 목표라기에 중년 이후에 얻은 삶의 지혜인가 했더니, 젊어서부터 재미있게 살자는 철학을 확고하게 정한 듯했다. 아이를 낳으면 이니셜을 'JOY'로 만들기 위해 아들이든 딸이든 이름을 '오영五榮'으로 짓기로 아내의 양해를 얻어 놓았다는 대목에서 싱긋 웃음이 나왔다. 주도면밀한 명랑 철학과 실행력이 감탄스러웠다. 그 아들이 커서 군대에 갔다. 아들 친구에게 용돈을 주면 당황하며 사양한단다. 용돈을 꼭 주고 싶은 그가 "내가 죽으면 너희가 와서 내 관을 들어 주지 않겠니? 그러니 너희는 내 인생의 마지막 동반자야. 미리 잘 보여야지." 하면 "예, 맞아요. 아버님, 제가 할 거니까 미리 받을게요." 하며 받는다고 했다. 아들 친구에게 용돈을 주는 일에도 전심을 다하는 그를 보니, 모든 일에 정성을 다하는 그의 모습이 보인다.

그는 열다섯 살 무렵부터 작사 작곡을 했고 음악회를 열어 직접 노래도 부른다. 책도 여러 권 썼다. "시비지심으로 평생을 지새우지 말고 사양지심, 측은지심으로 친구를 많이 만들라." 이 말이 하고 싶어 책을 낸다는 대목에서 잠시 책을 덮고 생각에 잠겨 본다. 시시비비를 가리는 일보다 더 중요한 일은 상대방을 받아들이는 일인지도 모른다. 이론적 설득이나 논박으로는 절대로 상대방을 감화시키지 못하고, 상대를 생각하는 진정성이 전해질 때만 변화를 이끌어 낼 수 있을 테니 이쪽이 더 효과적이기도 하다. 그것을 주철환이 증명하고 있는 것이다. 그는 뼛속까지 체화된 명랑함으로 내게 감동을 줌으로써 나를 변화시켰다. 성격이 급해 경중경중 뛰어가느라 매사에 건성인 내 못된 버릇을 돌아보게 만들었다.

그는 남다른 성장 과정을 거쳤다. 여섯 살에 생모가 돌아가셔서 자녀 없이 혼자된 고모에게 입양되었다고 한다. 고모도 넉넉한 형편이 아니었다. 오죽하면 고모가 하던 가게의 단골손님 하나가 어린 그를 예뻐하여 입양을 청했을 때 심각하게 고려했을 정도라고 한다. 무엇보다 그가 더 좋은 환경에서 자라기만을 바라는 고모의 모성에 가슴이 먹먹해진다. 이 부분에서 고개가 끄덕여진다. 성장 환경이 어려웠던 사람이라고 모두 그처럼 되는 것은 아니지만, 그의 체질로 굳어진 명랑이 이해가 될 것 같아서다. 그는 어렸을 때 이미 죽음과 헤어짐, 가난을 겪었다. 슬픔과 고통으로 가득 찬 삶의 이면을 본 것이다. 슬픔을 겪어 본 자만이 기쁨이 얼마나 벅찬 것인지를 알고, 없어 본 자만이 있음의 가치를 알고, 헤어져 본 자만이 만남의 희열을 안다. 한껏 낮은 자리에서 모든 것에 감사하는 마음을 갖고 있으니 매사에 지극정성을 다하게 된다. 내게 오는 모든 것이 의미요 감사라면 좋고 싫을 것이 따로 없고, 큰 일과 작은 일의 구분이 없어질 것 같다. 사고와 파산, 이혼 같은 바닥을 체험하고 난 뒤 새로운 삶을 맞이하게 되었다는 분들이 말하는 변화가 이런 것 아닐까?

죽어라고 글이 안 써질 때의 당황스러움을 잊을 수가 없다. 마치 언어 창고를 포맷이라도 한 듯 아무런 생각도 나지 않았다. 메일 확인하고, 블로그와 카페에서 댓글 달 것 다 달고, 산책하고, 심지어 와인까지 한 잔 마시고도 컴퓨터 앞에 앉는 것이 자꾸 미뤄졌다. 겨우 모니터를 대해도 집중하지 못하고 연신 시계를 쳐다본다. 이렇지 않았었다. 쓰고 싶은 것이 떠오르면 머릿속에서 이리저리 굴릴 때부터 신이 났다. 그러다가 얼추 형태가 잡히면 키보드를 두드리는 손끝이 짜릿할 정도로 쾌감이 일었다. 하늘에서 빙빙 돌던 솔개가 수직으로 내리꽂혀 병아리를 낚아채 날아오르듯, 내 글쓰기는 거침이 없었다. 글의 수준이 대단했다는 뜻이 아니라 그 정도로 글을 쓰는 데 스트레스를 받지 않았다는 뜻이다.

그런데 자꾸 브레이크가 걸리는 거였다. 글쓰기가 힘들어서 몸이 비틀어진다는 사람들 심정을 이해하게 된 것은 좋은 일이나 도대체 원인이 뭘까 며칠 동안 곰곰이 생각한 결과, 그 대답은 '너무 재미없게 살고 있다'는 것이었다. 도대체 가슴 설레 본 적이 언제인지 모르겠다. 다른 사람을, 아니 나 자신에게라도 마치 처음 보는 사람처럼 호기심을 가지고 들여다보고, 돋아나는 생각을 보듬어 주고, 물을 주고 키워 더 큰 실험으로 연결할 생각을 놓은 지 오래다. 의도적으로 그런 것은 아니다. 단지 가만히 있었을 뿐이다. 쓰던 원고는 안 써진다고 밀쳐놓았고, 어느새 강좌에도 익숙해졌으며, 새로운 것을 시도하지 않고 그냥 살아지는 대로 살고 있었을 뿐이다. 그러는 사이에 시선이 건조해지고 감탄이 사라져 가슴팍에서 메마른 먼지가 일고 있었던 것이다.

아하, 가만히 있는 것은 퇴보구나. 생활이든 업무든 늘 염두에 두고 더 좋은 것으로 가꾸어 가려고 노력하지 않으면 이렇게 빛이 바래는 것이었구나. 원인을 진단할 수 있어서 안심이 되면서도 가슴이 철렁 내려앉았다. 글쓰기가 무엇인가? '내가 이런 생각을 했는데 어디 한번 쓸 만한지 봐 주쇼' 하고 내 생각을 여러 사람에게 펼쳐 놓는 일 아니던가? 글쓰기는 언어를 통한 존재의 확인이다. "날 좀 보소, 날 좀 보소, 동지섣달 꽃 본 듯이 날 좀 보소" 하는 일이다. 그런데 내보일 것이 없는 것이다. 동지섣달은커녕 만물이 피어나는 봄날이 와도 꽃대 하나 올릴 일 없는 메마른 일상밖에 없었던 것이다.

좋은 글을 쓰기 위해서는 재미있게 사는 것이 필요하다. 글은 감흥으로 쓰는 것이기 때문이다. 좋은 사람, 갖고 싶은 것, 하고 싶은 일에 접했을 때 우리 마음에 일어나는 흥분이 고스란히 글의 행간에 저장되었다가 읽는 사람에게 전달된다. 사회정의를 향한 문제의식도 마찬가지다. 이 세상을 좀 더 살 만한 곳으로 만들고 싶다는 결연함이 글에 생기를 준다. 우리가 어떤 일에 관심을 기울일 때 우리의 감각은 최고로 고조된다. 두 눈은 반짝이고, 볼은 상기되고, 목소리 톤이 높아지고, 연신 벙글거려져 사랑에 빠진 것을 숨길 수 없듯이, 글에도 활기가 가득 찬다. 사랑에 빠진 사람들이 주위에 생기와 부러움을 퍼뜨리듯, 지극한 관심을 가지고 쓴 글은 읽는 이를 자극한다. 반대로 의무감에서 혹은 관심이 덜 무르익었을 때 쓴 글은 '식은 피자'처럼 식욕을 돋우지 못한다.

삶에 대한 탐구심부터 회복해야겠다. 늘 배우고 익혀서 나날이 성장하는 자의 자부심으로 무장하고, 동시대를 살아가는 사람들에 대한 관심의 창을 활짝 열어야겠다. 꽃 피면 꽃구경 다니고 영화와 전시회도 자주 보러 가고, 여행은 말할 것도 없고, 살아 있음의 경험에 푹 빠져야겠다. 그럼으로써 온기와 생기가 묻어나는 글을 쓰고 싶다. 우리는 글을 읽을 때 쓴 사람의 기운을 느낀다. 건조한 자료 뒤에 숨어 당위만을 되풀이하고 있는지, 동참할 여지도 주지 않은 채 목청 높여 선언하기에 바쁜지, 마음을 다해 자기가 발견한 것을 나눠 주고 싶어 하는지 다 느낄 수 있다. 문체나 행간에 숨어 있는 그 기운에 먼저 접속되지 않으면 아무리 옳은 소리를 해도 눈에 들어오지 않는 것이다. 그래서 윌리엄 진서도 "궁극적으로 글 쓰는 이가 팔아야 하는 것은 글의 주제가 아니라 자기 자신"이라고 했을 것이다. 그대, 좋은 글을 쓰고 싶으면 무엇보다 삶과 사랑에 빠져라. 생에 대한 열렬한 에너지가 독자를 매료시킬 것이니, 그것이 매력 있는 저자가 되는 첫걸음이다.

2장

어떻게 글쓰기를 할 것인가?

글쓰기에 대한 세 가지 오해

가만히 보면 글쓰기에 대해 오해를 하고 있는 분이 참 많다. 대표적인 것이 글 쓰는 사람은 타고난다는 것이다. 내가 진행하는 글쓰기 강좌 수강생 중 용기를 내어 문을 두드렸다는 분이 많다. 막연하게 글쓰기에 뜻을 두었는데 더 이상 미룰 수 없다는 생각에 강좌에 오기까지 오래 망설였다는 것이다. 그중에는 대단한 사람만 글 쓰고 책 쓰느냐는 반발심을 보이는 분도 있었다.

이런 생각이 넓게 퍼진 것은 어찌 보면 당연한 일인지도 모른다. 우리는 보통 성장기에 문학작품이나 교과서를 통해 '글'을 접했다. 오랜 세월 문학적으로나 철학적으로 일가를 이룬 사람들의 글을 수용하며 살아온 것이다. 그런 반면 우리도 글을 쓸 수 있다는 자각을 일깨우는 시도 자체가 없었으니, 언감생심 글쓰기 훈련은 상상도 할 수 없는 일이었다. 초등학교 시절 강압적으로 주어진 일기나 글쓰기 숙제 같은 것은 글쓰기가 지겹고 어려운 것이라는 인식을 더했다. 그러다 보니 글쓰기 대회를 독식하는 소수의 '글쓰기 선수'만이 살아남았고, 어쩌다 쓴 내 글은 작가의 글은 물론 '선수들'의 글과도 비교할 수 없이 초라했다. 그러니 '아! 글쓰기에는 천부적인 소질이 필요해. 나는 글쓰기와 상관없는 사람이야' 생각하고 밀어 놓았을 수밖에. 리포트가 중요한 비중을 차지하는 대학 시절에도 우리는 글쓰기에 대한 장벽을 허물지 못했다. 나는 졸업논문조차 논리의 일관성을 갖지 못하고 그럴듯해 보이는 구절들을 여기저기에서 옮겨 와 이어 붙이는 방식으로 완성했다. 그때 생각을 하면 아직까지 얼굴이 뜨듯한데, 딸애도 리포트를 그런 방식으로 작성하는 것을 보니 이상한 기분이 들었다. 보통 십수 년이나 학교를 다니는데 글쓰기처럼 중요한 삶의 기술을 가르쳐 주지 않는 학교 체제가 괴물같이 느껴진다.

그렇다 해도 구조와 특성을 꿰뚫고 반복 훈련하는데 늘지 않는 것이 있을까? 세상에서 가장 불가해한 영역으로 치부되는 사랑조차 훈련에 의해 나아질 수 있을 것 같으니 말이다. 나는 사랑에 대해 알 만큼 안다고 생각할 나이에 사랑의 요소를 세 가지로 해부해 놓은 글을 보고 충격을 받은 적이 있다. 사랑에는 너 아니면 안 된다는 운명인 '아모르', 상대를 위해 무조건 헌신하고 싶은 '아가페', 그리고 육체적인 일치에 대한 열망을 나타내는 '에로스'가 있어, 이 세 가지가 고루 균형을 이루어야 완성된 경지에 도달할 수 있다고 한다. 아가페만 발달한다면 자칫 희생에 그칠 우려가 있고, 에로스만 부각된다면 불장난이 되기 쉬울 것이다. 청소년기에 이런 교육을 받으면 참 좋겠다 싶었다. 사랑이 '빠져드는 것', '어쩔 수 없는 것'으로 인식되어 속수무책으로 감정에 끌려다니는 것이 아니라, 균형 잡힌 삼각형을 만들기 위해 노력하는 것만으로도 사랑에 대한 시행착오가 줄어들지도 모른다. 이 외에도 상대방을 배려하고 경청하는 습관이나 갈등 해소의 기술 같은 것에 대해 체계적으로 배우고, 역할놀이를 통해 가상체험까지 할 수 있다면 우리는 좀 더 지혜로운 사랑을 할 수 있지 않을까?

그런데 마음먹고 글쓰기 방법론을 탐구해 보아도 이렇다 할 만한 것이 없다. 우리가 잘 알고 있는 '다독, 다작, 다상량'만이 해답임을 거듭 확인할 뿐이다. 어느 분야든 진리는 단순한 것이고, 공부를 하는 목적은 그 단순한 진리를 마음 깊이 승복하기 위해서라는 생각이 들 정도다. 글을 써 나가면서 '다독, 다작, 다상량'의 원칙을 절실하게 깨달으면 그때부터 괄목할 만한 발전이 이루어진다. 실제로 내 수강생 중에는 일 년 만에 눈부신 발전을 이룬 분들이 많다. 나는 시시콜콜 첨삭 지도를 하기보다 그 단계에서 돌파해야 할 관문 하나만 튕겨 주고 무조건 쓰라고 권하는 편인데 그것으로 충분했다. 공연히 불필요한 문장을 나열하던 분은 다이어트라도 한 듯 날렵한 문장을 구사하게 되었고, 조촐한 일기를 쓰던 분은 작가 부럽지 않은 윤기 나는 글을 쓰게 되었다. 나는 왜 일 년 동안 이만한 발전을 못했는지 의아할 지경이었다. 이분들을 비롯해 누구나 훈련을 통해 글을 잘 쓸 수 있다는 신념을 갖게 해 준 수강생들에게 깊이 감사한다.

글쓰기에 대한 두 번째 오해는 어렵다는 것이다. 소설가 김영하의 홈페이지에 한 고등학생이 어떻게 하면 글을 잘 쓸 수 있느냐는 질문을 올려놓았더란다. 그래서 김영하가 글을 잘 쓰는 방법을 묻기 전에 왜 글을 쓰고 싶은지 자문해 보고 즐겁게 글을 써 나가자는 요지의 답을 했더니, 그 글을 본 다른 분이 세상에 글을 즐겁게 쓰는 사람도 있느냐며 그런 말 하면 사람들에게 욕먹는다고 김영하를 걱정해 주는 댓글을 달았다고 한다. 이 이야기를 통해 우리 주변에 글쓰기 울렁증이 얼마나 널리 퍼져 있는지 다시 한 번 확인했다. 글을 많이 써 보지 않은 사람은 '과연 내가 글을 쓸 수 있을까' 하는 막연한 두려움을 가지고 있고, 글을 자주 쓰거나 심지어 업으로 하는 사람들 중에도 글쓰기가 어렵고 힘들다는 사람들이 참 많다. 오죽하면 '책상에 머리를 짓찧고 싶다'는 식으로 창작의 어려움을 토로할까.

초심자의 멋모르는 자기만족일지 몰라도, 나 역시 글쓰기란 즐거운 일이라고 생각한다. 이제껏 살면서 제일 잘한 일이 글을 쓰기 시작한 것이라고 생각할 정도다. 글쓰기는 나를 곧추세우는 기둥이자, 더 나은 삶을 살고 싶게 하는 추진력이며, 내 삶의 매 장면을 인증하는 성스러운 의식이다. 오죽하면 남은 시간을 '글쓰기 전도사'로 살고 싶어 하겠는가. 삶에서 얻은 가장 소중한 깨달음을 동시대를 사는 사람들과 나누고 싶다. 나 말고도 즐겁게 글을 쓴다는 분은 많다. 여성학자인 오한숙희는 머리에서 글감을 충분히 구상하여 오프닝 멘트와 클로징 멘트가 생각나면 글을 쓰기 시작하는데, 그때부터는 일사천리라고 한다. 한 시간에 열 장을 써 내는 속도니, 서너 시간이면 20~30장을 쓰기도 한다. 그러면서 '책상에 머리를 짓찧고 싶은 고통'을 모르는 자신의 글이 부족한 것이 아닌가 하는 생각까지 해 보았다고 한다. 옛이야기 다시 쓰기에 주력하고 있는 서정오 역시 〈내 인생의 글쓰기〉에서 창작의 어려움이 과장된 것이 아니냐는 의견을 펼치고 있다. 글쓰기는 마냥 쉽지는 않지만, 그렇다고 난공불락은 아니요, 소수의 선택된 사람들만이 익힐 수 있는 천상의 기예가 아니다. 문제는 어렵다고 생각할수록 글쓰기를 즐길 수 없게 된다는 점이다.

김연아 선수의 연기력은 정말 놀랍다. 수줍은가 하면 금세 황홀경에 빠진 듯하고, 때로 도발적인 모습에 이르기까지 자신 있게 감정을 표현하는 그녀를 보면 저절로 감탄이 나온다. 그런데 놀랍게도 어린 시절의 김연아는 아주 내향적이었다고 한다. 공연을 할 때 웃느라고 웃었는데도 좀 웃으라는 소리를 숱하게 들었고, 그런 소리를 듣고 다시 실황을 보면 정말 표정이 굳어 있었다는 것이다. 그런 김연아의 연기력을 획기적으로 바꿔 놓은 데에는 안무가인 데이비드 윌슨의 힘이 컸던 모양이다. 그의 말은 멀리 가고자 하는 사람 모두가 귀 기울일 만하다.

"훈련을 끔찍하다고 생각하면 성취감이 적어서 오래가지 못합니다. 큰 성취를 이루려면 즐거워야 해요. 처음 연아를 만났을 때, 훈련보다도 연아를 웃기는 데 집중했습니다."

글쓰기가 어렵다 못해 두렵다는 사람들이 참 많다. 그저 내 식대로 꾸려 나가면 되는 블로그에서도 망설인다거나, 글을 써 보면 참 좋겠다 싶으면서도 시작하기 힘들어하기도 한다. 이런 이들에게 두 가지 방법을 권하고 싶다. 첫째, 일기나 모닝 페이지, 부치지 않을 편지 등을 쓰면서 자기를 표현했을 때의 즐거움을 맛보라. 하고 싶은 말을 다 토해 냈을 때의 쾌감과 '어, 내가 어떻게 이런 멋진 표현을 했지?' 하는 경이로움을 맛본다면 글쓰기가 점점 즐거워질 것이다. 둘째, 자기표현 수위가 높으면서 만족하며 사는 사람들을 접해 보자. 주위에서 만날 수 없다면, 글을 통해 찾으면 된다. 평소 신뢰해 온 이의 글을 통해 자기 자신을 솔직하게 드러냄으로써 기꺼이 행복하고 나날이 성장해 가는 모습을 접한다면, 나의 표현력에도 영향을 미칠 것이다. 적극적으로 나의 드림팀을 찾는 것이다.

무슨 일이든 즐거워야 오래 견딜 수 있다. 김연아가 스케이팅에서 만족감을 못 느꼈다면 13년간의 훈련을 거쳐 세계 정상에 우뚝 설 수 있었을까? '한 번의 비상을 위한 천 번의 점프'를 할 수 있었을까? 만일 글쓰기가 어렵고 힘들게만 느껴진다면 집중적으로 그 이유를 찾아서 수정하기를 바란다. 앞에서 말한 심리적인 이유일 수도 있고, 글쓰기에 대한 접근이 잘못되었을 수도 있다. 글을 '짓는' 문학에서는 날카로운 주제 의식과 빼어난 표현력이 필요할지 몰라도, 그저 글을 '쓰는' 단계에서는 솔직하기만 해도 글이 좋아진다. 학식이나 비유보다 진정성이 더 중요하다. 살아온 이야기를 진솔하게 풀어 놓는 글이 뭐 그리 어렵겠는가? 모든 방법을 강구하여 즐겁게 글쓰기에 임하자. 좋아서 하는 일에 오랜 세월 몰두하다 보면 일정한 경지에 도달하지 않을 수가 없을 것이다.

글쓰기에 대한 세 번째 오해는 글을 영감으로 쓴다는 것이다. 어쩌다 글 한두 편 쓰고 말 때는 영감을 기다려 봐도 될지 모르겠지만 책을 한 권 쓴다면 영감만으로는 어림도 없다. 나 자신과 단 한 명이라도 내 글을 읽어 줄 독자를 책임지겠다는 자세로 한 줄 한 줄 채워 나가는 끈기와 책임감이 필요하다. 그래서 '글은 엉덩이로 쓴다'는 말이 나왔을 것이다. 세상에 중요한 일 치고 어떤 일이 기분 내킬 때만 하고도 일정한 경지에 도달할 수 있겠는가! 글쓰기도 마찬가지다. 모든 작가는 소위 '필'이 오든 안 오든 정해진 시간에 글을 쓰는 사람이다. 모니터 앞에 앉아 있는 시간이 길수록 영감도 더 자주 찾아온다. 내가 좋아하는 예화 중에 이런 것이 있다. 하루에 두 시간씩 작업하기로 한 작가가 있었다. 어느 날 그는 오랫동안 심혈을 기울인 장편소설을 탈고하였는데, 예정된 작업 시간에서 15분이 남았더란다. 그래서 그는 탈고한 원고를 옆으로 밀어 놓고, 15분 동안 새로운 글을 썼다고 한다.

이런 몇 가지 오해에서 벗어나기만 해도 좋은 글을 쓸 수 있다. 모든 사람이 글을 썼으면 좋겠다. 평생을 몸담았던 직업에 대한 애환을 비롯해 이 시대의 부모 노릇, 청소년으로 살아간다는 것, 사장으로 혹은 직장인으로 느끼는 희로애락, 정체불명의 식단이 점령해 버린 밥상, 사라지는 것들에 대한 애정 등 쓸 것은 너무나 많다. 글로 쓰면 일상을 더욱 세심하게 느낄 수 있고, 내 삶을 귀하게 여기게 된다. 또 상대방에 대한 이해가 깊어져 내 입장만을 고집하지 않고 더욱 성숙해지니 글 쓰는 사람들이 많아질수록 우리 사회는 더욱 살 만한 곳이 될 것이다. 새롭게 글쓰기를 시작하는 분들을 돕고 싶다. 이제껏 글을 써 본 적은 없지만 불현듯 쓰고 싶어진 분, 바빠 살다보니 아득히 멀어졌지만 학창 시절 글쓰기를 좋아했던 기억에 기대어 다시 용기를 내는 분이 글쓰기에 성큼 다가설 수 있도록 말이다.

글을 쓰면 참 좋겠다 싶은 사람을 만날 때가 많다. 어딘가에 더 나은 세상이 있기를 바라기에 현실에 딱 붙어 있지 못하는 사람들, 느리고 내향적으로 보이지만 사실 자신은 물론 주변 일을 세심하게 돌아보고 곱씹어 보는 사람들, 혹은 자기다운 삶을 찾아서 몸부림치는 사람들. 이들은 글쓰기를 통해 얻을 것이 아주 많다. 글쓰기는 이들의 이상주의에 불을 붙여 잠재력을 활짝 꽃피우게 할 것이다. 세심함은 글을 쓰는 데 꼭 필요한 성찰 지능이며, 자기다움을 갈구하는 사람에게 글쓰기는 꼭 필요한 도구이기 때문이다. 글쓰기는 이들의 숨은 열정을 현재화 시켜 전격적인 변화를 가져온다. 그 변화는 어찌나 포괄적이고 강력한지 가히 혁명적이라고 불러도 좋을 정도다. 글쓰기를 통해 변화하는 모습은 참 보기 좋다. 사람들이 글쓰기를 만나도록 돕는 일이 내게는 천직인 셈이다. 파고 또 파도 마르지 않는 샘과 같고, 기대고 또 기대도 의연한 거인과 같은 글쓰기! 나이가 몇이든 직업이 무엇이든 어떤 경험을 했든 누구나 글을 쓸 수 있고, 글쓰기가 안내하는 신천지에 도달할 수 있다. 서른이 넘었다면 글을 쓰기 위해 별도의 경험을 할 필요가 없을 정도로 우리 안에는 글감이 넘쳐 난다. 바로 이것! 세상에 대고 할 말이 있다는 사실이 왕년에 글 좀 썼다는 기억보다 훨씬 중요하다. 나의 삶, 나의 경험에서 우러난 그 말이 글이 되기 때문이다.

글쓰기의 세 단계

글쓰기에 대한 시각을 교정했으니 이제 본격적으로 글쓰기를 시작해 보자. 여러 책을 살펴보고 경험을 돌아본 결과를 '거침없이 쓰기, 꼼꼼하게 쓰기, 주제를 갖고 쓰기'의 세 단계로 정리해 보았다. 우선 거침없이 쓰는 단계는 나 자신을 위해 쓰는 단계다. 문법적으로 올바른지, 주제 의식이 잘 구현되었는지, 남들이 어떻게 볼지 생각하기 이전에 내 안에 글로 쓰고 싶은 것이 있는지, 있다면 무엇인지를 끄집어내 보는 단계다. 글쓰기의 원천이 되는 단계이므로 반드시 거쳐야 한다. 종이 위에 나를 펼쳐 놓는 쾌감을 맛보아야 고된 훈련을 견딜 수 있고, 그래야 내가 원하는 경지까지 도달할 수 있기 때문이다. 어찌 보면 글쓰기에서 가장 중요한 것은 나를 드러내는 용기와 글쓰기에 대한 불굴의 열정뿐인지도 모른다. 바로 그것을 '거침없이 쓰기'가 주는 것이다. 그저 힘을 빼고 쓰기만 해도 직관의 위력을 느끼게 될 것이다. 어떻게 이런 문장이 나왔지 싶을 정도로 오묘한 문장이 나오는가 하면, 생각지도 않던 결론에 도달하기도 한다. 거침없이 쓰다 보면 경험과 지식 그리고 어디서 왔는지 모를 지혜가 고인 창고가 내 안에 있다는 것이 느껴진다. 신실한 자세로 힘껏 나의 길을 가면 이것들이 나를 도와주리라는 신뢰가 생긴다. 생각이 글이 되는 놀라운 경험을 통해 글쓰기의 가능성과 열기를 맛보면 나를 위로하고 치유하고 스스로 만들어 갈 수 있다.

그러나 언제까지나 여기에 머물러 있을 수는 없다. 글은 쓰는 사람 혼자 보고 마는 개인적 산물이 아니라, 누군가에게 스며들 때 비로소 의미가 생기는 사회적 산물이기 때문이다. 글은 나에게서 시작되었으되 반드시 너를 향해야 하는 숙명을 지녔다. 그렇기에 어떻게 하면 좀 더 효율적으로 다른 사람에게 가닿을 수 있을지를 고심해야 한다. '꼼꼼하게 쓰기'로 넘어가는 것이다. 우선 언어의 사회적 약속인 문법에 충실해야 하며, 기초적인 글쓰기 원칙도 살펴봐야 할 것이다. 그런데 글쓰기에 대한 책을 수없이 읽어 보았지만 글쓰기 원칙이라 할 만한 것이 그리 많지는 않았다. 뒤에서 자세히 언급하겠지만 간결하게 쓰기, 글 하나에 한 가지 생각만 담기, 설명하지 말고 보여주기 이 세 가지만 숙지해도 글을 쓰는 데 별 지장이 없다. 그러므로 이 단계에 그리 큰 비중을 두지는 않는다. 오히려 '거침없이 쓰기'를 거치지 않고 이 단계가 글쓰기의 전부인 줄 아는 사람이 더 위험하다. 이성과 합리로만 쓰는 글은 나의 내면을 울리지 못하여, 내적으로 치유 효과가 적고 외적으로는 한정된 글밖에 나올 수 없어 성장의 동력으로 작용하지 못하기 때문이다. 반대로 내 안에 이야기로 풀어내고 싶은 자원과 열정이 넘친다면, 여기에 글쓰기 원칙을 더하는 것은 쉽다. 김성동이 출가 경험에서 깨달은 이야기를 하고 싶어 마음속이 꽉 찼는데 원고지 쓰는 법을 몰랐단다. 그래서 원고지 쓰는 법을 배운 뒤에 소설 〈만다라〉를 썼다는 일화처럼, 어디까지나 하고 싶은 말과 열정이 먼저인 것이다.

'거침없이 쓰기'가 일기, 블로그, 모닝 페이지처럼 혼자 두고 보는 글을 비롯해 친목 성격의 동호회 게시판에 쓰는 글까지 포괄한다면, '꼼꼼하게 쓰기'는 테마를 갖고 운영되는 블로그나 동호회 사이트,

교회나 학회 등에서 발행되는 기관지, 나아가 일반 신문 잡지에 기고 하는 글 모두에 해당된다. 여기까지 왔다면 어느 정도 글 쓰는 맛도 알고 글쓰기가 일상의 중심에 놓였을 확률이 크다. 그런데 모든 중 요한 일이 그렇듯이 글쓰기에도 상위 목표가 있어야 지속적인 발전 을 할 수 있다. 그것은 바로 '책 쓰기'에 도전하는 일이다.

'주제를 갖고 쓰기'는 한 권의 책을 염두에 두고 글을 쓰는 단계 다. 어느 영화평론가가 "영화를 가장 사랑하는 방법은 영화를 만드

는 것"이라고 한 것처럼, 글쓰기를 가장 사랑하는 방법은 책을 쓰는 것이다. 나만의 테마를 갖지 않으면 글이 깊어질 수 없다. 여기저기 얕은 흙만 뒤집다가 그만둘 염려가 있다. 내 마음 깊이 들어온 의문을 품어 사색하고 공부하여 글로 풀어내다 보면 식견이 생기고 삶도 충만해진다. 이것을 책으로 쓰면 전문성을 인정받을 수 있다. 개인이 브랜드를 갖기 위한 방법 중에는 책 쓰기가 으뜸이다. 인생의 2막, 3막에는 다른 직업에 도전할 확률이 크기 때문에 새로운 분야에서 입지를 굳히기 위한 책 쓰기의 중요성은 이루 말할 수가 없다. 그런데 글쓰기에 익숙해져 책을 쓰고 싶은 사람들 중에도 주제를 잡기 어려워하는 경우가 의외로 많다. 이런 사람은 다시 한 번 처음 글을 쓰기 시작했던 초심으로 돌아가 '거침없이 쓰기'를 해 보라고 권하고 싶다. 모든 의도와 욕심을 내려놓고 내가 무엇에 반응하는지, 무엇에 대해 생각할 때 행복한지를 알아차리는 수밖에 없다. 책을 쓴다는 일이 꽤 지치는 일이라 마음이 시키는 것이 아니면 안 되기 때문이다. 시류에 부합한다거나 다른 사람의 조언에 따라 주제를 정했다가는 끝까지 가지 못할 위험이 있다. 책을 쓰는 것은 글쓰기와 또 달라서 끈질긴 인내심이 필요하다. 몇 번이나 때려치우고 싶을 정도로 스트레스가 심한 정신노동이자 육체노동이다. 내가 정말 궁금하고 애정이 가는 주제라면 혹시 중간에 멈추더라도 남는 것이 있겠지만 그렇지 않을 경우 글쓰기에 대해 만정이 떨어질지도 모른다.

거침없이 쓰기

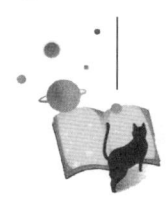

　전엔 글이 쓰고 싶어서 아침에 눈이 번쩍 떠지곤 했다. 그 시기가 지나간 다음에야 그것이 얼마나 귀하고 고마운 상황인지를 절감하게 되었다. 그땐 글쓰기가 무조건 재미있었다. 내 생각과 경험이 한 편의 글로 바뀌는 것이 신기했고, 글 한 편을 쓰고 나면 큰 부자가 된 것처럼 뿌듯했다. 때맞춰 내 글을 발표할 곳과 내 글을 인정해 주는 반사 대상이 있었던 것도 행운이다. 나는 2006년에 구본형변화경영연구소에서 연구원 활동을 하며 글을 쓰기 시작했다. 이전에는 몇십 년 동안 내 맘대로 쓰는 일기밖에 써 본 적이 없는데도 내 글은 연구소에서 많은 칭찬을 받았다. 구본형 선생을 위시해서 동료 연구원들, 얼굴도 모르는 독자들이 내 글이 좋다고 말해 주었다. 태어나서 그렇게 많은 칭찬을 받은 것은 처음이었다. 나는 정말 열심히 썼다. 아주 작은 낌새도 모조리 글이 되었다. 재미있어서 쓰다 보니 첫 책을 냈고, 글쓰기 강좌를 하게 되었으며, 무엇보다도 마음을 다해 하고 싶은 일이 생겼다.

내게는 인생의 전반전을 꽉 차게 살아 낸 뒤 늦게 글쓰기를 시작한 것이 득이 되었다. 세상에 대고 하고 싶은 말이 많았을 뿐만 아니라 이 길이 내 길임을 알아보고 흔들림 없이 집중할 수 있었다. 누군가 "사람을 뼛속 깊이 성장하게 하는 것은 세월과 글쓰기밖에 없다"는 말을 했는데 그런 면에서 나는 행운아인 셈이다. 두 가지가 중첩된 지점에서 나의 길을 찾았으니 말이다. 나의 경우와 달리 글 쓰는 것이 힘들고 스트레스가 된다면 숙달되기까지 요구되는 훈련을 감당할 수가 없다. A4 한 장을 채우는 데 머리가 지끈지끈 쑤시고 손발이 뒤틀릴 정도로 힘들다면 노력하는 데에도 한계가 있지 않겠는가? 글쓰기에 뜻을 두었다면 너무 힘들지 않고 지면을 채우는 것이 첫 관문이라고 생각하는데, 바로 그것이 '거침없이 쓰기'의 목표다.

이 단계에서 필수적인 아이템으로 자동기술, 미스토리, 일기 세 가지를 잡아 보았다. 나는 글쓰기에서 거침없이 쓰는 단계가 꼭 필요하다고 생각한다. 글쓰기의 힘을 맛보고 싶다면, 무엇보다도 이 단계를 충실히 따라 해 주기 바란다. 안다는 것은 실천한다는 뜻이다. 사전 단계를 충실하게 실천해야 다음 단계의 진국을 맛볼 수 있고, 비로소 내 것이 될 것이다. 어느 정도 글쓰기가 진행된 후에도 '거침없이 쓰기'의 핵심 정신은 늘 우리 곁에 있다. 매번 쓸 때마다 다시 원점에서 시작하는 것이다. 한두 번 좋은 글을 썼다고 해서 자동적으로 좋은 글이 써지는 것은 아니다. 주제에 대해 생각이 무르익고 머릿속에 생각 덩어리가 있을지라도, 그것을 문장으로 바꿔 눈앞에 보여 주는 것은 직관의 작용이다. 그러니 잘 쓰려고 하는 마음을 비우고, 기꺼이 나의 직관을 믿으며 쓸 때 훨씬 나은 글이 나온다. 무언가를 창조하는 일이 무의식의 힘을 빌리지 않고서는 안 될 것이니 저 깊은 곳의 목소리가 올라오도록 나를 자유롭게 풀어 주자.

자동기술automatic writing
_무의식을 내 편으로

그대는 간밤에 꾼 꿈을 잘 기억하는가? 나는 꿈을 잘 기억하는 편은 아니지만 꿈이라는 것이 얼마나 신비한지는 알 것 같다. 간간이 기억하는 꿈을 통해 느낀 것이 많기 때문이다. 한번은 커다란 무대에서 대형 오케스트라가 클래식을 연주하는 꿈을 꾸었다. 앞에서도 얘기했듯이 나는 음치다. 음도 모르지만, 이름을 아는 악기가 몇 가지 안 될 정도로 음악에 문외한이다. 당연히 음악회에 가 본 적도 없다. 그런 내 머릿속에서 일어난 일이 참으로 놀라웠다. 꿈속의 연주회는 한참 동안 계속되었다. 곡 제목을 알 수 없는 것이 한탄스러울 뿐이었다. 나는 이 꿈을 통해 무의식을 가깝게 느끼게 되었다. 내 안에 내가 모르는, 그것도 아주 정교하고 거대한 영역이 있다는 것을 인정할 수밖에 없었다. 낮에 잠깐 떠올린 생각의 실마리를 가지고 꿈은 짧은 영화를 만들어 놓는다. 조금 골치 아픈 일이 있어서 신경을 쓰면 어릴 적 살았던 집 댓돌 위에 무수히 많은 신발들이 엉클어져 있는 꿈을 꾸고, 빠른 속도로 달라지는 외모 때문에 살짝 우울했던 날에는 10년 전에 좋아했던 사람이 나타나는 식이다. 메시지를 숨겨 놓은 은밀한 스토리텔링과 몇십 년간의 인연 가운데 인물을 캐스팅하는 꿈의 능력에 감탄할 뿐이다.

지인 중에 굉장히 상징적인 꿈을 꾸는 사람이 있다. 디자인을 하는 사람이어서인지 시각적이면서도 드라마틱한 그녀의 꿈에 대해 들으면, 도대체 무슨 뜻이 내포되어 있을까 절로 생각해 보게 되곤 한다. 보통 반복해서 꾸는 꿈을 주의 깊게 보라고 하는데 그녀의 꿈에 뱀이 연속해서 나온 적이 있었다. 노부부가 뱀탕을 끓여 주며 먹으라고 하는가 하면, 구렁이처럼 큰 뱀들이 똬리를 틀고 있는 것을 눈먼 노인이 댕강댕강 쳐 죽였다는 것이다. 그 이야기를 듣고 나니 뱀은 야하고 본능적인 생의 속살에 가닿고 싶은 그녀의 갈망을 표현한 것이 아닌가 하는 생각이 들었다. 반면 노인은 그런 속마음이 드러나는 것을 막는 도덕과 체면 같은 것이다. 그런데 노인은 눈이 멀었다고 한다. 이것은 도덕적 의식을 무시하고 싶은 심경이 드러난 것이 아닐까? 남의 꿈을 내 맘대로 해석하고 나니 그럴듯하다는 생각이 들었다. 그러면서 또 하나 깨달았다. 내 꿈이든 남의 꿈이든 꿈을 해석해 보는 것은 내 생각을 투사하는 것이니, 해석하는 과정에서 내 마음을 훔쳐볼 수 있다는 것을. 꿈이 나에게 신호를 보낸다고 생각하면 신비하기 그지없다. 꿈은 무의식에 대한 관심을 불러일으킨다.

꿈이 이토록 상징적인 것은 우리의 사고방식이 기본적으로 신화와 닮아서가 아닐까 하는 생각으로 번진다.

우리는 꿈을 통해 무의식에 접속한다. 처음 자동기술 기법을 접했을 때 나는 꿈을 떠올렸다. 꿈을 통해 짐작해 볼 수 있는 무의식을 탐사하는 과정이라 생각하니 쉽게 이해가 되었다. 무의식은 의식을 지탱하는 심연과 같다. 겨우 꼭짓점만 수면 위로 드러내고 있는 거대한 빙산처럼, 무의식은 어마어마하게 큰 미지의 영역으로 아직 탐사가 안 된 만큼 거대한 잠재력을 가지고 있다.

'자동기술'이란 될 수 있는 한 의식의 조종을 받지 않는 상태에서 글을 쓰는 것을 말한다. 자면서 꿈을 꾸듯이 내 안에 있되 내가 잘 모르는, 내 힘으로 통제할 수 없는 영역이 모습을 드러내도록 힘을 쫙 빼고 글을 써 보는 것이다. 사실 우리는 자동기술에 아주 익숙하다. 감정이 북받치는 날의 일기, 격한 심정으로 써 놓고 부치지 않은 편지, 무슨 문제가 있을 때 나도 모르게 하게 되는 낙서 같은 것이 바로 그것이기 때문이다. 많은 글쓰기 책에서 '너무 오래 생각하지 말고 그냥 쓰라'거나 '종이 위에서 펜을 떼지 말고 쓰라'는 주문도 여기에 해당된다. 자동기술을 해 보면 생각보다 얻는 것이 많다. 전혀 의식하지 못했던 것이 툭툭 불거져 나오는 것이 신기하다. 공연히 심란하거나 불안할 때, 글줄이 풀리지 않을 때 자동기술을 해 보면 단서를 잡을 수 있을 때가 많다. 자동기술에 임하는 자세로 쓰면 훨씬 솔직하고 읽는 이의 가슴에 스며드는 글을 쓸 수 있다. '내가 무슨 글을 써!', '잘 쓸 수 있을까?', '빨리 써야 하는데…' 같은 글에 대한 염려와 조바심을 내려놓자. '이렇게 쓰면 남들이 뭐라고 생각할까?', '이런 모습은 남들에게 알리고 싶지 않은데…' 이런 생각만 내려놓아도 글이 좋아진다.

일기는 가장 안전하게 나를 펼쳐 놓는 공간이다. 누구의 시선도 의식하지 않고, 잘 써야 한다는 강박감도 없이 써 내려 간다. 무슨 사건이라도 벌어진 날에는 더욱더 급박하게 종이 위에 마음을 쏟아 놓는다. 대판 싸웠다든지 갈등이 심화된 상대에게 격한 감정으로 쓰는 편지도 마찬가지다. 차마 보낼 수는 없지만 할 말 못할 말을 다 하며 편지를 쓰는 것만으로도 마음이 가라앉기도 한다. 낙서는 또 어떤가! 혹시 무심히 손을 놀린 낙서에 속마음이 드러나서 깜짝 놀란 적 없는가? 전혀 의도하지 않았는데, 나에게조차 낯선 속내가 드러나 누가 볼까 두려워 황급하게 지워 버린 낙서. 바로 그것을 조금 본격적으로 써 보자.

자동기술 기법 중에 아마 '모닝 페이지'가 제일 유명할 것이다. 모닝 페이지는 줄리아 카메론이 〈아티스트 웨이〉에서 명명한 기법이다. 그녀는 유명한 영화감독 마틴 스코세지의 전 부인으로, 이혼 후 알코올중독과 우울증에 빠졌다가 극복했다고 한다. 아마도 모닝 페이지는 그녀 스스로 고통을 이겨 낸 과정을 체계화한 것이 아닌가 싶은데, 그녀는 모닝 페이지 하나로 세계적인 유명 인사가 되었다. 모닝 페이지는 아침에 일어나자마자 깊이 생각하지 말고 그저 머리에 떠오르는 것을 세 쪽 쓰는 것이다. 막 잠에서 깨어나 무의식에 근접해 있는 시간에 자기 검열을 하지 않고 내 안의 또 다른 나를 발굴해 보는 것이다. 모닝 페이지는 지극히 단순한 방식이지만 수많은 아티스트에게 영감을 주었다고 한다. 소설가 이남희도 그중 하나인데, 그녀는 '마음에 쌓인 것이 많은 사람, 왠지 불안하고 쓸쓸한 사람, 일 없이 잔걱정이 많은 사람, 바라는 것은 많은 것 같은데 그게 뭔지 확실하게 말하지 못하는 사람, 일상생활에서 자신의 기분이나 감정을 제대로 표현하지 못해 스트레스가 쌓이는 사람'에게 모닝 페이지를 권한다.(한국출판마케팅연구소, 〈글쓰기의 힘〉) 줄리아 카메론은 모닝 페이지를 쓸 때 반드시 세 쪽을 채우라고 하는데, 의식의 밑바닥까지 도달하기 위해서라고 한다. 조금 가다 마는 것이 아니라 생각의 실마리를 끝까지 파고들다 보면 무의식에까지 도달할 수 있고, 의식의 바닥을 긁어 봐야 자기 치유가 가능하다는 것이다. 12주 동안 계속하는데 8주 동안은 자동적인 자기 비난을 피하기 위해서 쓴 것을 읽어 보지 말아야 한다는 규칙이 있다.

모닝 페이지는 글쓰기라기보다는 일종의 글쓰기 명상에 가깝다. 자동기술 기법을 좀 더 확실하게 글쓰기 훈련에 응용한 것으로는 '투사 기법'이 있다. 나를 다른 사물에 감정 이입하여 글을 쓰는 것이다. 생물이든 무생물이든 상관없다. '나는 000이다'라는 문장으로 시작하여 깊은 생각을 하지 말고 그저 머리에 떠오르는 대로 글을 이어 나간다. 객관적인 입장에서 묘사하는 것이 아니라 완전히 감정 이입이 되어 '그것'의 입장에서 쓰는 것이 중요하다. 나는 글쓰기 강좌 첫 시간에 투사 기법으로 글을 써 보는 시간을 갖는데 다들 신기해한다. 순간적으로 떠오른 사물에 빗대어 쓴 글에 자신의 단면이 정확하게 드러나기 때문이다. 한 수강생은 자신을 생수병에 투사하여 다른 사람들의 속마음도 말갛게 비치는 생수병처럼 그대로 보였으면 좋겠다고 썼다. 강좌에서 처음 만난 사람들과 가까워지고 싶은 마음을 드러낸 것이다. 어린 아기를 키우는 한 워킹맘은 자신을 신발에 투사하여 너무 바쁜 일상에 대한 불만을 내비쳤고, 자신에게 항상 정확한 것을 요구하는 주위에 대한 책임감과 부담을 함께 토로한 직장 여성은 투사 대상으로 시계를 선택했다.

직관적인 글쓰기를 강조하는 작가는 이와 같은 자동기술에 비중을 많이 둔다. 생각하는 것은 글쓰기가 아니라고 공언한다. 우리가 머릿속으로 생각을 정리한 후 쓰는 것 같지만 사실은 그 반대라고 한다. 쓰는 것이 생각이 된다는 것이다. 이 말에 상당 부분 동의한다. 미리 얼개를 잡아 두고 시작하지만, 의도하지 않은 문장이 튀어나와 글의 흐름을 도와주는 때가 많기 때문이다. 아직 생각이 영글지 않았을 때에도 어설픈 문장이나마 써 놓으면 그것이 빌미가 되어 쓸 만한 생각들을 불러오기 시작한다. 이것이 바로 수많은 글쓰기 책에서 '무조건 쓰라'고 주문하는 이유다. 쓸 말이 없으면 '쓸 말이 없다'고 쓰거나 무수히 '라라라라라라'라도 써 보라. 그러다 보면 쓸 것이 떠오를지도 모른다. '글쓰기는 손으로 하는 생각'이라는 말처럼 손을 놀리다 보면 생각에 생각이 꼬리를 물고 나타난다. 키보드 위에 손을 얹어 놓아야만 비로소 쓸 것이 떠오른다며 자신의 뇌가 손끝에 달린 것 같다고 표현한 작가도 있다. 별 기대 없이 써 내려 가다가 어느 순간 내 기분과 일치하는 표현을 발견하면 머릿속에 반짝 하고 불이 켜지는 것 같다. 이처럼 자동 글쓰기는 수면 아래 자리하고 있는 속마음을 떠올려 준다. 직관을 해방시켜 의식을 확장시킨다.

미스토리
_과거를 기록했는데 미래가 열리다

남의 일처럼 살아라

사람들은 남의 일에 대해서는 굉장히 정확한 판단을 내린다. 내 일이 아니니 자동적으로 객관화가 되기 때문일 것이다. 내 일이라면 온갖 감정이 얽혀 복잡하기만 한데 남의 일에서는 그럴 필요가 없다. 변명과 합리화를 쳐 내고, 원인과 결과를 따져 냉정하고 정확하게 처방을 내려 준다. 나 역시 내 일에는 우유부단할 정도로 곱씹을 때가 많지만, 다른 사람의 일에는 날카로운 분석력을 발휘한다. 그래서 깨달았다. '내 일도 남의 일처럼 생각하면 되겠네!'

내 일을 남의 일처럼 생각한다면 얻을 점이 많다. 살면서 우리를 힘들게 하는 것이 무엇인가. 대부분 남의 마음이 내 맘 같지 않아서 일어나는 갈등과 우여곡절이 아닌가. 이럴 때 나를 객관적으로 보고 내 일이나 남의 일을 같은 비중으로 바라보면, 내 입장만을 고집하지 않게 되어 서운하거나 괴로운 일이 대폭 줄어들고 정신 건강에도 좋을 것이다. 미스토리를 쓰면 나를 객관적으로 바라보는 데 도움이 된다.

미스토리는 보통 사람들이 쓰는 자서전인데, 굳이 '미스토리'라는 용어를 사용한 것은 일반적인 자서전과 구분하기 위해서다. 보통 자서전은 한 분야에서 일가를 이룬 사람들이 생애를 정리하는 시점에서 쓴다. 반면 미스토리는 평범한 사람들의 중간 기록이다. 자서전을 검색하면 간디, 헬렌 켈러, 링컨, 이순신, 장영실 등 익숙한 위인들의 자서전이 숱하게 나온다. 우리는 어려서 위인전을 읽으며, 그들의 생애를 기리며 성장했다. 역사는 오직 위인들의 생애만을 기록하고 있었으므로 그들 외에 달리 삶의 모델이 있지도 않았다. 전에는 위인전을 귀감으로 삼았다면 요즘에는 연예인을 떠받들며 사는 것 같다. 상위 몇 프로에 한정된 얘기겠지만 오늘날 연예인의 위상은 '만인의 연인'을 넘어 '신흥 귀족'으로 등극하였다. 거액의 출연료를 비롯해서 그들을 둘러싼 화폐 단위는 일반인들이 꿈도 못 꿀 천문학적인 단위이고, 그들의 일거수일투족은 인터넷을 통해 생중계된다. 텔레비전을 거의 안 보고 크게 관심이 없는 나도 인터넷 포털에 연예인의 근황이 뜨면 클릭하게 된다.

그런데 위인전이든 연예인에 대한 관심이든 결국은 모두 남의 이야기다. 평생 남의 말을 듣기만 하며 산다면 얼마나 속상할까. 내게도 엄연한 삶이 있고 남들 못지않은 사연이 있는데 말이다. 나이가 들수록 내게 정말 그런 일들이 있었는지 모호할 정도로 기억의 빛이 바래 간다. 젊은 날의 순수함은 동화처럼 아득하고, 아이들을 키우던 때의 행복의 극치는 사진으로 남았을 뿐이다. 뜨겁게 몰두했던 일이나 사람이 별것 아닌 것으로 밀려 가는 것을 보며 다시 무언가에 마음을 주는 일이 겁나기도 한다. 이럴 때 지나온 세월을 생각만 할 것이 아니라 글로 써 보자. 남의 이야기로 넘쳐 나는 세상에 내 이야기를 펼쳐 놓는 것이다. 혼자만 보든 블로그에 올리든 상관없이 미스토리의 위력은 이루 말로 다할 수 없을 만큼 크다.

살아온 날을 글로 옮겨 놓으면 무엇보다 삶이 정리되고 객관적으로 보인다. 두 번 다시 생각하기 싫을 정도로 고통스러운 경험도 훨씬 심상해진다. 그 일을 불러온 것이 엄연히 나 자신이었던 것이 확인되므로 남을 탓하지 않게 된다. 반복적으로 나타나는 패턴 속에서 내가 어떤 사람인지도 분명해진다. 나는 2006년에 구본형변화경영연구소에 연구원으로 지원하면서 처음으로 미스토리를 20장 써 보았다. 그리고 나서 몇 달 후에 50장으로 늘려 썼다. 활자 크기 10포인트로 A4 50장이었으니 제법 많은 분량인 셈인데 미스토리를 쓰고 나서 정말 신기한 일이 일어났다. 내가 살아온 것이 한 편의 영화처럼 눈앞에 펼쳐졌다. 내가 주인공으로 출연하는 영화를 보고 있는 기분이었다. 관찰자적 시선을 획득하고 나니 크고 작은 문제들에 빠져 허우적대고 골머리를 썩은 것이 의아할 지경이었다. 우리가 소설이나 영화를 볼 때 주인공들이 갖은 갈등을 겪는 것을 보고 '재미있다'고 하듯, 당시에는 징글징글했던 일들이 이야기를 생생하게 만드는 구성 요소에 지나지 않았다. 마치 높은 산에 올라가 내려다보듯 삶이라는 지도가 한눈에 보였다. 이제부터는 누군가의 각본에 따라 움직이며 괴로워하는 역할 대신, 감독이나 지휘자 노릇을 하며 살 수 있을 것 같았다. 소소한 곁가지는 무시하고 삶의 본류를 따라 흐를 수 있겠다는 생각, 나의 이야기를 감동적인 스토리로 완성하고 싶다는 생각이 격하게 나를 적셨다.

나의 삶을 한발 떨어진 곳에 놓고 객관적으로 보는 시각은 중요하다. 모든 것을 자기중심으로 생각하는 편협한 시각에서 벗어나 시야가 넓어지고, 단순 명료하게 나아갈 방향을 발견할 수 있기 때문이다. 때로 남의 일처럼 살아 보라. 미스토리가 도와줄 것이다.

나는 내 인생의 전문가

이제 정체성 혼란은 사춘기의 전유물이 아니다. 30~40대가 된 사람들이 자기가 누구인지, 정말 하고 싶은 일이 무엇인지 찾아 헤매는 일은 일상적인 풍경이 되었다. 수명이 연장된 데다 개인의 삶을 중시하는 사회가 되었기 때문이다. 전통사회에서는 한 가지 직업, 한 가지 정체성을 지니고 살아도 별문제가 없었다. 사회의 변화는 완만했고, 가정에서의 의무를 다하고 나면 적당하게 노후가 찾아왔다. 하지만 이제는 다르다. 이십여 년 넘게 사회생활을 하며 가정의 틀을 세워 놓아도 창창하게 젊다. 아직도 살아갈 날이 수십 년 남았다는 것을 생각하면, 인생 항로를 교정하지 않을 수가 없다. 내 주변만 해도 나무랄 데 없는 직장을 그만두고 인생의 전환을 시도하느라 골몰하는 사람들을 쉽게 찾아볼 수 있다.

사실 나처럼 직관적이고 단순한 사람은 그런 고민을 이해하지 못한다. 언제나 내가 원하는 것을 정확하게 알고 있어 그것을 따라가기만 하면 된다. 하지만 자기계발서의 성황과 각종 프로그램, 심리

상담, 코칭, 무슨무슨 테라피 같은 자기계발 시장이 날로 커지는 것을 보면 이런 문제로 어려움을 겪는 사람이 상당히 많은 것 같다. 많은 사람들이 어떻게 살아야 하는지 도움을 받기 위해 자기계발서를 읽고, 프로그램에 참여하고, 코치를 필요로 한다. 하지만 이것은 내가 누구인지를 다른 사람에게 물어보는 꼴이 아닌가? 그것도 한두 번도 아니고 반복해서? 나에 대해 가장 많이 알고 있는 사람은 나 자신이다. 상담가가 최고의 조언을 해 준다 해도 내키지 않는 방향으로 갈 수는 없으며, 힘들 때마다 다른 사람의 도움을 받을 수도 없는 노릇이다. 인생에서 가장 중요한 결단의 순간에는 사람은 누구나 혼자다. 아무리 외롭고 두려울지라도 혼자 결정하고 걸어갈 수밖에 없다. 결정에 대한 책임도 물론 나에게 있다.

내가 누구인지, 어떻게 살아야 하는지 가장 많은 참고자료가 쌓여 있는 곳은 이제껏 내가 살아온 삶이다. 내가 반복해서 저지르는 일 속에 내가 들어 있다. 지난날을 곰곰이 돌이켜 보면 나의 행동 패턴을 알 수 있다. 글로 써 보면 더 분명해진다. 막연하게 생각해 오던 내 기질이 확실해지고, 그것이 형성된 뿌리까지 보인다. 그러니 어떤 일을 결정하기가 힘이 들면 지난날 비슷한 상황에서 어떻게 결정했는지 돌이켜 보자. 어떤 일의 앞뒤를 살펴보면 많은 정보를 얻을 수 있다. 그 일을 시작하기 전에 가졌던 계획은 무엇이며 어떻게 진행되었고 최종적으로 어떤 결과를 낳았는가, 그 과정에 내가 잘한 일은 무엇이고 부족한 점은 무엇이었는가 등을 따져 보아서 잘하는 일은 강화하고 부족한 점은 각별하게 신경을 쓰거나 아예 다른 사람에게

위임하면 된다.

나는 13년 동안 초중등 대상 학원을 운영했다. 새로운 프로그램을 기획하는 일은 좋아하고 잘하는데 재무관리와 상담에는 영 소질이 없다. 그래서 이제 무슨 일을 하더라도 크게 벌일 생각을 하지 않는다. 몸 가볍게 새롭게 개척하는 일을 찾아가되, 관리를 줄이기 위해서다. 독특하고 자유로운 삶을 추구하여 남들이 가지 않는 길만 골라 다니는 기질도 받아들이기로 했다. 혼자 일하는 것을 좋아하지만, 깊은 신뢰로 맺어진 소수의 인간관계를 갈망하고 있다는 것도 알았다. 이런 내게 글 쓰는 일은 적격이다. 꾸준히 글쓰기 강좌를 해서 커뮤니티를 키우기로 했다. 글쓰기라는 공통 관심사를 가진 사람들은 이상을 추구하고 낭만적인 경향이 있으며 자기실현에 관심이 많아 나와 잘 맞을 것 같아서다. 사람을 오래 상대하면 지치는 편이니 온라인과 오프라인 비중이 7대 3 정도면 좋겠다.

이런 식으로 경험을 분석하여 새로운 방향을 이끌어 내는 데 도움이 된다. 그저 막연하게 '나는 이런 사람'이라고 생각해 오던 것에 명확한 근거를 준다. 표면적으로 드러나던 동기에 내재된 숨은 욕구를 발견할 수도 있다. '나'에 대해 잘 알게 되면 '나답게' 사는 것에 더 가까워진다. 내가 행복을 느끼는 장면을 곳곳에 배치하는 것이 인생의 성공 아니던가? 그러기 위해서는 내 느낌을 잘 들여다보고 존중하는 습관이 필요한데 이를 기르는 데 글쓰기가 최고다. 글을 쓰기 위해 기본적으로 이런 태도가 필요하고, 글을 쓰다 보면 이런 태도가 정착되어 소중한 자산으로 남는다. 내 느낌과 욕구에 자신이 있으면 무엇을 결정하는 일이 힘들 까닭이 없다. 행여 예상한 만큼 결과가 나오지 않더라도 얼마든지 재시도할 수 있다. 스스로 즐기고 몰두한 과정 자체가 성공이니 실패라는 것이 있을 수도 없다. 스스로 이끌고 만들어 가는 셀프 리더self-leader의 삶, 글쓰기 안에 있다.

어떻게 미스토리를 쓸 것인가

태어나서부터 지금까지 살아온 인생을 전부 쓴다고 생각하면 질리는 기분이 들 것이다. 처음에는 주제별 혹은 시기별로 끊어서 시작하면 좋겠다. 내 인생의 명장면 열 개, 나에게 가장 영향을 미친 사람 열 명, 중요한 변곡점 등 마음 가는 대로 주제를 잡아 보자. 20대 혹은 육아기처럼 한정된 기간에 대해 쓰는 것도 가능하다. 구본형은 10년에 한 번씩 자신의 인생을 정리하겠다고 한다. 좋은 방법 아닌가. 10년 단위로 삶을 회고하고 분석한다면 그다음 10년의 향방은 저절로 잡힐 것 같다. 40대를 기록한 그의 책 〈마흔세 살에 다시 시작하다〉는 '얼굴, 가족, 자연, 집, 학습, 일' 등의 소주제로 이루어져 있다.

막상 쓰려고 하면 별로 생각나는 것이 없을 수도 있다. 이럴 때 린다 스펜스의 〈내 인생의 자서전 쓰는 법〉이 도움이 될 것이다. 이 책은 지나간 일을 불러오는 데 도움이 되도록 인생에 대한 480가지 질문을 던지고 있다. 질문만 제대로 해도 해답이 절반은 나온다는데, 이 책에 나오는 어떤 질문들은 무한한 생각을 불러일으키고 다음 행동으로까지 이어지게 한다.

"어린 시절 이웃이나 살던 마을은 어땠는지 머릿속에 그려 보라. 특별한 감정이나 의미가 있던 곳으로 가 보자."

나는 농촌 마을에 원초적인 그리움을 갖고 있다. 어릴 때 뛰어놀던 외가 동네나 대학 시절 농촌활동 나갔던 마을의 풍경은 내 안에 고스란히 보존되어 있다. '묻지마 살인'처럼 살벌한 세태와 독거노인의 쓸쓸한 모습을 접하면 옛날 그 마을을 떠올린다. 구성원들 모두 서로를 잘 아는 공동체, 노인이 소외되지 않고 아이들, 젊은이들과 어울려 대소사에 참여하는 전통이 그립다. 이 항목을 접하는 순간 내가 얼마나 마을을 그리워하는지 다시 한 번 깨달았다. 관심사가 비슷한 사람들끼리 마을을 이루고 사는 것에 대한 동경을 묵혀 두지 말고 수면 위로 꺼내 봐야겠다는 생각이 들었다. 요즘 여기저기에서 마을 이야기를 하는 사람들이 많은데 그동안 이루어진 논의와 실험을 살펴보고 직접 참여도 해 봐야겠다.

코드에 맞는 자서전을 두세 권 꼼꼼하게 읽는 것도 도움이 된다. 나는 정현경의 〈결국은 아름다움이 우리를 구원할 거야〉, 김형경의 〈세월〉, 러셀 베이커의 〈성장〉, 프랭크 맥코트의 〈프랭키〉가 인상적이었다. 앞서 말한 구본형의 〈마흔세 살에 다시 시작하다〉도 좋다.

그대에게 가장 중요하게 각인되어 있는 사건만을 추려라. 때로 기억은 무책임할 정도로 모호하지만 중요한 것은 '있었던 일' 자체가 아니라, 그 일에 대한 나의 생각과 그 일이 내게 끼친 영향이니 괜찮다. 무수한 회상과 즐거운 거짓말을 통해 나의 삶을 생생하게 복원해 낼 수 있다면 나는 헛산 것이 아니다. 내가 만들어 낸 또 하나의 삶이 살아서 펄떡거리며 말을 건네기 때문이다. 우리는 언제고 과거의 한 장면으로 들어가 시간의 교훈을 얻어 올 수 있다. 어제의 삶이 이야기가 되어 버린 것을 보며, 오늘의 현실 또한 내일에는 이야기가 될 것을 알게 되어 모든 것을 대국적인 관점에서 볼 수 있게 될 것이다. 내면 탐구에 관심이 많은 분들에게는 이남희의 〈자기 발견을 위한 자서전 쓰기 특강〉을 권한다. 12주에 걸쳐 차근차근 자서전을 써 나갈 수 있게 만들어진 매뉴얼인데, 융의 이론에 기초한 성격유형과 시기별 과제, 글쓰기 방법론까지 나와 있어 아주 친절하다.

일기
_일기를 우습게 보지 마!

중학교 1학년 때 국어 선생님께서 "일기를 10년간 쓰는 사람은 무슨 일을 해도 할 사람"이라고 하셨다. 어린 마음에 그 말이 그럴싸하게 들렸나 보다. 그 뒤로 오랫동안 나는 그 말을 기억하며 일기를 쓰려고 노력했다. 며칠씩 건너뛰기도 했지만 짧은 메모에 불과하더라도 그 맥을 이어 온 몇십 년 세월, 이제 나는 그 작은 습관에 힘입어 작가에 도전하게 되었다. 좋은 글을 쓰기 위한 조건인 '많이 읽고, 많이 쓰고, 많이 생각하기' 중 많이 쓰고, 많이 생각하기를 일기가 책임진다면 일기의 위력을 짐작할 수 있을 것이다.

그날 일어난 일과 거기에서 번져 간 감정에 대해 쓰는 일기는 생활문과 기록문학의 연습으로 손색이 없다. 무언가를 매일 20~30분씩 몇십 년간 한다고 가정해 보라. 3~4킬로그램에 불과한 아기로 태어난 우리가 매일 세 끼를 먹고 이만큼 컸듯이, 우리의 정신적 성장에 미치는 영향이 적을 수 없다. 글쓰기에 본격적인 관심을 갖게 되면서 일기의 막강한 위력에 거듭 놀라게 되었다. 일기는 글쓰기 연습이 되는 것은 물론, 경험을 재체험할 수 있으며 상상력 훈련에도 도움이 된다. 여기에 개인적인 기록의 곳간이요, 시대적인 풍경의 스냅사진이 되기도 하니 개인적으로나 문학적, 사회적으로 일기의 효용은 이루 말할 수 없이 크다고 하겠다.

우리는 보통 일기를 통해 처음으로 글쓰기를 접하게 된다. 남의 눈을 의식하지 않고 자유롭게 속마음을 펼쳐 놓다 보면 속이 시원해진다. 좋았던 일은 떠올리면 다시 한 번 그 장면에 놓인 듯 기분이 좋아지고, 언짢았던 일은 떠올리면 무엇이 잘못되었는지가 뚜렷하게 보이기도 한다. 이처럼 일기는 하루를 두 번 살게 해 준다. 그날 일어난 일을 무심히 흘려보내지 않고, 나의 몸짓 마음짓과 함께 성찰함으로써 삶을 탐구하는 최고의 도구가 된다. 글을 쓰기 위해서는 있었던 일을 다시 한 번 되짚어 보고 의미를 따져 보는 시간이 필수인 것을 생각하면 일기는 글쓰기 연습에 즉효가 아닐 수 없다. 편지에 글쓰기의 형식적인 면이 모두 들어 있다면 일기에는 글쓰기의 내용적인 면이 전부 들어 있다.

일기 쓰기는 마치 영양제를 장기 복용하는 것과 같은 효과가 있다. 가랑비에 옷 젖는 줄 모르듯이, 매일 하는 운동이 탄탄한 근육을 만들듯이. 일기는 글쓰기를 향상시키는 소리 없는 조력자다.

뿐만 아니라 일기는 과거, 현재, 미래를 이어 주는 연결 고리이기도 하다. 어제의 행위가 모여 오늘을 이루었듯이, 크고 작은 오늘의 결단이 모여 내일의 초석이 된다. 그렇게 보면 우리는 항상 인생의 분기점에 직면하고 있는 셈인데, 어느 방향으로 가야 할지를 일기가 알려 주는 것이다. 전에 예전 일기를 훑어보다가 충격을 받은 적이 있다. 거의 10년 동안 똑같은 망설임, 똑같은 자괴감, 똑같은 다짐을 되풀이하고 있었던 것이다. 그때까지 내가 우유부단하다는 생각을 해 본 적이 한 번도 없었다. 오히려 매사에 맺고 끊는 것이 분명해서 인간미가 떨어진다고 생각하고 있었는데 정말 놀라운 발견이었다. 덕분에 그 문제에 더 이상 시간을 허비할 수 없다는 생각을 하게 되었고 중요한 결단을 내릴 수 있었다.

일기는 보다 긍정적인 미래를 설계하는 데에도 유용하다. 일기에는 자연스럽게 미래에 대한 꿈과 계획이 실린다. 이것을 매일 반복할 경우 잠재의식에 각인되어 내재된 가능성을 힘들이지 않고 끌어낼 수 있다. 자신이 원하는 것을 구체적으로 시각화할 수 있으면 꿈이 실현될 확률은 더욱 높아진다. 디팩 초프라, 샥티 거웨인, 브라이언 트레이시, 윤태익 등 수많은 저자들이 시각화를 강조했다. 시각화 능력이 뛰어날수록 목표를 달성할 확률이 높다는 것이다. 날마다 원하는 것을 생생하게 떠올려라. 그리고 그것을 글로 기록하라. 선명한 이미지를 구체적인 언어로 표현한다면 더욱 강력하게 뇌에 입력되는 것은 당연할 것이다.

이처럼 지난 일을 정리하고, 현재를 음미하며, 미래를 설계함으로써 일기는 한 사람의 인생을 만든다. 일기는 우리가 인생을 만들어 갈 때 필요한 조촐하지만 강력한 도구다. 좋은 인생이란 무엇이며 그것을 이루기 위해 어떻게 해야 하는지에 대한 정답이 다 나와 있는 원스톱 솔루션이다. 나는 언제나 독특한 삶을 살고 싶다는 생각을 하면서 일상적인 삶은 게을리했다. 개성 있고 독자적인 삶에 대한 동경은 단순한 가사 노동이나 반복되는 업무에 쉬이 지치게 만들어 예전의 나는 대충 살았다. 그러나 이제, 적지 않은 나이에 새로운 전문성을 쌓기 위해 애쓰다 보니, 젊은 사람들이 에돌아가는 것을 보면 안타깝다. 좋은 삶을 이루는 원칙은 의외로 단순한데 많은 사람들이 너무 복잡하게 생각하는 것 같다. 가령 '좋은 삶을 살고 싶다면, 오늘 하루를 잘 살아라'와 같은 누구나 익히 알고 있는 사실이 원칙 중에도 대원칙이다.

하루는 24시간 단위로 잘려진 삶이다. 삶은 추상적이고 관념적인 덩어리가 아니라 오늘 하루라는 형태로 우리에게 온다. 그러니 오늘을 허비하면서 좋은 삶을 살기를 바랄 수는 없다. 평생을 잘 살려고 하지 말고 하루하루를 의미 있는 시간으로 채우다 보면 그대는 어느새 원하는 곳에 도달해 있을 것이다. 이렇게 단순한 사실을 깨닫는 데 몇십 년이 걸렸다. 그대, 원하는 삶을 살고 싶다면 오늘 하루를 헛되이 보내지 마라. 우선 도달하고 싶은 목표를 정하고, 그에 닿기 위한 핵심적인 행위를 매일 하라. 이는 내가 한 시절을 수강료로 바치고 얻은 금과옥조 1호다. 그리고 일기는 그 소중한 하루에 대한 기록이다. 하루를 귀하게 여기는 사람의 동반자로 손색이 없다.

일기의 재발견

'글쓰기? 좋은 줄은 알지만 난 글을 써 본 적이 없어, 너무 바빠서 글 쓸 틈이 없어.' 혹은 '생각만 해도 골치가 지끈거리는데 내가 어떻게 글을 써?' 하는 분들에게 '4행일기'를 권한다. 아무리 바빠도 하루에 네 줄을 쓰지 못할 사람은 없을 것이다. 고바야시 케이치는 〈4행일기〉에서 사실, 느낌, 교훈, 선언으로 이루어진 일기를 제안한다. 아마 일기 쓰기에 대한 부담감을 줄이면서, 일기의 효용을 극대화하려는 목적으로 고안되었으리라 생각된다. 단 네 줄짜리 일기라고 해도 보통 일기에 쓰는 내용은 모두 들어가 있다. 마지막의 '선언'만 의도적으로 만들어졌다. 저자가 제일 심혈을 기울여 강조하는 것도 선언 부분이다. 선언은 하루를 깔끔하게 매듭짓고 잠재의식 속에 내가 이루고 싶은 미래상을 각인시키는 행위다. '나는'으로 시작하고, 구체적인 이미지가 샘솟는 산뜻한 단문으로 쓰는 것이 요령이다. 절대 부정적이거나 비관적인 말을 쓰면 안 된다. 하루 종일 한 건의 계약도 따내지 못한 세일즈맨을 예로 들어 보자.

사실 : 오늘 계약을 한 건도 못했다.
느낌 : 접근 방법에 문제가 있나 보다.
교훈 : 고객마다 접근 방법이 달라야 한다.

선언 : 나는 변화에 능동적인 프로 세일즈맨이다.

그날 일어난 일에 솔직하게 반응하되 반드시 긍정적인 측면을 찾아내어 미래로 연결시키는 훈련을 하는 것이다. 이렇게 하면 어떤 부정적인 경험에서도 긍정적인 측면을 발견할 수 있다. 사실 무슨 일이 일어났느냐보다 그 일을 어떻게 받아들이느냐가 더 중요하지 않은가. 긍정으로 무장하게 되면 실수나 실패가 설 자리가 없어진다. 모든 것이 배움이다. 오늘 일어난 일에서 다음 행동을 이끌어 내므로, 단순히 과거의 기록이 아닌 미래를 개척하는 도구가 된다.

모 대학병원 환우회를 찾아 자서전 쓰기 강의를 한 적이 있다. 모두 암 투병 경험이 있으신 데다 연령대가 높아서 쉬우면서도 긍정적인 시각을 주는 4행일기가 딱 맞았다. 돌아가면서 4행일기를 말로 해 보았는데 유독 한 분이 기억에 남는다. 그분은 발병 이후 전에 비해 옷 정리를 자주 하게 되었는데, 옷 정리를 하면 인생을 정리하고 있다는 생각이 들어 우울해진다고 하셨다. 그 말씀을 하시며 눈에 눈물이 그렁그렁 차오르는 것을 보니, 그분을 활짝 웃게 해 드리고 싶었다. 잘될까 싶어 조마조마한 마음으로 4행일기를 시작했다.

사실 : 오늘 옷 정리를 했다.
느낌 : 내가 삶을 정리하고 있다는 생각에 우울해졌다.

여기까지는 기계적으로 했는데 그다음에는 아무 생각도 나지 않왔다. '이거 마무리를 못 하면 어떡하지?' 짧은 순간 걱정이 스쳐 가더니 다행히도 그 상황을 뒤집어 볼 수 있는 시각이 떠올랐다.

"길든 짧든 어차피 사람은 시한부 인생 아닌가요? 몇십 년 후에 우리 중에 살아 있을 사람은 아무도 없습니다. 그렇다면 내 주변을 깨끗하게 정리하는 습관이 나쁠 리가 없지 않겠어요?" 그렇게 말씀드리고 나머지 두 줄을 완성했다.

> 교훈 : 내 주변을 깨끗하게 정리하는 것은 좋은 습관이다.
> 선언 : 나는 언제까지나 내 일을 알아서 하는 사람이야!

그 작은 전환으로 그분의 얼굴에 웃음이 떠올랐다. 사람의 기분이란 이런 것이다. 지극히 복잡한 것 같으면서도 단순하기 그지없다. 4행일기는 우울의 악순환을 깨는 강력한 도구다. 글쓰기라고 부르기도 민망할 정도로 간단하지만 글쓰기의 효용을 최대로 보여 준다. 눈 딱 감고 50일만 써 보면 커다란 성과가 있을 것이라고 저자는 강조한다. 자신의 미래를 위해 이 정도 노력도 안 해 볼 것인가. 단단히 마음먹고 50일만 써 보자. 하루를 대하는 태도부터 달라질 것이다. 거기에서부터 많은 것이 시작된다.

'오문오감 변화일기'라는 것도 있다. 문요한이 〈굿바이 게으름〉에서 소개하고 있는 오문오감 변화일기는 이렇게 다섯 줄로 되어 있다.

1. 과거의 긍정적 경험이나 추억 하나를 떠올려 보세요.

2. 오늘 감사할 일은 무엇이 있나요?

3. 오늘 스스로 선택한 일은 무엇인가요?

4. 오늘 생활하면서 새롭게 느낀 점은 무엇입니까?

5. 원하는 미래의 모습 중에서 한 장면을 떠올려 보세요.

　아주 간단하지만 깊은 의미를 품고 있는 질문들이다. 사람들은 잘하는 일, 잘되어 가는 일은 당연시하고 실수나 비관적인 경험에는 과민하게 반응하는 경향이 있기 때문이다. 여기에 실수에 대한 주위 사람들의 부정적인 평가가 더해질 경우 상처는 더욱 깊어진다. 당신은 어떤가? 자신이 가지고 있는 자원과 잠재력을 보지 못하고 부정적인 평가만 잔뜩 저장해 놓지는 않았는가? 감사할 일이 수없이 많은데도 한두 가지 문제 때문에 가라앉아 있지는 않은가? 크고 작은 일을 결정하는 데 어려움을 느끼고 중요한 일의 결정을 남에게 미루고 있지는 않은가? 배우자나 업무에 대해 다 알았다고 생각하고 더 이상 탐구하기를 그치지는 않았는가? 막연한 기대만 있지 구체적인 계획이라곤 없이 하루하루를 그저 넘기고 있지는 않은가?

　오문오감 변화일기는 이 모든 사고 습관을 리셋시켜 준다. 긍정적인 자원에 주목하고 주도성을 회복하여 앞날을 힘차게 열어 가고 싶은 사람이 반드시 갖추어야 할 사고 습관을 장착해 준다. 문요한 역시 몇 달간 오문오감 변화일기를 써 보면 눈에 띄는 효과를 볼 수 있을 것이라고 강조한다. 자기 자신이 많은 도움을 받았다고 한다. 매너리즘에 빠져 생기를 잃고 의사로서의 기계적인 업무만을 행하다가 상담과 자기계발을 접목시킨 멘털 트레이닝 분야의 개척자로 거듭났다는 것이다. 글쓰기가 아직 낯설게 느껴진다면 '4행일기'와 '오문오감 변화일기'부터 시도해 보면 좋겠다. 크게 힘들이지 않고 글쓰기의 힘을 맛볼 수 있을 것이다.

꿈을 이루는 데 관심이 많은 사람은 '꿈일기'나 '미래일기'를 써 보면 좋겠다. 인간관계가 힘들게 느껴지는 사람은 일기를 3인칭으로 써 볼 것을 권한다. 배우자나 자녀, 직장 상사 등 지금 내가 갈등을 겪고 있는 사람의 입장에서 일기를 써 보면 '어쩌면 그럴 수가 있어!' 하며 서운하고 분하던 마음이 수그러들며, 내게도 잘못이 있었던 것을 깨닫게 될 것이다. 내 모습을 객관적인 시각에서 볼 수 있게 되어, 태도를 바꾸거나 다른 사람을 받아들이는 폭이 넓어질 것이다.

뼛속까지 내려가서 써라

나탈리 골드버그

2010년 1월 15일, 첫 책이 나온 직후 글쓰기 강좌를 시작하였다. 이 상한 일이다. 13년 동안이나 보습학원을 운영하느라 별별 프로그램을 다 해 보았는데, 이런 느낌은 처음이다. 내 프로그램이라고 말할 때마다 어딘지 간질간질하면서도 뿌듯하고, 묵직한 책임감이 드는 것이 내가 대단한 사람이라도 된 것 같았다. 강좌에 '글쓰기를 통한 삶의 혁명'이라는 이름을 붙였다. 조금 거창한 듯해도 글쓰기에는 삶을 뒤집어 버리는 힘이 있다고 믿었기 때문이다. 글쓰기를 통해 나를 속속들이 발견하게 되고, 그렇게 되면 나를 온전히 발휘할 수 있는 힘이 생기게 되고 이전과 전혀 다른 삶을 살게 되는 것이다.

글을 쓸 땐 지리멸렬한 과거도 다 쓸모가 있기 때문에 헛살지 않았다는 자긍심이 생긴다. 글쓰기 안에서 나의 기질과 경험이 하나로 통합되어 더욱더 잘 살고 싶어진다. 나는 늦게 시작했어도 계속해서 책을 쓸 것이며, 비슷한 관심을 가진 사람들과 연대하여 좀 더 실험적인 활동도 하고 싶다. 글쓰기를 통해 '최고의 나'를 만났으므로, '최고의 삶'을 살 수 있다고 믿는다. 이렇게 강력한 글쓰기의 힘을 전파하는 것을 소명으로 여기는 나에게 나탈리 골드버그의 〈뼛속까지 내려가서 써라〉는 완벽한 교과서다.

워낙 개성이 강해 호오가 극심하게 갈리는 편이지만, 자세히 보면 이 책은 상당히 실용적이다. 글쓰기에 대한 모든 것이 다 나와 있다. 글 쓰는 사람이 갖춰야 할 마음가짐과 훈련에 임하는 자세, 글감을 잡기 위한 여러 가지 방법, 글쓰기에 유용한 세부적인 지침, 슬럼프에 대처하기, 심지어 워크숍을 이끌어 가는 방법론까지 시시콜콜 다 나와 있다. 그중 하나를 소개하자면 '소문 활용하기'가 재미있다. 주변 사람에게 최근에 들은, 가장 재미있는 소문에 대해 들려 달라고 청해 보란다. 딱히 생각나는 게 없다면 꾸며서라도 말해 보라고 하란다. 아주 간단하면서도 기발한 팁이 아닌가! 저자의 말처럼 소문은 무엇이 사람들의 관심을 끌고 무엇이 지루하게 만드는지를 알아차리고, 인생의 단면에 대해서도 배울 수 있는 핵심 경로다. 이야기꾼이 되고자 하는 사람이 핵심적인 역량을 거저 배울 수 있는 이런 손쉬운 방법이 있다니 신기하다. 이런 시각을 가지고 일상에 묻혀 있는 방법론을 더 개발하고 싶다는 생각에 달뜬다.

이처럼 실용적인 팁들이 곳곳에 박혀 있음에도 불구하고 이 책이 '신들린 듯한' 취급을 받는 것은 책 전체를 관통하고 있는 저자의 '직관적인 글쓰기'에 대한 애정 때문이다. 아마 그녀는 글을 통해 새로 태어난 것 같다. 나의 전 존재를 투영함으로써 글쓰기에서 무지막지한 에너지를 전수받아 삶의 첫 번째 지침으로 만들어 버린 사람! 무엇이든 한 가지 분야에 통달하면 일정한 수준의 인식에 도달하듯이 그녀는 글쓰기를 통해 좋은 삶에 눈을 떴고, 다른 사람들에게 알려 주지 못해 안달이 난 것이다. 글쓰기에서 '필요한 모든 것'을 얻었고, 글쓰기를 통해 크게 깨달은 자만이 줄 수 있는 분명하고 아름다운 아포리즘에 취할 정도다.

마침내 그녀가 터뜨리는 일성을 보라!

"우리의 삶은 지극히 평범한 동시에 신화적이다."

저자의 글쓰기 방법론은 '나'에 대한 믿음에서부터 시작한다. 모든 질문과 해답이 내 안에 있고, 내가 세상에 줄 수 있는 것은 나 자신밖에 없다. 이처럼 확고한 자기 확신이 있으니 나를 섣부른 경계 안에 가둘 이유가 없다. 사고의 모든 경계를 허물어뜨리며 가능한 모든 경험을 해 볼 것을 그녀는 강력하게 선동한다. "나는 세상에서 가장 볼품없는 쓰레기 같은 글을 쓸 권리"가 있다는 선언은 글쓰기에 첫째로 필요한 전제 조건이다. 세상의 잣대로 보면 형편없을지 몰라도 나의 느낌에 집중하여 글을 생산하는 일은 최고의 권리이기 때문이다. 독자의 호응을 얻거나 세상의 기회를 얻는 일은 그다음 일이다. 글이 시작되는 지점에는 나의 시선, 나의 감각, 나의 열정이 있다! 여기 이런 내가 있다는 자기 발견을 넘어 내가 나인 것에 대한 벅찬 환희에서 나만의 글이 나온다. 천상천하 유아독존의 자기중심성이 유연한 실험 정신을 만난다면 이미 그 사람은 작가가 된 것 아닐까? 그런 사람은 지극히 평범한 삶에서도 유일한 의미를 이끌어 내는가 하면 아예 자신의 삶을 신화로 만들어 버린다. 마침내 그녀의 스승이 말하는 경지에 도달한 것이다. 이 책은 글쓰기를 시작하는 사람, 글쓰기를 어지간히 해 왔어도 달라지는 것이 없는 사람이 반드시 읽어야 할 책이다. 글이 막힐 때마다 읽으면 첫 마음을 유지하게 해 주는 청량제이자 에너지창고 같은 책이다. '글쓰기를 통한 삶의 혁명'을 이루고자 하는 사람들이 읽어야 할 첫 번째 필독서로서 자격이 충분하다.

"나탈리, 선이란 글을 쓰는 것과 똑같아요. 뭣하러 굳이 명상 모임
에 찾아오는 겁니까? 당신은 왜 글쓰기를 통해 자신을 단련하지 않
죠? 만약 당신이 글쓰기 안으로 깊이 몰입할 수 있다면, 글쓰기가 당
신을 필요한 모든 곳으로 데려다 줄 것입니다."

누구나 글을 잘 쓸 수 있다
로버타 진 브라이언트

글쓰기 워크숍을 해 보면 머리로만 알고 있던 것들을 실제로 확인할
수 있어서 참 좋다. 한번은 글쓰기에 별 뜻이 없는데 내 강좌에 참여하
게 된 직장 여성이 있었다. 배우자를 독려하는 차원에서 함께 온 것이다.
그런데 그녀의 글이 예상외로 좋았다. 배우자는 물론 글을 오래 써 온
다른 참석자들보다도 나을 때가 있었다. 글쓰기에 뜻을 두고 죽 관심을
가져 온 사람은 '글을 잘 써야 한다'는 강박감에서 자유롭지 못하다. 반
면에 그녀는 글쓰기에 대해 아는 것도 없고, 잘 써야 한다는 생각도 없
이 그저 주제에 맞춰 써 내려 간 것이 주효한 것이다. 나는 이때 마음을
내려놓고 쓴다는 것이 얼마나 중요한지를 '진짜로' 배웠다. 지식과 경험

이 어우러져 좀 더 단단해지는 것이 기분 좋았다. 때로는 좋은 글을 썼던 경험조차 걸림돌이 된다. 점점 나아지는 모습을 보여야 한다고 생각하는 순간 우리의 무의식은 귀신처럼 재빠르게 창조성을 억압한다.

"내가 무슨 글을 써!", "잘 쓰지도 못하는데 시작하면 뭘 하나", "00보다 잘 써야 하는데…" 무엇이 되었든 글쓰기를 가로막는 부정적인 생각들을 써 넣은 후, 그 종이를 갈가리 찢어 버리자. 두 번 다시 살아나지 못하도록 불로 태우는 것이 나을 수도 있다. 생각을 바꾸는 데에는 엄정한 의식이 필요하므로, 마음먹고 따라 해 보는 것도 좋겠다. 그러고는 그런 생각이 슬그머니 다시 올라오는 기미가 보이면 초반부터 싹둑 잘라 버리는 거다. 앞서 말한 수강생처럼 아무런 기대치도 없이 그 순간에 몰입할 때 좋은 글이 나온다. 이것이 바로 '초심자의 행운'의 비밀이기도 한데, 글을 쓸 때마다 그 주제를 처음 접하는 아이의 마음으로 접근하면 기대 이상의 성과가 나온다.

로버타 진 브라이언트가 쓴 〈누구나 글을 잘 쓸 수 있다〉는 저마다 갖고 있는 장애물에서 벗어나기만 하면 누구나 작가가 될 수 있다고 독려하는 책이다. 이 책을 처음 접했을 때 어쩌면 그렇게 내 생각과 비슷한지 내가 쓸 것을 누가 훔쳐 간 것처럼 억울한 기분이 들 정도였다. 이 책은 참 친절하다. 기본적인 입장과 신념은 〈뼛속까지 내려가서 써라〉와 같은데 훨씬 정돈이 잘되어 있고, 챕터마다 '말놀이' 아이템을 실어 워크북으로 손색이 없다. 이 책은 글쓰기를 두려워하는 사람들을 독려하여 작가의 길을 걷도록 하는 데 목적이 있다. 갖은 핑계를 대며 글쓰기를 미루는 사람들의 행태를 다음 일곱 가지로 정리해 놓았는데, 혹시 그대가 해당되는 것이 있는지 살펴보라. ① 쓰기 전에 너무 많은 생각을 한다. ② 쓰지는 않고 연구만 한다. ③ 조언을 가능한 한 최대로 구한다. ④ 나쁜 평가를 인신공격으로 받아들인다. ⑤ 손 놓고 영감을 기다린다. ⑥ 뒤로 미루고 또 미룬다. ⑦ 지나치게 진지하다.

나탈리 골드버그와 마찬가지로 이 책의 저자 역시 '자기' 신봉자다. 두려움은 의심에서 나오고, 완벽주의는 두려움의 의붓자식이라며 자기 안의 경험을 믿는 것이 작가가 되는 첫걸음이라고 강조한다. 다른 사람이 어떻게 생각할지 걱정하지 말고 오직 나를 기쁘게 하는 글쓰기에 집중하라고 한다. 무상의 즐거움에 빠져들어 아무런 대가를 바라지 않는 행위를 하고 있다면 자기 구원의 길을 걷고 있는 것이라는 주장이 의미심장하다. 나의 느낌과 경험의 가치를 알아보고, 이야기로 탈바꿈하는 창조적 노력을 하다 보면, 아무것도 버릴 게 없다. 매일매일이 좋은 날! 이 절대 긍정을 글쓰기가 주는 것이다. 이처럼 글쓰기의 꿈은 어떤 희생이라도 치를 만한 가치가 있으니, 부디 장애물을 뛰어넘어 글을 쓰라! 저자가 동원한 인용구들의 확신에 찬 목소리에 귀 기울여 보라. 이들처럼 분명하게 자기 생각을 믿고 토해 내라고 역설하는 저자가 보이는 것 같다.

소망은 홀로 주어지지 않는다. _리처드 바크

모든 참된 재능의 핵심에는 자각과 확신이 자리 잡고 있다. 어떤 일이든 그것을 성취하려면 어려움이 따르게 마련이라는 자각, 그리고 끈기와 인내심만 있으면 가치 있는 일을 성취해 낼 수 있다는 확신이 바로 그것이다. 따라서 재능이란 일종의 정신력이다. _에릭 호퍼 글을 쓴다는 것은 송두리째 준다는 것을 뜻한다. 주기를 망설이며 글을 쓰는 것은 불가능하다. 가장 훌륭한 작가는 모든 것을 내주는 작가다. _아나이스 닌

02
꼼꼼하게 쓰기

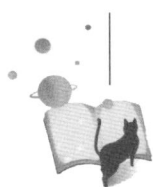

"남을 아프게 하지도 가렵게 하지도 못하고, 구절마다 범범하
고 데면데면하여 우유부단하기만 하다면 이런 글을 대체 얻다 쓰
겠는가?"

고미숙이 전해 주는 연암 박지원의 문체론이다. 그녀는 〈열하일기,
웃음과 역설의 유쾌한 시공간〉에서 극진한 애정을 담아 연암을 부
활시키는 데 성공하였다. 그녀를 통해 다시 만나기 전에는 박지원은
그저 교과서 속에 갇혀 있는 인물이었다. 북학파의 거두요, 〈호질〉
과 〈양반전〉의 저자인 암기 대상에 불과했다. 그런데 고미숙의 열정
이 그에게 숨결을 불어넣었다. 그는 천재적 문장가로 정조의 러브콜
을 수없이 받았으나 주류적 가치에서 벗어나 자유롭게 살기를 원한

'창조적 소수자'요, 선진 문물에 대한 탐구열과 이용후생 정신에 빛
나는 세계인이요, 우정이 지상 목표였을 정도로 사람에 대해 열려 있
었으며 유한한 인간 조건을 웃음으로 희롱한 한량이었다. 이런 그의
모습은 고미숙이 지향하는 라이프스타일에 정확하게 겹치는 것이고,
그 때문에 그녀는 희희낙락 연암을 소개하지 못해서 안달이 난 것이
다. 2백 년을 뛰어넘은 완벽한 교감. 식자識者만이 누릴 수 있는 행복
이다. 나름대로 책을 좋아하지만 유독 고전에는 손이 가질 않았는데,
고리타분해 보이는 고전에 이런 인물이 숨어 있을 줄은 몰랐다.

2백 년이라는 세월을 뛰어넘어 최고의 영감을 주는 사우師友를 발
견하게 한 매개체는 오직 '글'뿐이다. 글은 제대로 읽어 주는 사람 앞
에 영원히 살아 있다. 고미숙도 연암의 문체론에 덧붙인다.

"말하자면 글이란 읽는 이들을 촉발하는 공명통이어야 한다. 찬
탄이든 증오든 공명을 야기하지 못하는 글은 죽은 것이다."

나에게서 시작되었으되 너에게로 향하는 글은 누군가의 마음에
가닿지 못하면 아무런 의미가 없지만, 읽는 이의 마음을 움직일 수
있다면 후대에까지 영향력을 미치며 계속해서 새로운 의미를 생산
해 낸다. 시대의 호모 루덴스遊戱하는 人間요 뛰어난 문장가인 두 사람의
우정을 지켜보는 것만으로도 흐뭇하여 가슴이 벅차올랐다. 공명! 그
뒤로 내게서 이 단어가 떠나질 않는다. 내가 쓴 글이 다른 사람의 마
음의 종을 울릴 수 있다니 이 얼마나 감격스러운 일인가!

글의 목적은 '공명'이다. '공감'이라고 불러도 좋겠다. 이 키워드를 가지고 글쓰기를 바라보면 글쓰기에 대한 숱한 논란들이 일사분란하게 정리가 된다. 마지막에 남은 퍼즐 조각처럼 딱 하나 남은 자리를 채워 그림을 완성시켜 준다. 글쓰기에 꼭 필요한 원칙을 하나로 꿰어 주는 실이 바로 공감이다. 물론 중요한 것은 원칙을 이해하는 것이 아니라, 그것을 완전히 녹여 내어 내 몸에 붙이고 자유자재로 가지고 노는 것이다. 어떻게 하면 읽는 사람의 마음을 훔칠 수 있을까? 나를 위한 글쓰기에서 벗어나 읽는 이를 배려하는 글쓰기에 들어선 이가 이마 위에 철썩 붙여 두어야 할 핵심이다.

> "황대경 씨의 글이 사모관대를 하고 패옥을 한 채 길가에 엎어
> 진 시체와 같다면, 내 글은 비록 누더기를 걸쳤다 할지라도 앉아
> 서 아침 해를 쬐고 있는 저 살아 있는 사람과 같다."

박지원은 자기 글의 특징이자 뛰어난 점을 정확하게 알고 있었다. 이런 자부심과 생명력은 자기 자신으로 살아가는 자의 특징이다. 그는 오직 스스로에게 충실한 글을 썼을 것이다. 몸집이 우람하고 귀신을 질리게 할 정도의 양기를 지녔으며, 천고를 능가할 만한 재주를 지닌 천재였던 그가 보여 주는 장난꾸러기 같은 모습과 강철 같은 명랑함은 전인全人으로서의 매력을 완성한다. 고미숙이 처음 그에게 매료된 것은 그의 유머 때문이었다고 한다. 심지어 그녀는 〈열하일기〉를 '개그의 향연'이라고 부른다. 법도와 예의범절이 추상같았던

시절, 박지원이 자신의 천진난만한 동심을 은폐했다면 두 사람의 만남은 이루어지지 않았을 것이고, 그녀가 읽어 주는 박지원을 통해 내 마음도 덩달아 뜨거워지지 않았을 것이다.

좋은 글의 요건은 나 자신에게 충실한 것이다. 내 느낌과 경험을 위장하지 않고 솔직하게 드러내며, 나의 의식은 물론 무의식에까지 부합하도록 전심을 다해 믿는 것! 이것만이 읽는 사람의 마음을 움직여 공감에 가닿게 하고, 이것만이 내 글을 살아 있게 만드는 비결이다. 앵무새가 말을 배울 때 평상적인 말보다 욕을 먼저 배운다고 한다. 사람들이 욕이나 저주에 쏟아붓는 엄청난 에너지를 감지한다는 얘기일 것이다. 한낱 미물이 그럴진대 사람들이 글쓴이가 어떤 마음으로 썼는지 느낄 수 있는 것은 당연하지 않을까? 하고 싶은 말이 무르익었을 때 그중 간절한 말을 쓸 것! 거기에 몇 가지 글쓰기 원칙을 염두에 두면, 누구나 감동적인 글을 쓸 수 있다.

글쓰기의 최소 원칙

내가 필수적이라고 생각하는 글쓰기 원칙은 ① 첫 문장으로 읽는 이의 눈길을 잡아채라 ② 글 하나에 한 가지 생각만 넣어라 ③ 간결하게 써라 ④ 글이 아니라 말을 지어라 ⑤ 설명하지 말고 보여 주라, 다섯 가지다. 앞의 네 가지에 대해서는 간단하게 정리하고, 제일 중요한 '설명하지 말고 보여 주라'는 별도로 자세하게 풀어 쓰기로 한다. '개념이 아닌 사례, 주제가 아닌 사람'도 유사한 내용이니 최고의 비중으로 다룬 셈이다. 글쓰기 방법론이란 것이 이렇게 간단하다. 구본형변화경영연구소에서 구본형이 연구원에게 강조하는 글쓰기 원칙도 다섯 가지에 불과하다. 세 가지는 내가 정리한 ①~③번과 같고, 나머지 두 가지는 '신선한 재료를 모아서 즉시 조리하라', '모든 곳에서 관련된 것을 찾아내어 연결하라'다. 무려 18권의 책을 쓴 유명 저자가 강조하는 글쓰기 지침이 이렇게 간단한 것은, 글쓰기를 타고난 영역으로 생각하고 배울 생각도 않는 사람이나 무조건 배우려고만 하고 자신의 글을 쓸 엄두를 내지 못하는 사람 모두에게 생각할 거리를 준다.

첫 문장으로 유혹하라

신문 기사에는 '3:3:30 원칙'이 있다고 한다. 3초 안에 기사를 일별하여 흥미가 생기면 3분간 훑어보고, 본격적인 관심이 생기면 그때서야 30분간 기사를 읽어 본다는 것. 3초 안에 독자의 눈길을 잡아야 한다. 텔레비전 채널만 3초 안에 돌아가는 것이 아니다. 오늘날처럼 볼 것이 넘치는 시대에 첫 문장으로 시선을 당기지 못하면 눈길은 돌아간다. 그래서 신문기자들은 기사의 첫 문장인 리드lead에 목숨을 건다. 신문 기사가 아닌 일반적인 글에서도 첫 문장이 전체 글을 인도하기는 마찬가지다. 첫 문장 혹은 첫 단락은 열차를 끌고 가는 기관차와 같다. 서두가 힘이 없는데 후속 문장이 잘 나갈 수 있을까. 그러니 첫 문장은 중요한 사명 두 가지를 완수해야 한다. 읽고 싶은 마음이 들도록 독자의 눈길을 잡아챌 것, 그리고 뒤따라오는 문장을 힘 있게 견인할 것.

그렇다면 글의 처음을 어떻게 써야 할까? '곧바로 주제로 들어가라', 이것이 정답이다. 주제에 대한 설명이나 글쓴이의 상황 설명 등을 지지부진 늘어놓거나 중언부언하지 말고, 처음부터 본론으로 들어가라. '지금부터 OOO에 대한 글을 써 보겠다'는 중계방송도 필요 없다.

그는 항상 덥다, 나는 항상 춥다.

깔끔하지 않은가? 어디에선가 본 문장인데 정말 감탄스럽다. 사사건건 다르면서도 한데 묶여 있는 남녀가 떠오르며 그들의 이야기가 어떻게 전개되고 마무리될지 궁금한 마음에 서둘러 다음 문장이 읽고 싶어진다.

부부가 무엇이라고 생각하세요?

읽는 사람에게 질문을 던지는 방식도 괜찮다. 다짜고짜 질문을 던짐으로써 관심 있는 사람들의 시선을 잡아챈 후 적절한 답변을 해나가면서 글을 완성한다. 나는 이 문장으로 시작한 글에서 부부란 밥, 몸, 말을 나누는 사이라고 주장했다. 부부는 밥을 기본 조건으로, 몸을 필요조건으로, 말을 충분조건으로 하는 공동체라고 생각하며 그중에 최고는 말이라는 소신을 펼쳤다.

마키아벨리의 편지에 이런 내용이 나온다고 한다. '밤이 되면 집으로 돌아간다. 그리고 서재로 들어간다. 들어가기 전에 흙이나 먼지로 더럽혀진 평상복을 벗고, 관복으로 갈아입는다. 예의를 갖춘 복장으로 몸을 단장한 후, 고인의 궁전으로 향한다. (…) 그곳에서 나는 부끄러움도 없이 그분들과 대화하고 그들 행위의 이유를 묻는다. 그분들도 인간다움을 내보이며 대답해 준다.'

그런가 하면 이렇게 인용으로 글을 시작해도 좋다. 책을 좋아하는 사람은 누구나 인상적인 문장을 가지고 있다. 한 분야에서 일가를 이룬 사람의 도저한 품격, 나는 죽었다 깨어나도 쓰지 못할 것 같은 수려한 문장, 일시에 사고의 지평을 열어 주는 선각자적인 지혜에 기대어 내 속내를 풀어내면 인상적인 서두를 만들 수 있다. 역사적 인물과 대화를 나누기 위해 홀로 관복을 갖춰 입는 마키아벨리의 모습에서 나는 나르시시스트의 전형을 보았다. 아무도 보는 사람이 없어도 스스로 품위를 지키고 자족해하는 모습이야말로 진정 자신을 사랑하는 사람의 모습이기 때문이다. 그래서 이 부분을 빌려 '자애심이 삶의 기본'이라는 글을 썼다.

좋은 서두는 읽는 사람에게는 글 속으로 빨려들게 하는 관문이며, 쓰는 이에게는 단숨에 글을 써 내려가게 하는 원동력이다. 글의 오프닝을 통해 비로소 내 글이 독자에게 다가가 나와 세상과의 관계가 시작된다고 생각하면, '첫 문장은 신의 선물'이라는 말이 과장만은 아니리라. 글감이 정해지면 쓰고자 하는 글의 내용을 곱씹어 인상적인 서두를 생각해 내자. 혀끝에 쫙 달라붙는 '내 말'이면서, 읽는 사람이 도저히 거부할 수 없을 만큼 매혹적인 서두가 떠오를 때까지 생각하고 또 생각하라. 이동할 때나 단순노동을 하는 시간, 산책하거나 샤워하는 시간을 활용하면 좋다.

글 하나에 한 가지 생각

안정효는 〈안정효의 글쓰기 만보〉를 수영 이야기로 시작한다. 마포 강변에서 자라 수영을 아주 잘한다는 것이다. 초등학교 6학년 때 한강을 헤엄쳐 건넜다고 한다. 그렇다 보니 여러 사람에게 수영을 가르쳐 보았는데, 이틀이면 충분하단다. 물에 뜨는 연습, 얼굴을 들어 호흡하기, 그리고 팔다리를 휘저어 자유형을 익히게 하면 끝난다는 것이다. 물과 친해지고 물속에서 오래 노는 법을 익히는 것은 순전히 각자의 몫이라는 것. 그러니 문화센터 같은 곳에서 수영 강습을 한답시고 도대체 두 달씩이나 무엇을 가르치는지 알 수가 없다며 덧붙인다. "접영? 한강을 접영으로 건널 수 있겠는가." 그렇다. 접영 종목 선수가 아닌 이상 일상생활에서 써먹지도 못할 영법을 배워야 할 까닭이 무엇인가. 기본을 제대로 익히는 것이 가장 중요하다.

그는 글쓰기가 수영과 같다고 주장한다. 학교교육을 받은 대부분의 사람들은 문장을 다룰 수 있다. 이 기초적인 기술을 가지고 보다 정확하거나 섬세하고 아름다운 문장을 써 나가는 것은 각자의 훈련에 달려 있지 누가 가르쳐 줄 수 있는 것이 아니라는 것이다. 그만큼 문체가 개인적이고 심리적이며 섬세한 것이라는 뜻일 텐데, 나는 이 부분을 읽으며 환호했다. 나의 소신을 반세기 동안 저술과 번역을 해 온 노장에게서 추인받는 기분이 달콤했다. 게다가 아주 요긴한 은유를 얻어 뿌듯하기 그지없었다.

많은 사람들이 글쓰기를 배워야만 잘할 수 있다고 생각한다. 그래서 글쓰기에 대한 책을 잔뜩 사거나, 글쓰기 강좌를 순례하기도 한다. 자신은 글을 잘 못 쓴다고 생각하고 선생의 지도를 갈망한다. 글쓰기에 대한 책은 서너 권이면 충분하다. 나와 궁합이 맞는 책 서너 권을 발견하기 위해 몇십 권을 읽어야 할 경우도 있겠지만, 중요한 것은 '사는 것'이 아니라 '읽는 것'이다. 읽은 다음에는 단 한 줄이라도 금과옥조로 내 마음에 품는 것이 필요하다. 그저 읽고 치워서는 달라지는 것이 없다. 내 경우에는 단 한 줄의 문장이 내 안에 들어와 평생 안고 갈 좌우명이 된 경우가 수없이 많다.

예를 들어 '글쓰기는 생각이다', '작가란 오늘 아침에 글을 쓴 사람이다' 같은 문장들에 접할 때마다 눈이 번쩍 뜨이고 가슴에는 허브 향기처럼 상큼하고 시원한 기운이 퍼진다. 글쓰기의 비밀 하나를 전수받은 것처럼 감격스럽다. 이런 감격은 평소에 글쓰기에 마음을 두고 있어야 가능하다. 꾸준히 글을 쓰면서 좀 더 좋은 글을 쓰고 싶어 안달 난 사람의 눈에만 뜨인다. 무엇이든 좋은 것을 알아보려면 내 안에도 그와 비슷한 것이 들어 있어야 하기 때문이다. 내가 표현만 하지 못했지 얼추 깨닫고 있던 것을 누군가 명확하게 문장으로 정리해 놓은 것을 보았을 때, 그것을 발견한 기쁨은 하늘을 찌른다. 그리고 내 글쓰기는 고수의 수혈을 받아 좀 더 단단해진다.

그러니 글을 쓰기 위한 최소의 원칙은 글쓰기에 대한 책을 사 모으는 것도 아니고, 문장론을 공부하는 것도 아니다. 첨삭 지도는 더더욱 아니다. 바른 문장에 대한 것은 반듯한 책 한 권을 옆에 놓고, 글을 쓰다가 궁금한 것이 있을 때마다 찾아보면 된다. 첨삭 지도를 잘못 받으면 폐해가 더 크다. 공연히 자격지심만 키우기 쉽다. 글을 쓰기 위해서는 이 두 가지만 있으면 된다. 무엇이든 세상에 대고 하고 싶은 말이 있을 것, 그리고 그것을 글로 옮겨 적는 것. 이것 없이는 다른 어떤 행위도 쓸데없다. 그야말로 끌고 갈 말도 없는데 마차를 준비하는 격이다. 글쓰기는 생각이다. 그것도 글 하나에 한 가지 생각이면 충분하다. 나머지는 오직 쓰느냐 안 쓰느냐의 문제만 남는다. 창의성은 실행력이다.

간소하게 부디 간소하게

논술 교사들이 가장 나쁜 답안으로 꼽는 워스트worst 3는 '무슨 말을 썼는지 모르겠다', '내용이 뻔하다', '글의 내용이 논리적으로 맞지 않는다'이다. 글이란 소통을 목적으로 하기에 무슨 말을 하고 싶은 건지 전달이 안 된다면, 형식을 막론하고 제일 급이 낮다고 할 수 있다. 우리가 글을 쓰면서 제일 먼저 고려해야 할 사항은 '내가 하고 싶은 말을 정확하게 표현했는가'이다. 정확한 전달을 위해서는 간결하게 쓰는 습관이 첫째다. 문장이 길어지면 주어와 서술어가 꼬이기 쉽고, 비슷한 말을 되풀이하면 초점이 흐려지고, 문맥의 흐름에 어울리지 않는 단어나 문장이 들어가면 전체적인 맥락이 헷갈린다. 글쓰기에 익숙하지 않은 사람의 글에는 이 세 가지가 모두 뒤섞여 들어가기 때문에, 글 한 편을 읽고 나서도 도대체 무슨 소리인지 알 길이 없다.

처음에는 무조건 간소하게 쓰자. 주어 하나, 서술어 하나인 단문으로 한 문장에 한 가지 정보만 담는 것이다. 간소하게 쓰기를 강조하면 글의 내용을 축약하라는 뜻으로 오해하는 사람이 있는데, 그것과는 다르다. 다루고 싶은 내용을 다 다루고, 하고 싶은 말은 다 하되 각각의 문장을 간소하게 만들라는 뜻이다. 계속해서 짧은 문장을 쓰다 보면 단조롭게 느껴질 때도 있는데, 그럴 때는 합쳐도 될 만한 문장을 두세 개 연결하거나, 점층법을 사용해서 리드미컬하게 변화를 주면 된다. 이것은 어느 정도 글쓰기에 익숙해진 다음의 일이고 초반에는 무조건 문장을 짧게 써야 무리가 없다. 한 호흡으로 읽기에 적당한 문장은 40자 안팎이라고 한다. 문장이 짧아야 읽기 쉽고, 이해하기 쉽고, 실수할 확률도 적다. 안정효는 써 놓은 글에서 접속사를 모조리 제거해도 별문제가 없다고 했고, 스티븐 킹은 부사를 혐오할 정도다. 윌리엄 진서는 '좋은 글을 쓰는 능력은 무엇을 덧붙이는 것이 아니라 무엇을 덜어 내느냐에 달려 있다'고 한다.

그렇다면 왜 글이 간결해지지 못할까? 첫째, 무슨 말을 할지 아직 정리가 안 된 경우다. 자신이 하고 싶은 말이 무엇인지 정확하게 알고 있는 사람의 글은 간결하다. 쉽고 명확한 용어로 선명한 이미지를 그리기 때문이다. 생각이 덜 영글었다거나 자료 조사가 부족해서 한 편의 글에 대한 로드맵이 서 있지 않을 경우 문장이 자꾸 늘어진다. 명확한 구상이 있으면 딱 할 말만 해도 글 쓰는 이의 마음이 후련해져서 미련 없이 끝낼 수 있는데, 자기가 써 놓고도 시원한 맛이 없으니까 자꾸 이 말 저 말 보태게 되는 것이다. 글이 안 써져서 몸부림치는 대부분의 경우가 여기에 해당된다. 이럴 때는 쓰기를 멈추고, 자료를 보강하고 생각을 성숙시켜서 할 말을 정비한 다음에 다시 쓰는 것이 낫다. 명료한 생각에서 명료한 글이 나온다.

둘째, 심성이 착하고 겸양심이 많은 사람이 자기주장을 똑 부러지게 하면 야박스럽게 보일까 봐 자꾸 돌려 말하는 경우다. 그러나 불필요한 부사를 남발하거나 어미를 길게 끄는 것은 읽는 사람을 배려하는 것이 아니라 더 혼란스럽게 하는 것이니, 주제를 펴 나가는 데 필요하지 않은 어휘나 문장은 과감하게 삭제하는 것이 좋다.

셋째, 글에 멋을 부리는 경우를 들 수 있다. 처음에 글쓰기를 접할 때 비유법이나 미사여구가 뛰어난 글이 좋은 글이라고 배운 사람이 주제 의식을 날카롭게 구현하지 못하면 이런 일이 일어난다. 이런 경우 문장 하나하나는 빼어난데, 글을 다 읽고 나면 "그래서 어쩌라고?" 소리가 절로 나온다. 문장력이 좋은 사람은 남들보다 유리한 조건에서 출발하는 것이니, 주제를 좁히는 일에 매진하면 좋은 성과가 있을 것이다.

글이 아니라 말을 지어라

말과 글은 같을까, 다를까? 나는 같다고 생각한다. 물론 곧이곧대로 똑같다는 것은 아니다. 말은 입에서 발설되는 순간 휘발되고 글은 영구 보존이 가능하다든지, 말은 주로 소수가 대면한 상태에서 주고받지만 글은 전 세계로 퍼져 나갈 수도 있다는 기본적인 차이를 모를 리가 없지 않은가. 이런 기본적인 차이보다 훨씬 중요한 속성 면에서 같다는 뜻이다.

첫째, 글을 쓸 때도 말을 할 때와 마찬가지로 감정을 살려야 좋은 글이 된다. 많은 대가들이 강조한 바이기도 하다. 이오덕은 "우리가 날마다 입으로 지껄이고 있는 말, 꼭 하고 싶은 절실한 말, 참아도 참아도 기어코 터져 나오는 말, 지워도 지워도 끝내 남는 말"을 글로 쓰라고 했다. 이태준은 "글쓰기를 할 때는 글이 아니라 말을 짓는다는 점을 분명하게 인식하라"고 했다. 글쓰기의 형식보다도 글을 쓰고자 하는 마음을 드러내는 것이 더 중요하다는 것이다. 윌리엄 진서는 "긴장을 풀고 하고 싶은 말을 하자"고 하면서, 심지어 "대화로 편히 나눌 만한 이야기가 아니면 글로 쓰지 말자"고까지 했다.

모든 글은 소통을 목적으로 한다. 글을 쓰는 사람은 나를 드러냄으로써 읽는 사람을 나의 세계로 초대한다. 읽는 사람은 자신과 다른 세계를 맛보고 싶거나 혹은 동질감을 확인하기 위해 글을 읽는다. 자신을 드러내거나 약한 모습을 보이면 얕보일까 봐 마음 문을 꽁꽁 닫아거는 사람이 있는데, 인간적인 모습을 보여야 읽는 사람이 끼어들 여지가 있다. 구구절절 옳은 말만 한다든지, 이론의 철갑면 속에 숨어 관념적인 말만 하면 독자를 뜨겁게 달굴 수가 없다. 독자는 완벽한 사람을 원하는 것이 아니라 '나와 비슷한 사람'을 원한다. 두드리면 소리가 나는 북처럼 좋으면 좋다고, 아프면 아프다고 아낌없이 감정을 표현하자.

둘째, 글에도 말과 마찬가지로 용건이 있다. 편지를 생각하면 딱 좋다. 편지에는 대상이 있고, 할 말이 있고, 진솔한 감정이 있다. 이래서 편지에 글의 형식이 모두 들어 있다고 하나 보다. 제한된 형태나마 출판도 하니 말이다. 글을 쓸 때도 이 말을 들려주고 싶은 딱 한 사람을 생각하면서 쓰면 좋다. 글이나 책을 쓸 때 불특정하게 독자층을 넓게 잡으면 일반적이고 밋밋한 글이 되기 쉽다. 자꾸 주제가 커져 어디까지 다루어야 할지 가늠하기 어려울 때도 있는데, 가상의 독자를 한 사람 정해 놓고 쓰면 여러모로 도움이 된다. 그 사람을 기준으로 범위를 한정 지을 수 있어서 좋고, 마음이 실려 훨씬 진정성 있는 글이 된다. 모든 사람을 감동시키려고 욕심내면 글이 산으로 가지만, 한 사람을 감동시키기 위한 구체적인 노력은 글에 생명을 불어넣는다.

연주가 아무 데로도 향하지 않는군요. 당신은 늘 누군가에게 들려주듯 연주해야 합니다. 강물에게, 신에게, 이미 죽은 어떤 사람에게, 혹은 방 안에 있는 누군가에게 들려주는 거지요. 어쨌든 연주는 누군가를 향해 이루어져야 합니다.
—브렌다 유랜드, 〈참을 수 없는 글쓰기의 유혹〉 중에서

셋째, 글에도 말처럼 리듬이 필요하다. 글을 쓰고 나서 소리 내어 읽는다는 사람이 참 많다. 소리 내 읽으면서 자연스럽게 입에 붙는 맛을 느껴 보라. 자연스럽게 읽히고 매끄럽게 들리는 글이 좋은 글이다. 호흡이 처지거나 리듬을 타지 못한다면 불필요한 어휘가 들어갔거나 문장이 길다는 얘기이니 뺄 건 빼 주고 긴 문장은 잘라 주어야 한다. 눈이 놓친 것을 입술이 잡아채는 것이다.

이처럼 말과 글이 다르지 않다는 것만 알아도 글쓰기가 한결 편안해질 것이다. 글쓰기를 힘들어하지 않는 사람은 이것을 자연스럽게 깨친 사람이라고 할 수 있다. 일상적인 관심사에서 뚝 떨어진 소재로 처음부터 끝까지 만들어 내려니까 어려운 것이지, 일상에서 편안하게 대화로 나눌 만한 것이 모조리 글감이 되고, 누군가에게 이야기를 들려주듯이 쓰면 무에 그리 힘들겠는가.

설명과 묘사의 차이를 알면 작가

30초 안에 소설을 잘 쓰는 법을 가르쳐 드리죠. 봄에 대해서 쓰고 싶다면, 이번 봄에 무엇을 느꼈는지 쓰지 말고, 어떤 것을 보고 듣고 맛보고 느꼈는지를 쓰세요. 사랑에 대해서 어떻게 생각하는지 쓰지 마시고, 사랑했을 때 연인과 함께 걸었던 길, 먹었던 음식, 봤던 영화에 대해서 아주 세세하게 쓰세요. 다시 한 번 더 걷고 먹고 보는 것처럼. 우리의 감정은 언어로는 직접 전달되지 않는다는 걸 기억하세요. 우리가 언어로 전달할 수 있는 건 오직 형식적인 것들뿐이에요. 이 사실이 이해된다면 앞으로 봄이 되면 무조건 시간을 내어 좋아하는 사람과 특정한 꽃을 보러 다니시고, 잊지 못할 음식을 드시고, 그날의 기분과 눈에 띈 일들을 일기장에 적어 놓으세요. 우리 인생은 그런 것들로 형성돼 있습니다. 그렇다면 소설도 마찬가지예요. 이상 강의 끝.

─김연수, 〈우리가 보낸 순간 : 소설〉 중에서

글쓰기 책에서 가장 많이 나오는 글쓰기 원칙은 '설명하지 말고 보여 주라'였다. 안정효는 이 원칙을 책상 앞에 써 붙여 놓아도 좋을 만큼 중요하고 필수적인 가르침이라고 했다. 누군가는 '설명'과 '보여 주기'의 차이를 아는 사람은 이미 작가라고 했을 정도다. 그런가 하면 최수묵은 이것이 내러티브 기사 쓰기의 첫 번째 원칙이라고 한다. 아무리 찾아봐도 두 번째 원칙이 나오지 않는 것을 보면 첫 번째이자 유일한 원칙인지도 모르겠다.

설명하지 말고 보여 주라. 강의를 하면서 이 말을 하면 어떤 수강생들은 도대체 그게 무슨 말이냐고 묻는다. 그러면 나는 개그맨 홍록기의 이야기로 말문을 트곤 한다. 언젠가 텔레비전을 보니, 홍록기가 출연해 자기는 여자들에게 사랑한다는 말을 하지 않는다고 했다. 사랑한다는 말을 하고 나면 그다음에는 도대체 무슨 말을 하느냐는 것이었다. 그럴듯했다. 사랑한다는 말을 하지 않고도 사랑받고 있다는 느낌을 줄 수 있다면 그것이 최고이겠구나 싶었다. 바로 이것, 사랑이라는 단어를 사용하지 않고 사랑을 전달하는 것이 바로 설명하지 않고 보여 주는 것이다. 마찬가지로 분노, 두려움, 좌절, 환희 같은 갖가지 감정들에 '대해서' 말하는 것이 아니라, 그 감정 자체를 느끼게 할 수 있다면 성공인 것이다. 마크 트웨인이 "그 사람이 울었다고 말하지 말고, 그 사람을 직접 무대에 올려서 울게 하라"고 했듯이.

왜 그래야 하느냐고? 김연수가 말하듯, 언어로 전달할 수 있는 것은 형식뿐이기 때문이다. 너를 사랑한다고 5백 번 말해도 그 사랑을 느끼게 해 주지 못한다면 공허하단 얘기다. 너무 흔하게 쓰이는 말이라 '사랑'이라는 단어를 보고 떠올리는 풍경이 저마다 다른 것도 문제다. 말보다 특정한 몸짓, 마음짓을 보여 줌으로써 읽는 이로 하여금 사랑을 떠올리게 하면 성공이다. 이 부분을 좀 더 잘 전달하고 싶어 빈약하기 그지없는 내 이력서를 뒤져 꺼내 본다. 십 년이 다 되어 가는 이야기다. 어느 날 갑자기 대학 시절 동아리 선배 하나가 떠올랐다. 그때도 실로 덤덤했던 청춘을 회상하다가 어쩐지 그 선배의 몸짓이 예사롭지 않았다는 생각이 들었다. 뭐라고 말하진 않았어도 엠티에서 굳이 내 옆을 비집고 앉던 모습이나 유독 따뜻했던 눈매에 혹시 무슨 의미가 있지는 않았을까? 그러고 나서 얼마 후 그 선배를 만나게 되었다. 25년 만이었고 동기 한 명과 함께였다. 참치 회를 사 줘서 먹고, 호프집에 가서 맥주를 한잔 하는 동안 얼마나 내 말을 잘 들어 주던지 마음 한편이 훈훈해졌다. 그때도 별다른 말은 없었다. 팍팍했던 젊은 날 이야기나 막 대학에 입학한 딸에 대한 애틋함같이 흔하디흔한 화제를 나눴다. 헤어질 때 그가 문득 어디 한번 안아 보

자며 슬쩍 껴안더니 내 이마에 입술을 댔다. 그날 집에 돌아와서 나
는 시를 한 편 썼다.

이십오 년

단조롭고 밋밋한 내 청춘의 갈피에
그래도 남달랐지 싶은
선배의 몸짓 하나가 있다.
경동교회나 과천 영보수녀원에서
아무 말 하지 않았어도
가끔 꺼내 보는
어깻짓 하나가 있다.
이십오 년 만에 마주한 그는
그래도 쟤 예쁘게 컸다는 소리를 하여
예쁘지 않게 늙는 중인 나를 웃기더니,
이런저런 얘기 끝에
그때는 아무런 생각을 할 수 없었노라고
방 하나에 식구들이 바글바글했노라고
그 얘기만 한다.
회를 살 수 있는 나이가 되어서야
한번 안아 보자며 슬쩍 당기더니
이마에 입술을 댄다.

사람 많은 종각 지하철역에서였다.

이래저래 그의 속내는

또다시 이십오 년 후에나

들을 수 있을 터였다.

확인할 수 없는 마음 하나를 떠올린 것만으로도 온몸이 찌릿해진다. 당최 신 나는 일이라곤 없어 좀비처럼 기계적으로 움직이던 몸에 비로소 피가 도는 느낌이다. 이처럼 그저 있었던 일을 소상하게 전달하기만 해도 사람의 마음을 움직일 수 있다. 한발 떨어져 정리하는 것이 아니라, 손을 잡고 함께 그 장면으로 풍덩 빠지는 것이다. '지루한 회의였다'고 쓰지 말고 정말 지루했겠단 느낌이 들게 써 보자.

> "단조로운 발언이 계속되자 방청객의 절반이 자리를 떴다. 남아
> 있는 사람들도 모습이 제각각이었다. 맨 앞줄의 여성은 스웨터를
> 열심히 짜고 있고 뒤편의 중년 남자는 고개를 떨어뜨린 채 나지
> 막이 코를 골았다. 한 시의원은 발언자 반대편의 벽면을 응시하고
> 있었는데, 마치 페인트가 몇 군데나 떨어져 나갔는지를 세는 것
> 같았다. 의장은 더 이상 두들길 일도 없는 의사봉에 턱을 괴고 있
> 었다."
> ─최수묵, 〈기막힌 이야기 기막힌 글쓰기〉 중에서

'그 여자는 성격이 급하고 다혈질이라 화를 잘 낸다'고 쓰는 대신

그녀의 모습과 행동거지를 보여 줌으로써 그녀의 성격을 짐작하게 만들면 성공이다.

> "격렬하고 매혹적이었어요. 마치 1분만 지루해도 폭발할 것만 같았지요. 둥글게 휘어진 까만 눈썹에다가 고혈압 때문에 안색은 불그레했어요. 체중을 지탱하느라고 고무창이 달린 단화를 신고 있었고요. 관대했고 속물근성은 눈곱만큼도 없었죠. 하지만 그녀는 어리석은 짓에는 참지를 못했지요. 마치 보일러처럼 벌컥 화를 냈어요. 그러면 그녀의 남편은 주춤거리며 물러서서 전깃불을 모두 끄곤 했지요. '바로 그거예요, 에디.' 그녀는 그의 등에다 대고 소리쳤어요. '그걸 전부 다 끄라고요. 맞아요, 당신이 잔돈 몇 푼이라도 아낀 거라고요.' 그는 아내를 무서워했고 그래서 집에 붙어 있으려 하지 않았어요."
>
> ─브렌다 유랜드, 〈참을 수 없는 글쓰기의 유혹〉 중에서

보이는 것만 그대로 옮겨도 감동을 준다

이쯤 준비를 하고 글을 보면 많은 작가들이 어떻게 '보여 주고' 있는지를 알아볼 수 있다. 전에는 소설을 읽다가 휘리릭 넘겨 버리던 묘사 부분을 세심하게 읽게 되고, 어떻게 이런 묘사가 가능했는지 감탄스러운 문장들이 점점 더 눈에 들어온다. 표현에 눈을 뜬 것이다. 좋은 글에 찬탄하는 것도 큰 공부다. 다른 사람들의 문장에 맘껏

빠져 본 감흥은 내 안에 저장되어 있다가 꼭 필요한 순간에 모습을 조금 바꾸어 나타난다.

한번은 딸애가 인터넷에서 장화를 고르면서 블랙으로 할까, 네이비로 할까 고심하고 있었다. 아이는 아르바이트로 승마 교관을 하고 있었는데 평소에 신던 검정색 가죽 부츠가 더운 계절이 되어 겸사겸사 장화를 구입하려고 내게도 의견을 물어 온 것이다. 나는 이렇게 말해 주었다. "블랙은 아주 고급스럽지 않으면 싸구려 느낌을 주는 색이다. 가죽 부츠라면 당연히 블랙이 돋보이지만 고무장화에 블랙은 어울리지 않는다. 자동차를 보아라, 고급 세단은 모조리 검정 일색이지만 검정색 경차는 별로 없지 않느냐." 내가 해 놓고도 순간적으로 튀어 나간 말이 아주 마음에 들었다. 어떻게 이런 비유를 했는지 스스로 기특해서 입이 헤벌어졌다. 그리고 곧이어 무엇인가가 생각이 날 듯 머릿속에서 꼬물거렸다. 세상에! 몇 년 전에 읽은 책의 한 구절이 선명하게 떠올랐다. 시오노 나나미가 〈남자들에게〉에서 배우 알랭 들롱의 매력을 분석하는 부분이었다. 그녀는 알랭 들롱의 아름다움은 하층계급 남자의 것이기 때문에, 〈태양은 가득히〉에서와 같이 밑바닥 인생을 연기하면 그의 매력이 살아나지만, 상류층을 외워서 흉내 낼 때는 비천한 매력조차 없다고 잘라 말했다. 시오노 나나미의 매서운 분석력에 감탄하며 읽었던 구절이 무의식에 저장되어 있다가 불시에 튀어나온 것이다. 글을 쓸 때도 가끔 이런 발견을 한다. 조금도 의식하지 않고 쓴 문장에 아주 오래전에 읽은 구절이 오버랩 되는 것을 느끼면 참 신기하다. 더구나 맥락에 맞게 절묘하게 응용된 형태이니 말이다. 이처럼 입력의 힘과 무의식의 놀라운 실재를 확인하게 되면 책 읽고 공부하는 것이 점점 재미있어진다.

내가 '보여 주는' 글의 전형으로 기억하고 있는 것은 러셀 베이커의 〈성장〉이다. 저자는 책 전체를 완벽하게 장악하고 있다. 독자가 늘어질 틈을 주지 않고 발 빠르게 장면을 바꾸며, 소제목도 없이 숫자만 매겨진 챕터마다 간결하고 힘 있는 문체와 빠른 속도로 새로운 국면을 펼쳐 놓는데 흡입력이 대단했다. 나는 이 책을 꼼짝도 하지 않고 앉은자리에서 다 읽었다. 읽고 나서 눈물이 솟구쳤다. 삶의 끝에 버티고 있는 소멸을 보아 버린 탓이다. 그는 대단한 이야기꾼이었다. 360페이지를 통틀어 지루한 구석이라고는 한 군데도 없었다. 그의 문장은 간결한가 하면 정교했다. 박진감 있게 이야기를 끌고 가되, 중요한 장면에 대해서는 충분한 묘사가 이루어졌다. 그가 묘사한 인물은 어찌나 생생한지 꼭 아는 사람 같고, 그가 묘사한 공간은 어찌나 아름다운지 꼭 한번 가 보고 싶고, 그가 묘사한 시절은 어찌나 감미로운지 나도 따라 해 보고 싶었다.

성탄절이 되면 어머니는 딴사람이 된 것처럼 다정다감해지셨다. 성탄절이 일주일 앞으로 다가오면 어머니는 집에서 만든 맥주를 깡통들에 담아 밀봉해서 효모가 발효되도록 욕실에 보관해 두셨다. 욕실 옆에 붙어 있는 주방에 앉아 있다 보면 가끔 욕실에서 펑하며 깡통이 터지는 소리가 들렸다. 하지만 어머니는 터지는 것을 감안해서 늘 넉넉한 양을 준비하셨다. 어머니는 예쁘게 포장한 선물들을 당신의 옷장 안에 넣어 두고 소녀와 같은 기쁨을 맛보셨다. 성탄을 하루 앞두고 어머니는 신들린 듯이 음식을 만드셨다. 케이크와 파이를 만들고 소나무와 산타클로스 모양의 생강 쿠키도 구워 내셨다. 오후에는 도리스와 나를 데리고 키 작은 소나무가 한가득 쌓인 시장에 나가 크리스마스트리를 고르셨다. 어머니는 정확하게 좌우 대칭인 나무를 찾아서 수십 그루의 나무를 헤집곤 하셨다.

러셀 베이커의 어머니가 보인다. 읽고 나서 그림이 그려지는 글이 좋은 글이다. 학창 시절 어버이날이면 부모님께 편지를 써 본 경험이 있을 것이다. 그때 '어머니, 아버지 낳아 주시고 길러 주셔서 감사합니다' 하고 나면 할 말이 없었는지? 이 세상 모든 부모가 낳아 주시고 길러 주신다. 부모의 역할에 대해 개념적으로 접근하면 길게 쓸 수도, 읽는 이에게 구체적인 이미지를 줄 수도 없다. 우리가 이야기해야 할 것은 보편적인 부모님상이 아니라 나의 어머니, 나의 아버지다. 위에 인용한 단락처럼 특정한 날에 부모님이 하셨던 말과 행동을 그대로 옮겼더라면 힘들이지 않고도 편지지를 채우고, 부모님께 진한 감동도 드릴 수 있었을 것이다.

남자들이 모두 일터로 간 뒤 여자들이 잠깐 낮잠에 드는 오후가 되면 나는 뙤약볕을 쪼이며 깊고 경이로운 침묵 사이를 걸었다. 침묵은 너무나 깊어 옥수수가 자라는 소리까지도 들을 수 있었다. 침묵이 흐르는 중에도 자연의 오케스트라는 도시 아이들이 결코 들어 보지 못할 음악을 연주했다. 닭장에서 꼬꼬댁 소리가 들리면 그건 닭이 알을 낳았다는 신호였다. 처마 아래 매달아 놓은 작은 그네가 삐걱삐걱 소리를 내면 그건 산들바람이 할머니 댁 뒤뜰을 지나가고 있다는 뜻이었다. 리즈 버츠 씨네 마구간 앞을 인디언마냥 잽싸게 지나가다 보면 말이 파리 떼를 쫓기 위해 꼬리를 휘젓는 소리가 들려왔다. 이끼 낀 개울가에서 발끝으로 살금살금 개구리에게 다가갈 때 풍덩 소리가 들리거든 그건 개구리가 사냥꾼을 발견하고 물속으로 뛰어들었다는 신호음이었다. 낮잠에 든 집들 사이를 지나며, 나는 뜨거운 태양 아래에서 양철 지붕들이 딱딱 소리를 낸다는 것을 알았다. 녹초가 되어서 할머니 집으로 돌아오면, 나는 거실 바닥에 길게 누워 똑딱똑딱 시계추 소리를 들으며 최면에 빠지듯 잠이 들곤 했다.

그의 글에는 이미지는 물론 소리와 냄새까지 살아 있다. 오감을 자극하면 더 잘 보인다. 감각적인 글을 쓰는 방법에 대해서는 뒤에 소개할 이외수의 책에 자세히 나와 있다. '설명'과 '묘사'의 차이를 아는 것이 글쓰기의 전부라는 말이 이해가 간다. 시간의 흐름에 따른 행동을 세심하게 그려 주기만 해도 커다란 감동을 줄 수 있다. 러셀 베이커가 어머니를 그린 단락 어디에 어려운 단어나 뛰어난 비유가 있는가? 그저 성탄절을 맞이하는 어머니의 행동을 자세하게 그렸을 뿐이다. 그래도 독자로 하여금 빠져들게 하는 충분한 매력이 있다. 어려운 살림살이를 꾸려 나가는 야무진 살림꾼의 내면에 숨어 있는 소녀 같은 모습이 생생하게 드러나면서, 어린 시절의 내 어머니까지 떠올리게 해 준다. 두 번째 단락에는 조금 멋을 부린 흔적이 있다. '침묵은 너무나 깊어 옥수수가 자라는 소리까지도 들을 수 있었다'처럼 주관적인 표현이나, '자연의 오케스트라', '인디언마냥' 같은 비유법이 쓰였다. 설명에 치중한 묘사에서 표현을 염두에 둔 묘사로 갈리는 것이다. 하지만 몇 군데를 제외한 주된 골격이 나의 행동을 그대로 옮겨 놓은 것이기는 마찬가지다. 표현은 양념처럼 잠깐 쓰였을 뿐, 글을 이루는 토대는 설명묘사인 것이다. 표현묘사는 몰라도 우리도 설명묘사라면 얼마든지 할 수 있지 않은가? 아무런 멋을 부리지 않고, 비유법에 대한 콤플렉스 없이 일의 순서대로 차분하게 기록하기만 해도 명문이 될 수 있다. 다음 예시 글이 그 증거다.

> 국화를 송이째 꺾어 잘 씻은 다음 물기를 없애는 일이 가장 먼저다. 그리고 통밀을 반 시진쯤 물에 불린다. 밀이 물을 적당히 먹었다 싶으면 맷돌로 곱게 간다. 그걸 적당한 크기로 덩이를 만들어 틀에 넣고 천으로 싼다. 통나무의 위아래를 둥글게 파서 맞뚫어 놓은 틀은 주로 소나무를 쓰는데, 누룩고리라고도 부른다. 그러곤 발뒤꿈치로 꼭꼭 밟아 디딘다. 밟는 질에 따라 누룩의 질이 변하고 그 누룩에 의해 술맛이 달라지기 때문에 정성을 기울여야 한다. 설렁설렁 했다가는 술맛이 대번에 떨어졌다.
>
> (…)

그 누룩을 뜨뜻한 온돌 아랫목에서 한 이십여 일을 띄운다. 그
러곤 꺼내 이틀 정도 밤이슬을 맞혀 가며 누룩 냄새를 없앤다. 그
렇게 빚은 누룩을 발효시키고 나면 묽은 멥쌀죽과 혼합해 밑술을
만든다. 그다음으로 찹쌀로 고두밥을 지어 식힌 후 밑술과 잘 섞
어 독에 담는데, 이때 엿기름, 고추, 생강이 들어간다.

물은 가을에 내리는 이슬을 받아서 쓴다. 고된 작업이다. 우선
은 밤이 되기 전에 풀잎들을 천으로 깨끗이 닦아 먼지나 불순물
을 없앤다. 그리고 그 아래마다 작은 항아리들을 나란히 늘어놓는
다. 그러면 새벽에 맺힌 이슬이 제 무게를 이기지 못하고 또르르
독 안으로 굴러떨어지는데, 철 내내 모아 합치면 술 큰 한 동이 양
은 되었다.

(……)

재료가 다 들어가면 마지막으로 바짝 말려 두었던 감국을 넣는
다. 그리고 창호지로 아가리를 막고 뚜껑을 덮어 익히면 된다.

－김진규, 〈달을 먹다〉 중에서

소설가 김진규의 문체는 단정하고 음전해 진짜 조선 여인네가 쓴
것 같다. 이 작가는 아무리 격한 정황도 7부의 감정으로 처리해 버리
는 재주가 있다. 부글부글 끓어넘치는 재기와 욕망에 스스로 재갈을
물린 긴장이 느껴진다. 간결하게 절제되었으나 세도가의 우물처럼
깊고 아득한 문장들이 모조리 좋다. 그중에서도 국화주를 빚는 과
정을 묘사한 부분은 압권이다. 국화주를 만드는 과정에 대해 서술한

부분을 읽는데 그 술을 한잔 얻어 마시고 싶고, 이다음에 술 빚는 취미를 가져 볼까 하는 풍류가 절로 솟았다. 풀잎에 맺힌 이슬을 받아 술을 빚는 지독한 탐미와 자기를 혹사할 정도의 노동이 많은 것을 말해 준다. 저자의 웅숭깊은 시선은 가히 독보적이지만, 그녀의 고어체는 역시 설명묘사를 근간으로 한 것이다. 필히 상상에서 나왔을 이슬을 받는 부분을 제외하고는 전통주를 담그는 과정과 그리 다르지 않다. 이 글은 세심하게 관찰하고 빠짐없이 기록하는 것만으로도 충분히 감동을 줄 수 있다는 것을 생생하게 보여 준다.

이호철 선생의 작은 혁명

경북에서 반평생을 초등학교 교사로 근무한 이호철 선생이라는 분이 있다. 그분은 어떤 아이들이든지 1년만 담임을 하면 글과 그림 선수로 만드는 재주로 유명하다. 그가 펴낸 〈살아 있는 글쓰기〉, 〈살아 있는 그림 그리기〉를 보다 보면 감동을 넘어 숙연해진다. 스스로 깨친 방법론으로 아이들을 지도하여 괄목할 만한 성과를 내는 선생의 모습은 구도자처럼 신실하고, 승부사처럼 집요하며, 어느 전문가보다도 유능하다. 나는 1994년부터 4년 동안 초중등 대상의 글쓰기 교실을 운영하던 때 선생이 쓴 책의 도움을 많이 받았다. 한 명의 낙오자도 없이 담임하는 반 아이들 전원을 일정한 수준으로 끌어올리는 지도력은 학원 원장으로서가 아니라 우리나라 사교육 풍토를 걱정하는 한 사람의 시민으로서 환영할 만한 것이었다. 사고 능력이 떨어지는 한 아이에게 시 한 편 써 보는 경험을 갖게 하기 위해 세 번이나 개별지도를 하는 장면은 언제 보아도 좋다. 나는 극도로 피곤할 때면 일부러 그림을 찾아볼 정도로 이미지에도 관심이 많은 터라 선생의 그림 지도에서도 많은 영감을 받았다. 학년 초에 낙서 같은 그림을 그리던 아이들이 1년 만에 멋진 스케치를 보여 주는 모습은 많은 생각을 하게 했다. 지금이나 그때나 누군가를 가르치는 위치에 있는 나는 선생의 성과를 보며 마냥 부끄럽다. 그만큼 탁월한 방법론과 그만큼 성실한 지도력을 갖추지 못해 잠재력을 꺼내 주지 못한 내 학생들에게 미안해진다.

그런데 놀랍게도 선생의 방법론은 '있는 대로 보기' 딱 하나다. 그저 그러려니 치부해 버리는 관념적인 생각과 생각 없이 빨리빨리 해치우는 성의 없는 태도에서 벗어나 오직 보이는 것을 보이는 대로 옮겨 적는 것을 지도한 것이다. 초등학교 6학년 아이가 쓴 다음 글을 보면 무슨 말인지 이해가 갈 것이다.

동생이 공부하는 모습

한참 있다가 문제집을 한 쪽 다 풀었는지 한 장을 '스르륵' 넘깁니다. 눈은 쉬는 듯 힐끔 천장을 쳐다보았다가 다시 문제집을 봅니다. 어려운 문제가 있는지 놓아두었던 왼손을 이마에 짚었다 눈에 짚었다 머리를 긁었다 턱을 굅니다. 오른손은 모르는 문제에 낙서만 합니다. 갑자기 모르는 문제에 낙서를 더 세게 하다가 '하우' 하고 한숨을 쉬면서 회전의자를 뒤로 팍 찹니다. 그러고는 문제집과 볼펜을 들고 신경질이 난 듯 '쿵쿵쿵' 소리를 내며 방문을 나서 주방 식탁으로 걸어가 의자를 쑥 빼고 앉더니 문제를 다시 풉니다. 손에 있는 볼펜은 입에 물고 있다가 모르는 문제를 풀었는지 웃음을 지으며 답을 씁니다.

한 문제를 풀었는데 볼일이 급한지 문제집을 들고 화장실로 뛰어갑니다. 변기에 앉아서 문제집을 푸는데 다리는 변기 구석 뒤로 젖혀 있고, 옷은 추어올려 턱으로 잡고, 문제집은 허벅지 위에 올려놓고 풉니다. 한 문제 풀고는 그 자세가 불편한지 다시 허벅지와 가슴이 닿도록 숙여서 왼손에 문제집을 들고 오른손으로 볼펜을 들고 풉니다. 속이 몹시 안 좋은지 냄새 지독한 방구를 '뿡' 하고 뀝니다. 졸리는지 눈을 꿈벅꿈벅거리며 문제집을 풉니다. 숙인 자세도 불편한지 팔꿈치를 허벅지에 대고 눈앞에 왼손으로 문제집을 들고 오른손으로 볼펜을 들고 문제집을 풉니다. 입으로는 문제집을 읽는 시늉을 하고 눈은 쉴 새 없이 옆으로 왔다 갔다 합니다. 한 문제를 풀더니 더 이상 문제집을 못 풀겠는지 문제집을 접고 뒤를 닦고 나와 침대로 가 이불을 푹 뒤집어쓰고 잠을 잡니다.

이것이야말로 '보여 주기'의 전범이 아닌가! 익살맞고 수선스러운 남자아이가 눈앞에서 움직이는 듯한 환영을 느낄 정도다. 이처럼 눈앞에 보이는 것을 그림 그리듯이 쓰는 글을 '사생글'이라고 한다. 선생은 시든 산문이든 자기가 본 일, 겪은 일, 들은 일을 기록하는 데서 출발하게 했다. 아이들은 숙제를 하기 위해 아버지가 텔레비전 보는 모습을 면밀하게 관찰하고 시장에서 생선 파는 아저씨의 입담에 가만히 귀 기울였다. 이런 훈련을 통해 아이들이 얻은 것은 촘촘한 사생글 한 편을 넘어 진중하게 삶에 다가가는 자세가 아닐까? 이렇게 집중적으로 사생글 쓰기 연습을 하고 나면 글쓰기가 두려울 것이 없겠다. 무언가 크고 대단한 것, 일상과 떨어진 것이 글이 되는 것이 아니라 주변 사람들이 살아가는 모습, 서로 나누는 대화를 가만히 지켜보기만 하면 글이 되는 것이니 글감을 찾기 위해 애쓸 필요도, 글을 억지로 쥐어짤 필요도 없겠다. 사생글은 대상을 지켜보고 그대로 옮기는 법을 훈련하게 해 주어 기본적인 서술 능력을 키워 준다. 나는 내 강좌에서 위의 글을 보여 주고 거꾸로 '설명' 방식으로 축약해 보게 한다. 그러면 "내 동생은 너무 산만해서 숙제 한번 하려면 오두방정을 떤다." 같은 대답이 나온다. 우리는 이런 식으로 한 번 걸러서 전달하는 데 익숙하지 않은가? 그렇게 쓰는 것이 글인 줄만 알았던 것이다. 그러나 이처럼 정리되고 축약된 표현은 공감에 한계가 있다. 공감하지 못한 표현을 받아들이라고 하는 것은 주입이며, 심하면 강요가 된다.

선생은 오직 잘 보고 그리게 함으로써 그림 지도에도 성공하였다. 우리는 생활에서 접하는 모든 것을 안다고 생각하고 세심하게 뜯어보지 않는 습관에 젖어 있다. 심지어 대부분의 사람들이 가족의 얼굴도 자세히 본 적이 없다는 선생의 말에 조금 놀랐다. 정말 그랬기 때문이다. 늘 보는 식구들 얼굴도 그러려니 하는 모습을 머릿속에서 지워 버리고 새롭게 하나하나 살펴보면, 이렇게 생겼나 싶을 정도로 다르게 보인다고 한다. 관념에서 벗어나 있는 그대로 보았기 때문이다. 의례적으로 보아 넘기지 않고 매 순간 매 장면 변하는 모습을 주시하는 것이 창조의 기본이다. 아이들도 친구의 얼굴과 신체 비례, 팔다리의 기울기를 제대로 보는 것만으로 모두 훌륭한 스케치를 해낼 수 있었다. 이것을 기반으로 세밀화에 도전하고, 주변의 생활 풍경을 그리고, 심지어 자기 마음과 다른 사람의 마음을 그릴 수 있었다. 그림을 가지고 표현이 가능하게 된 것이다. 자녀를 미술학원에 보내 본 사람이라면 이것이 얼마나 쉽지 않은 성과인지를 잘 알 것이다. 나는 가끔 하릴없이 선생이 묶어 낸 그림책을 본다. 언제고 그림을 그려 보고 싶다는 생각을 해 보곤 하는데 선생의 방법론을 따라 혼자 해 봐도 좋겠다.

'줄리아'라는 닉네임의 수강생이 쓴 사생글을 한 편 읽어 보자. 그녀는 거의 글을 써 본 적이 없다는데도 이처럼 빼어난 사생글을 써서 여러 사람의 감탄을 받았다. 한 가족의 아침 풍경이 그림처럼 선명하게 펼쳐진다. 은퇴한 후 발언권이 약화된 가장과 살림에서는 은퇴도 할 수 없어 가사에 넌더리를 내는 주부의 미묘한 심리가 잘 드러난다. 나는 고령사회의 가족에 관심이 많아서 더욱 재미있게 읽었다. 밥상은 한 가정의 문화와 권력관계가 한눈에 드러나는 곳이다. 이 막강한 밥상을 둘러싼 일상 스케치는 나이 든 주부의 가사 노동과 은퇴한 직장인의 건강, 여가에 대한 문제를 제기하는 사회학적 현장 보고서로 보아도 손색이 없다.

끼니 투정

방에서 나와 거실 바닥에 펼쳐진 신문을 들고 안방 화장실로 간다. 아침 볼일과 샤워를 마치고 시원한 물 한 잔을 들이켠다. "엄마, 할배는? 오늘 병원 가시는 날이야?" 나는 종종 엄마와 아버지를 '할매, 할배'라 부른다. 아버지는 당뇨와 심장 때문에 석 달에 한 번씩 병원에 가서서 정기검진을 받고 약을 타 오신다. 아침 일찍 병원에 가시는 날이 아니고는, 내 방문을 열고 나오면 아버지가 먼저 눈에 들어온다. 햇살이 들어오는 창가 소파에서 늘 신문을 읽고 계신다. 그런데 오늘은 거실에도 안방에서도 안 보이신다. "오늘 종친 모임 있다고 양평에 가셨다. 니 아부지 그 모임 아니면 갈 데 어딨노?" 엄마는 은퇴하시고 무료하게 하루하루를 지내는 아버지를 비꼬듯 말하신다. "멀리 가셨네? 날이 좀 풀려 다니시기 좀 낫겠다." "안 그래도 오늘은 덜 춥다고 니 오빠 입던 폴로 잠바 입고 가라 했더니, 춥다고 싫다더라. 냅뒀다. 언제 내 말 듣나?" '추운 거야 다 자기 기준이지… 아니 뭐 옷이 없어? 노인네 어련히 알아서 따숩게 하고 가셨겠지… 그런데, 나만 밥 안 먹은 거야?' 늦잠을 잤더니 두 분은 벌써 아침 진지를 다 드셨고, 뚜껑 덮인 반찬통 몇 개가 식탁에 놓여 있다. 밥을 한 술 떠먹다가 남은 밥을 된장국에 말아 버린다. "엄마, 밥이 왜 이리 떡이야? 진짜 된밥 좀 먹자…." 엄마는 치아가 부실하다는 핑계로 늘 진밥을 하신다. "마, 그냥 국에 밥 말아 묵으라." 텔레비전 아침연속극에 푹 빠져 계신 엄마의 성의 없는 대답.

아버지와 나는 된밥을 좋아한다. 밥이 너무 질면 아버지는 아무 말 없이 밥그릇을 들고 냉장고로 가신다. 물통을 꺼내 밥그릇에 물을 붓고 말아 드신다. 나는 엄마에게 된밥 타령이라도 하지만 아버지는 그냥 묵묵히 물에 말아 잡수실 뿐이다. 엄마는 더 이상 아랑곳하지 않으신다. 한번은 내가 좀 신경질적으로 된밥 타령을 하니까 먹기 싫으면 먹지 말라고 오히려 쏘아붙이신다. 당신이 된밥은 못 자시겠다고. 아버지와 나, 두 사람이 된밥을 좋아하면 엄마 한 사람이 양보해 줘야 되는 거 아닌가? 그런데 언제부터인지 엄마는 아버지 눈치를 보지 않고, 집에서 겨우 아침 한 끼 먹는 나한테 맞출 필요도 없다고 생각하신다. 아버지도 엄마한테 이런저런 부탁을 하지 않으신다. 원체 점잖으시기도 하지만 생활 전선에서 은퇴를 하신 후 더 소극적이시다.

아버지는 당뇨 후유증으로 신장도 나빠지셨다. 그래서 채소와 과일은 삼가셔야 된다. 어쩌면 의사가 가급적 적게 드시라고 얘기했을지도 모른다. 어쨌건 아버지는 채소, 과일은 거의 입에 대지 않으신다. 약도 식후 30분이 지나는 시간에 정확하게 드시는 분이다. 다른 사람 얘기는 잘 안 듣는 편이지만 의사 얘기는 정말 잘 따르신다. 그렇다 보니 아버지 기준으로 잡수실 수 있는 음식이 얼마 되지 않는다. 엄마와 나는 콩잎이나 김치 이파리, 쌈 종류, 나물을 즐겨 먹는다. 엄마랑 나는 아버지 마음은 살피지도 않고 "아이고, 맛있데이…"를 연발하며 밥 한 그릇을 뚝딱 해치운다. 아버지 반찬 때문에 엄마도 스트레스를 받기는 마찬가지다. 엄마는 생선이나 고기를 꼭 식탁에 올리려고 하지만 이제는 살림에 넌더리가 나서 챙겨 드려야 된다는 의무도 지겨워지신 듯하다.

밥을 먹는데 아버지가 엄마에게 고추장을 달라신다. 아버지는 고추장을 넣은 밥을 대충 비비시고, 마른 멸치를 고추장에 찍어 잡수신다. 서너 숟가락만에 한 그릇을 비우신다. 엄마와 나는 무슨 신호인지 안다. 아버지의 투정이다. 이제는 내 입맛에도 맞는 반찬 좀 해 주지…라는 무언의 투정이다. 대부분 엄마랑 나한테만 맛있는, 먹을 수 있는 반찬들이다. 엄마는 모른 척 텔레비전을 응시하며 연신 콩잎에 강된장을 얹어 밥을 싸서 드신다. 이럴 때 나는 아무 말 없이 더 골고루 반찬을 집어 먹는다.

그런 다음 날은 집에서 고기 삶는 냄새가 퍼진다. 아버지가 좋아하시는 돼지 목살 덩어리다. 집게로 건져 올려진 돼지 목살 덩어리가 부들부들 흔들린다. 돼지 목살 덩어리가 갓 빠져나온 냄비에서 아직도 김이 올라온다. 엄마는 한 손을 고기 살덩이에 댔다 떼었다를 반복하며 칼질을 하신다. 이런 날은 접시도 특별하다. 싱크대 서랍장 귀퉁이에 쟁여 둔 손님용 접시를 꺼낸다. 얇게 저며진 목살을 접시에 담아 아버지 가까이에 놓는다. 나 먹으라고 발라진 살코기도 접시 한 귀퉁이에 있다. 나는 새우젓을 종지에 담는다. 손가락으로 새우젓을 몇 개 집어 입에 넣는다. 아, 짭조름하다. 갓 지은 뜨거운 쌀밥을 한 입 넣었다. 아버지는 보드랍게 삶겨진 돼지 목살을 새우젓에 찍어 드신다. "저 시큼한 김치에 싸서 먹으면 좋겠는데… 이놈의 병이…" 툭 내뱉으신다. 김치를 못 잡수시는 것이 못내 아쉬우신 듯. 하지만 규칙을 위반하지는 않으신다. 아버지가 식탁에 계시는 시간이 여느 때보다 길다. 나는 삶아진 고기는 잘 먹지 않는다. 왠지 기름 붙은 고기가 싫다. 가끔 살코기만 따로 발라서 먹기도 하지만 영 젓가락이 가지 않는다. 나는 물에 씻은 묵은 지 이파리에 밥을 넣고 고추장을 살짝 얹어 먹는다. 엄마는 아버지가 식탁에서 일어나신 후에 자리에 앉는다. "할배 마이 드시드나?" 엄마가 나에게 묻는다. "접시 보면 몰라?" 나는 퉁명스런 대답을 하고 만다.

개념이 아닌 사례, 주제가 아닌 사람

암 투병 중인 이해인 수녀가 주변에서 가장 많이 들은 말은 "지금이야말로 깊고 영성이 담긴 시를 쓸 때야", "십자가상의 고통에 동참해 이제야말로 수도자의 삶을 살겠구나" 같은 말이라고 한다. 그런 말을 들을 때면 그녀는 겉으로는 고개를 끄덕였지만 속으로는 '그럼 지금까지는 다 가짜란 말이야?' 하는 생각이 들었단다. 애정 어린 충고였지만 다들 너무 똑같은 말을 하니까 절로 그런 생각이 들었다는 것이다. "암은 아무것도 아니다. 요즘은 감기랑 똑같아" 하는 말은 위로보다는 상처를 주었다.

그러던 중에 김수환 추기경과 같은 병원에서 투병 생활을 하게 되었다. 한번은 추기경께서 "수녀도 항암 치료 하나?" 하고 물어보았다. 항암만 하는 것이 아니라 방사선도 겹쳐서 한다는 그녀의 대답에 추기경은 동정 어린 눈빛으로 한참 동안 말씀을 잇지 못했다고 한다. 그동안 주변 사람들의 위로에 지쳐 있던 그녀는 속으로 넘겨짚었다. '어떤 말씀을 하실까? 지금이야말로 고통의 신비를 이해하고 교회의 어려움을 깨달아 봉헌하라는 거룩한 말씀을 하시겠지' 하고. 하지만 추기경은 딱 한마디만 했다. "그래? 대단하다, 수녀." 그녀는 이 단순한 말에 투병 생활 중 처음으로 울고 말았다고 한다. 간결하기 그지없는 공감이 어떤 교훈적인 말보다도 강하게 그녀를 흔들었던 것이다. 그 뒤로는 그녀도 항암 치료를 하는 사람을 만나면 "대단하네요."라고만 말하게 되었다. 추기경의 방식이 가슴에 사무쳤던 것이다.

이 이야기에 가슴이 뜨끔한 사람이 나뿐일까? 암 환자는 아니더라도 내가 이해할 수 없는 사고방식과 행동을 보이는 사람에게 나는 얼마나 재빠르게 조언을 일삼았을까? 내 강좌의 수강생에게도 마찬가지다. 그 나이에 나는 그들보다 더 헤매고 더 출렁거렸으면서, 나이 들어 수없이 깨져 본 뒤에 조금이나마 깨달았으면서, 마치 처음부터 확고한 인생철학을 갖고 있었던 것처럼 굴지는 않았던가. 조언보다 공감이 먼저라는 사실, 아니 공감이 없이는 어떤 조언도 스며들지 않는다는 사실을 깨닫고 난 뒤 나는 우선 상대방의 마음이 되어 보려고 노력한다. 댓글 하나를 달 때에도 글 쓴 사람이 이해받고자 하는 부분이 무엇일까를 생각하게 된다. 위로를 할 때도 조심하게 된다. 위로도 나쁘지 않지만 공감만은 못하다. 위로는 비 오는 날 우산이 없는 친구에게 우산을 씌워 주는 것과 같다. 냉정하게 말하면 위로에는 비 맞을 일이 없는 자의 우월감이 없지 않다. 반면 공감은 함께 비를 맞는 것이다. 가만히 그 사람의 마음이 되어 보는 것이다. 그리고 그것이 최고임을 이해인 수녀가 증명하고 있다. 이런 생각을 순전히 이론으로만 풀어 썼다면, 쓰는 나도 읽는 사람도 얼마나 힘이 들었을까? 적절한 사례는 훨씬 수월하게 깊은 공감을 이끌어 낼 수 있다.

사례는 작고, 쉽고, 구체적이어서 좋다. 글이 잘 안 풀릴 때는 너무 크게 접근하고 있는 경우가 많다. 주변에서 일어난 일로 시작해서 아는 만큼만 진솔하게 풀어 나가면 어려울 수가 없는데, 무엇을 얼마큼 쓸지 확실한 구상이 없는 상태에서 막연한 감만 가지고 시작하면 자꾸 범위를 넓히고 초점이 붕 떠서 수습할 길이 없다. 무엇보다도 글의 서두를 사례로 시작하면 읽는 이를 편하게 이끈다. 글에 대한 흥미가 쉽게 유발되기 때문이다. 쓰는 사람이야 오랫동안 생각해 온 주제일지 몰라도, 읽는 사람은 처음 접하는 주제인 경우가 많다. 그럴 때 읽는 사람을 편안하게 글 속으로 끌어올 수 있도록 진입 장벽을 낮추는 데 사례가 딱 맞는 것이다. 사례는 독자를 가르치는 것처럼 보이지 않으면서도 설득력이 있다. 특히 글 쓴 사람의 직접 경험인 경우 인간적인 체온이 전해져 훈훈한 글이 된다. 누군가와 대화하거나 책을 읽다 언제고 활용할 만한 사례를 접하면 반드시 메모해 두자. 기억해 두었다 활용해야지 하는 것은 소용없다. 탁월한 기억력보다 희미한 연필 자국이 주는 단서가 훨씬 풍부하다.

　사례를 활용한 글쓰기를 할 때 좋은 공식이 하나 있다. '사례+인용+핵심 정리'다. 먼저 다짜고짜 사례로 시작한다. 읽는 사람의 궁금증을 유발할 수 있으면 성공이다. '무슨 이야기를 하고 싶은 거지?' 혹은 '아하! 무슨 이야기를 하려는 거구나' 싶을 때, 적절한 인용을 하나 보탠다. 앞에 제시한 사례를 확장해서 각인시킬 수 있는 인용이면 된다. 이때 인용의 적합성에 따라 글의 품격이 달라진다. 누구나 일상에서 접할 수 있는 사례를 통해 얼마나 심도 있는 통찰력을 줄 수 있느냐의 문제이고, 이것이야말로 우리가 글을 쓰는 이유이기 때문이다. 이럴 때 인용은 앞의 사례와 유기적으로 연결되어야 하고, 직접 발굴한 참신한 것이어야 한다. 널리 알려진 흔한 문구는 식상하고, 다른 사람이 애써 발굴한 사례를 출처를 밝히지 않고 갖다 쓰는 것은 도용이다. 끝으로 내가 하고자 하는 말을 다시 한 번 정리해줌으로써 글을 마무리한다. 이렇게 하면 무난하게 혹은 성공적으로 글을 한 편 쓸 수 있다. 물론 이것은 하나의 기본적인 패턴이니, 이것을 자유롭게 혹은 실험적으로 응용하는 것은 글 쓰는 사람의 몫이다. 이 패턴으로 쓴 내 글을 하나 가져왔다.

　　정육점 남자 혹은 시선

　　동네 시장에 단골 정육점이 있다. 처음에는 그중 큰 곳이라 무심히 들어섰는데 볼수록 예사롭지가 않았다. 우선 일하는 사람들이 전부 남자다. 칼질하는 사람이 두 사람, 계란을 파는 젊은이가 한 사람, 그리고 어쩌다 보이는 나이 지긋한 사람이 그들이다. 이들의 모습은 정육점에 대한 내 이미지를 깨트리는 것이었다. 보통 정육점이라는 곳이 편안한 체격과 붙임성 좋은 중년 부인네가 점령하고 있는 곳이 아니었던가. 그런데 하나같이 우람한 체격을 가진 남자 넷이 일하고 있는 모습은 어딘가 낯설었다.

바로 이런 것들이다. 청장년 서너 명이 입을 모아 "어서 오세요!" 소리치는 것은 인사라기보다는 구령에 가까웠다. 달랑 인사만 던지고는 보통 소매점에서 있을 법한 담소로 이어 나가지 않고 침묵 속에 고기만 써는 두 남자의 모습이 경건하기 짝이 없다. 고기를 다루는 직업이 이렇게 전문직이었나? 하는 생각이 들 정도로 그들의 동작은 자신감 있고 거침이 없다. 게다가 두 남자의 팔 근육이 장난이 아니다. 조명도 붉고 진열장 속의 고기도 붉은 장면 속에서 힘줄이 툭툭 불거진 두 팔이 고기를 써는 모습은 충분히 그로테스크했다. 아니 섹시했다. 머리에 무스를 발라 치켜세운 젊은 쪽보다, 40대 중반의 살짝 우울해 보이는 사람에게 마음이 갔다.

근처의 슈퍼마켓보다 값이 싼데도 육질이 좋은 편이라 나는 당연히 그 정육점의 단골이 되었다. 드나든 지 1년이 되어 가지만 무슨 고기 달라는 말밖에 나눈 적이 없다. 그런데 며칠 전, 여느 때와 다름없이 "전지 한 근 주세요!" 했겠다. 언제나 정성스레 무스를 바르는 남자가 물어 왔다.

"어떻게 드실 건데요?"

"고추장 양념이요."

대답하는 순간, 등을 돌리고 일하고 있던 다른 한 사람이 몸을 돌려 나를 쳐다보았다. 2초쯤 우리의 시선이 부딪쳤다. '찌리릿' 온 몸에 전율이 일었다. 이런! 그도 나를, 내 목소리를 알고 있었던 것이다. 그리고 그뿐, 고기 한 근을 들고 돌아섰지만 기분이 묘했다. 누군가 나를 '개별적으로' 바라봐 준 것이다.

우리는 일상 속에서 많은 사람을 만나지만, 어떤 사람에게 온전하게 집중하기란 쉽지 않다. 한번 곰곰이 떠올려 보라. 그중 소중한 사람들과 이야기할 때조차 그들에게 백 퍼센트 집중하고 있는지를. 나는 아이들과 이야기를 할 때, 머릿속으로 이런저런 삶의 현안에 대해 궁리하곤 했다. 친정어머니의 치아 치료에 대한 이야기를 들으면서, 갈수록 내가 엄마의 말에 집중하고 있지 않다는 사실에 서글퍼진 적도 있다. 그런데 단 2초에 불과했지만, 정육점 남자의 '시선'은 나의 존재를 '확인'시켜 주었다. 누군가 나를 기억해 주었다는 것이 짜릿하도록 기분이 좋았다.

그러고 보니 김찬호의 〈생애의 발견〉에서 본 한 장면이 떠오른다. 박재동 화백의 제자가 텔레비전에 나와서 한 말이라고 한다. 고교 시절 그는 소문난 문제아였다. 그날도 친구 한 명과 같이 교무실 앞에 무릎을 꿇고 앉아 벌을 받고 있었단다. 오가는 선생님들이 머리를 쥐어박으며 "이놈들, 또 왔느냐"며 핀잔을 줄 때, 박재동 화백이 그들을 미술실로 데리고 갔다. '어이쿠! 선생님께서 제대로 혼내시려나 보다' 하고 바짝 긴장하고 있을 때, 박 화백은 그들을 앉혀 놓고 초상화를 한 장씩 그려 주었다고 한다. 아무 말도 없이 긴 시간 자신들을 응시해 준 그 시선이 백 마디의 훈계보다 더 마음에 남았다고, 그는 말했다.

누군가를 온전히 바라본다는 것! 나는 정육점의 작은 사건에서 이것을 배웠다. 그가 누구이든 지금 내 눈 앞에 있는 사람에게 온 마음을 기울여 집중하기! 그것만이 내가 온전하게 살아 있는 방법이 될 것이라는 예감이 든다.

장사하는 사람이 손님을 기억하는 것은 당연한 일일 테니, 지극히 짧은 순간이나마 나 혼자만의 생각일 수도 있다. 하지만 중요한 것은 민감하게 내 느낌을 잡아채서 이름을 붙여 주는 일이다. 그로써 생각의 폭을 넓히고 의미를 생성하는 것이 글쓰기의 기본이다. 이것을 깨달았으니 그날 이후 공연히 가까운 정육점 놔두고 먼 데로 다니느라 불편한 것은 감수해야 하리라.

사례는 어려운 이야기를 할 때일수록 필요하다. 사회과학이나 철학과 같은 이론적인 분야에서 개념으로만 전달하면 자칫 딱딱하게 느껴져서 깊은 인상을 주기 어렵다. 이럴 때 내 주장이 가장 잘 녹아 있는 사례에 얹어 전달할 수 있다면 전달 효과는 배가된다.

로버트 퍼트넘의 〈나 홀로 볼링〉은 1980년대에서 1990년대로 접어들면서 미국 전체의 볼링 인구는 10퍼센트 증가한 반면 혼자 볼링을 즐기는 사람은 40퍼센트가 늘었다는 점에 주목, 인간적 유대관계가 느슨해지는 사회에서의 민주주의와 공화주의의 위기를 진단한다.(이강룡, 〈뚜껑 대신 마음을 여는 공감 글쓰기〉) 어려운 주제를 이론적으로 시작하는 것보다 얼마나 신선한가! 사례는 기억하기 좋고 다른 사람에게 전달하기 좋아 지극히 효율적인 커뮤니케이션의 한 방식이다.

> 에스키모 인들은 늑대를 잡기 위해서 날카롭게 날이 선 칼에 동물 피를 조금 묻혀서 눈밭에다가 거꾸로 박아 놓는다고 한다. 그러면 피 냄새를 맡고 다가온 늑대가 칼날을 핥아 혀를 베이게 되고 칼날에는 피가 줄줄 흘러내린다. 하지만 이미 피 맛을 본 늑대는 칼날을 핥는 것을 멈출 수 없어 계속해서 칼날을 핥다가 결국 피를 많이 흘려 죽게 된다.
>
> ─김용규, 〈철학 통조림 2〉 중에서

이 예화의 맛은 또 어떤가? 제 피인지도 모르고 칼날을 핥아 대다 서서히 죽어 가는 늑대의 모습에 순간적인 쾌락을 좇는 인간의 모습이 오버랩 되면서 등골이 오싹하지 않는가! 조금이라도 감수성을 가진 사람이라면 향락의 중독에 빠져드는 느낌이 들 때 한 번쯤 이 이야기를 떠올리고 경각심을 갖게 될 것 같다.

글쓰기 원칙 중 '설명하지 말고 보여 주라'가 으뜸이라고 생각한다. 이 원칙 중의 원칙은 다시 '개별적으로 접근하라', '주제가 아닌 사람이 드러나게 하라'처럼 중요한 지침을 파생시키는데, 사례는 이 주문들을 일거에 해결해 준다. 뿐만 아니라 '부디 작게 시작하라'는 또 하나의 핵심 지침까지 만족시킨다. 그래서 이미 수많은 저자들은 사례의 효용을 익히 알고 활용해 왔다. 철학자 김용규는 예화, 경구, 통계자료, 역사적 사실 등을 모은 노트를 만들 것을 역설한다. 공자, 노자, 장자, 예수, 서양의 문호들 모두 예화 사용의 전문가였다며, 예화를 적절히 사용하면 쉬우면서도 설득력 있는 글을 쓸 수 있다고 한다. 김찬호의 〈생애의 발견〉에는 보물 같은 예화가 즐비하다. 예화는 적재적소에서 저자의 논지를 대변하고, 응원하는 일등 공신이다. 얼마나 많은 자료를 섭렵하면 그렇게 강력하고도 아름다운 예화를 자유자재로 쓸 만큼 확보할 수 있을지 감탄이 절로 나온다. 오한숙희의 글은 사례로 시작해서 사례로 끝난다. 그 외에도 수많은 저자들이 사례 활용의 중요성을 강조했으니, 사례의 중요성에 대해서는 아무리 강조해도 지나침이 없을 듯하다.

이종교배

보통 사례라고 하면 내가 하고자 하는 말과 가장 흡사한 분야에서만 찾기 쉬운데 결코 그렇지 않다. 의외로 전혀 상관없어 보이는 것들을 연결했을 때 극적인 효과를 이끌어 낼 수 있다. 유유상종하는 사람에 비해 나이와 직업을 뛰어넘어 모든 계층과 소통할 수 있는 사람이 훨씬 성숙한 포용력을 지닌 것처럼, 똑같은 사례를 접하고도 남들은 엄두도 못 낼 생각에 연결시키는 사람이 충격적인 감명을 준다. 완전히 다른 두 가지 예화를 나만의 논리로 연결시켜라. 이것을 '이종교배'라고 한다. 소설가 한승원은 이종교배가 글쓰기의 최고 비법이라고 한다. 진돗개의 순수 혈통을 지키기 위해 형제자매끼리 교배를 시키면 짖을 줄도 모르는 천치들이 많이 나온다고 한다. 이 세상에서 가장 강한 것은 혼혈종이라는 것이다. 그렇기에 동식물의 교배사들이 강한 혼혈종 만들기에 부심하는 것처럼 글 쓰는 사람들도 세상에 없던 교배종을 만들기 위해 애써야 한다고 강조한다.(한승원, 〈한승원의 글쓰기 비법 108가지〉) 자기가 경험한 이야기 한 가닥을 가지고 글을 쓴다면 단순하고 왜소하고 무력한 소품이 되기 쉽다. 나의 경험, 나의 시각에 이국의 향기와 도전을 덧씌워 세상에 없던 꽃을 피워 내려면 어떻게 해야 할까? 내 관심 분야를 넘어서는 광범위한 독서, 폭넓은 인간관계, 다양한 예술 분야에 대한 크로스오버적인 탐구, 낯선 풍광에 나를 던지는 모험 정신. 이 모든 것이 필요할 것이다.

아래 글은 '젠느'라는 닉네임의 수강생이 이종교배를 염두에 두고 쓴 글이다. 딸아이가 엄마인 자신에게 부탁하지 않고 직접 필통을 빤다는, 단순하기 그지없는 에피소드에서 실로 많은 것을 이끌어 냈다. 그녀는 희생으로 일관하는 엄마를 보며 성장했고, 거기에 대한 반작용으로 독립적인 모녀 관계를 지향하다 보니 아이를 세심하게 돌보는 데 소홀해진 면이 없지 않았다. 그렇다면 이런 자기에 대한 반작용으로 딸이 다시 돌봄을 강화한 전통적인 엄마의 역할을 하게 되지 않을까 걱정하며 삼대를 한눈에 보고 있는 것이다. 그녀는 여기에 머물지 않고 경험의 진수를 빼내어 창조적으로 응용하지 못하는 데 대한 성찰로까지 나아간다. 아이가 직접 필통을 빼는 모습을 엄마 역할을 다하지 못한 데 대한 반성의 계기로 삼았다면 1차원이다.

거기에서 삼대를 가로지르는 작용 반작용을 보았다면 2차원이다. 그리고 이 글처럼 나의 사소한 경험에서 누구에게나 참고가 될 만한 명제까지 나아갔다면 고차원이라고 생각한다. 연산군에 대한 예화 다섯 줄을 보태면서 이 글의 위상은 확실하게 높아졌다. 보통 사람은 생각도 못할 연결 고리를 발견해 낸 안목이 감탄을 준다. 이것이 이종교배의 위력이고, 글쓰기의 참맛이다.

경험에 사로잡히다

어제저녁 늦은 시간 작은아이 핸드폰이 울렸다. 욕실에서 뛰쳐나오는 작은아이의 차림새가 눈길을 끌었다. 팔꿈치와 무릎까지 걷어 올린 내복에 두 손이 빨갰다. 욕실에는 작은 대야에 필통과 솔이 담겨 있었고 옆에는 빨랫비누 곽이 놓여 있었다. 작은아이는 더러워진 천 필통을 빨고 있었던 것이다.

이제 열한 살. 엄마인 내게 부탁하지 않고 스스로 하는 모습이 대견했다. 그러고 보니 아이들 실내화를 빨아 준 기억이 아득했다. 작은아이는 재미로 설거지를 할 때도 있고, 자청해서 욕실을 청소하기도 한다. 그게 재미있다고 해서 그런 줄만 알았다. 아이들은 아침에 각자 알람 소리를 듣고 일어난다. 내가 아침은 챙겨 주지만, 간혹 늦잠 자느라 일어나지 못하면 자기들끼리 밥을 챙겨 먹고 학교에 가기도 한다. 주말에 남편과 함께 집을 비울 때도 당연한 일상이라 여겨 별다른 생각이 없었는데, 오늘 욕실의 세숫대야와 필통과 솔, 그리고 작은아이의 빨개진 손은 내 가슴에 와서 콱 박히더니 친정엄마를 떠올리게 했다.

친정엄마는 늦게 낳은 딸 셋을 키우면서 설거지도, 빨래도, 청소도 시키지 않았다. 어차피 여자는 시집가면 싫증 날 만큼 한다며, 할 때 되면 알아서 어련히 할까 하셨다. 열한 살쯤의 나는 늦게 일어나 겨우 제 손으로 세수하고 엄마가 차려 놓은 아침도 먹지 못하고 학교 가는 것만도 감지덕지였다. 학교 준비물은 내가 챙겼지만, 실내화를 빤다거나 필통을 씻는다거나 빨래를 갠다거나 설거지를 한다는 건 내 일상에 없었다. 늦가을 쌀쌀한 날씨에 밖에서 김장거리를 다듬으며 손을 호호 불어도 그건 당연히 엄마 일이었고, 마루나 방을 하루에도 몇 번이나 훑으며 머리카락 때문에 못 살겠다고 얘기해도 그건 혼자 구시렁거리기 좋아하는 엄마의 레퍼토리려니 했다. 자식이 나이가 들어 결혼을 했는데도 멀리 있다는 이유로 애달파하는 엄마의 삶이 안쓰러우면서도 부담스러웠다. 나는 엄마처럼 살고 싶지 않았다. 전업주부냐 워킹맘이냐의 문제가 아니라 마음가짐의 문제였다. 나는 쿨한 엄마가 되리라. 아이에게 친구 같은 엄마가 되리라. 일일이 챙겨 주다 갑작스레 감정 폭발하는 엄마는 되지 않으리라. 챙긴 만큼 기대하다 자식에게 섭섭해하는 엄마가 되지 않으리라. 내 삶이 주체적일 때 아이들에게 그 에너지도 전달되리라 했다.

그러나 요즈음 나는 하루하루의 시간을 온통 나 스스로에게 흠뻑 빠져 아이들에게 신경 쓰지 못했다. 가사는 의무로 여기고 아이들 얘기는 건성으로 들은 지가 한참이다. 남편과 아이들이 즐겁게 보는 텔레비전 오락 프로그램 소리는 소음이요, 마루에서 책을 읽을 때 컴퓨터를 켜는 아이들은 방해꾼 같았다. 아이들은 본능적으로 즐겁게 차린 밥상과 시간에 맞춰 의무적으로 차린 밥상을 구별해 낸다. 몸은 집에 있지만 회사 일을 할 때보다 더 얼이 빠진 엄마를 금방 알아챈다. 이제는 좀 컸으려니 싶어 방심한 탓도 있다 변명도 해 본다. 하지만 이러다간 어느 날 고사리손으로 책가방을 빼앗겠다고 나설지도 모르겠다는 생각이 설핏 머리를 스친다. 그렇게 아이들이 커서 어른이 되면 나를 머리에 되새기며 자기 아이들에게 열성적인 엄마, 좋은 엄마가 되려 할지도 모른다. 인생은 아이러니다.

연산군이 처음부터 폭군이었던 것은 아니라고 한다. 명민한 왕이었으나 아버지인 성종이 대관들에게 시달리는 모습을 보고 자라면서 강력한 전제군주를 꿈꾸다 폭군의 말로를 걸었다. 그 뒤를 이은 중종은 그토록 강력했던 연산군이 신하들에 의해 끌어내려지는 것을 보고 신하들을 경계하며 여러 차례 사화와 옥사를 일으켰다. 조선왕조실록 만화가 박시백은 이를 두고 경험을 활용하지 못하고 경험에 사로잡혔다고 평했다.

몇백 년 전 그들이 거울이 되어 내 모습을 비춘다. 거울 속 나는 친정엄마의 반대 방향으로 질주하고 있었다. 자식과 내 삶을 별도로 보는 시각이 바람직하다는 방패를 앞세워 내 삶, 내 인생에만 너무 몰입하고 있었다. 작은아이가 나를 일깨웠다. 찬물에 손 담가 솔로 박박 문지르며 씻어 대던 필통의 땟물이 내가 버리고 싶은 의식의 땟물이었으면 좋겠다. 이번 주말에는 가방이랑 실내화도 깨끗이 빨아 주고, 오늘 오후에는 애들이 좋아하는 떡볶이라도 간식으로 만들어야겠다. 집에 들어서며 뜻밖의 간식에 즐거워할 아이들 표정을 생각하니 입가에 미소가 어린다. 무거웠던 마음이 한결 가벼워진다. 내친김에 친정에 전화라도 한 통 걸어 볼까?

이 글에서처럼 따로따로 떨어져 있던 것들이 딱! 하고 맞아떨어질 때의 기분은 최고다. 바로 이 맛 때문에 글을 쓴다고 해도 과언이 아니다. 나는 글을 쓰기 시작하면서 이런 경험을 숱하게 했다. 그런 통찰이 반드시 대단할 필요는 없다. 어디에선가 황홀한 일출을 본 적이 있다. 얇은 구름장이 몇 개 떠 있었는데, 해가 솟아오르며 먹구름의 안쪽으로부터 쏘아 주는 황금색 빛살이 장관이었다. 붉고 노란가 하면 주황색으로 섞여 들며 네온사인처럼 현란하게 변하는 아침노을은 구름의 가장자리에서 가장 아름다웠다. 아침 햇살을 받아 되쏘아 주는 구름이 없이는 이런 경관이 연출되지 않았을 거라고 생각하니, 우리 삶에서 역경이 차지하는 역할이 단번에 이해되었다. 역경을 겪지 않고는 감사하는 마음을 배울 수 없고, 자기 안에 어떤 자원이 있는지도 잘 알 수가 없다. 어려운 일을 해결해 가는 과정에서 평소에 쓰지 않던 근육을 쓰면서 성장하고 삶의 진면목을 이해하게 되니 역경이야말로 삶을 완성하는 필수적인 장치였던 것이다. 그토록 찬란하던 아침노을은 오래가지 않았다. 이내 강렬한 붉은 빛이 사라지고 평범한 은색으로 변한 해를 바라보자니, 또 다른 생각이 피어올랐다. 인생의 정점은 저 아침노을만큼이나 짧다, 몇 번 안 되는 정점 사이에 있는 것은 지치도록 반복되는 일상이다, 우리는 자주 불타는 절정의 순간을 기대하지만 어쩌면 그 밋밋해 보이는 일상이 진짜 삶인지도 모른다 등의 생각들이⋯.

이처럼 글을 쓰는 일은 통찰력을 날카롭게 벼려 주어 사물의 이면을 보게 해 준다. 글쓰기의 위력은 한두 가지가 아니지만, 그중에서도 생각이 깊어지는 듯한 이 느낌이 제일 좋다. 일상에서 발견한 작은 깨달음은 한 편의 글로 전환되어 또 다른 성취감으로 변주되고, 이런 희열을 느낄 때마다 나는 더욱 커진다. 좋은 글을 쓰고 싶다는 욕구가 점점 강렬해져 공부도 더 열심히 하게 되고, 종이 책뿐만 아니라 사람 책에도 점점 내공이 깊어진다. 삶-공부-글이라는 연결고리가 살아가는 재미와 힘을 더해 준다. 내 안에 내가 원하는 삶을 살 수 있는 자원이 모두 들어 있다는 확신을 갖게 되어 담대해진다. 어떤 경험도 필요 없는 것은 없으며, 어떤 시련에서도 배울 것이 있다는 것을 알게 되면 내게 오는 것은 모조리 받아들일 수 있는 절대 긍정이 생기는 것이다. 보다 극단적인 상황을 극복한 사람들도 시작은 이와 같지 않았을까?

고난을 뛰어넘어, 아니 오히려 고난을 토양 삼아 보통 사람이 갈 수 없는 경지에 도달한 분들이 있다. 신영복 선생, 빅터 프랭클, 왕멍 같은 분들이다. 20년이라는 긴 세월의 부당한 감옥살이, 가족을 모두 잃은 참혹한 수용소 생활, 16년간의 유배 생활이라는 혹독한 시련을 거치면서도 좌절하지 않고, 미치거나 자살하지 않고 살아남았다. 살아남았을 뿐만 아니라 고난의 시기에 더욱 공부에 심취하고 새로운 이론을 주장함으로써 인간의 사고를 확장시켜 주었다.

그들은 어떻게 그런 극단적 상황에서도 자신만의 세계에 침잠하여 난관을 극복할 수 있었을까? 나는 그것이 언어라고 하는 상징체계에 통달하여 자유자재로 갖고 놀 수 있었기 때문이라고 생각한다. 그들은 자신의 내면에 현실세계가 좌지우지할 수 없는, 완벽하게 독립된 추상적 세계를 갖고 있어 역경에 처했을 때 이곳으로 들어가 쉬기도 하고 힘을 얻을 수도 있었다. '언어' 세계만이 이런 일을 가능하게 한다고 생각하지는 않는다. '수학'이나 '과학'에 상당한 식견을 가지고 있는 사람들도 현실로부터 일정한 거리를 두고 자기 세계에 탐닉할 수 있을 것이다. 그러나 감옥이나 수용소 같은 극단적 상황에서 가장 유용한 것은 역시 언어일 것이라는 생각이 든다. 수학이나 과학이 가치중립적인 데 비해 언어는 적극적으로 가치를 선도하고 만들어 가는 중심 역할을 하기 때문이다. 이런 상황에서 수학이나 과학이 희망과 의지의 거점이 되려면 반드시 언어의 호위와 리드를 받았어야 하리라. 인간 경험의 한계를 온몸으로 밀고 나가 그들이 도달한 사색의 깊이와 인생의 경지는 책으로 남아 후진들에게 경각심을 불러일으키고 있다. 그분들은 존재만으로도 삶의 의미를 밝혀 주는 등불이요 시금석이지만, 우리처럼 보통 사람들도 작은 깨달음을 통해 삶을 밝힐 수 있다.

스토리텔링, 뉴스까지 점령하다

최수묵의 〈기막힌 이야기 기막힌 글쓰기〉는 기사에까지 파고든 스토리텔링에 대한 책이다. 전 세계에서 일어나는 사건들이 실시간으로 업데이트되는 인터넷 시대에 하루에 한 번 발행되는 일간지에서 사실 위주의 보도를 하는 것은 큰 의미가 없다. 영상을 직접 전달하는 텔레비전이나 인터넷과 경쟁하기 위해 고유 영역인 문자에 더욱 깊이 의존해야 할 필요도 강화되었다. 생각해 보라! 영화보다 더 영화 같은 9·11 테러 사건 동영상이 수없이 재생된 다음 날 신문에서 다시 한 번 객관적인 사실을 되풀이하는 것이 무슨 의미가 있겠는가. 신문은 전통적인 육하원칙에 의거한 기사체를 버리고 '사람'을 보여주기 시작했다. 기사에 스토리텔링을 첨부한 내러티브가 자리 잡기 시작한 것이다. 이 책에 소개된 내러티브 기사를 보면 기사가 아니라 에세이나 단편소설에 가깝다는 느낌을 받게 된다.

34세 브루스 머레이의 가슴에서 17세 소년의 건강한 심장이 박동하기 시작했다. 4시간에 걸쳐 이식된 생명의 선물이다. 의사는 수술이 순조롭게 이뤄졌다고 말했다. 팔딱거리던 그것은 곧 머레이의 심장이 되었다.

이 기사는 한 심장이식 사건을 다룬 기사의 첫머리다. 모월모일처럼 의미 없는 숫자나 무슨 병원처럼 낯선 장소가 아니라, '왜 소년의 심장이 나이 많은 아저씨에게 이식되었을까?' 궁금증을 유발하며 주제를 강조했다. 숫자나 형식이 아니라 사람을 전면에 내세운 것이다.

조니워커 블루 5백 병, 고급 샴페인 2천 병, 바닷가재 8천 마리, 캐비아 4천 명분, 페레로 로쉐 초콜릿 8천 박스…. 29년째 권좌를 지키고 있는 짐바브웨의 로버트 무가베 대통령이 21일, 85세 생일에 준비하는 잔칫상 음식 목록이다.

이 기사도 마찬가지다. 장기 집권하는 대통령의 생일 파티 음식 목록을 나열함으로써 많은 것을 말해 준다. 정보가 아닌 사람을 보여 주어라! 개념이 아닌 말과 행동을 보여 주어라! 이 책에 나오는 내러티브 기사 수칙에 내가 빨려 든 것은 두 가지 사실 때문이다. 첫째, 공감을 얻기 위한 보여 주는 글쓰기가 객관성이 최고로 요구되는 신문 기사까지 점령했다는 사실이 감격스러웠다. 숱하게 접한 '설명하지 말고 보여 주라'는 글쓰기의 대원칙을 머리로만 이해해 오다가 김연수의 '30초 창작론'을 접하면서 탁! 하고 스위치가 켜지는 기분이 들었었는데, 거기에 꽃까지 피워 준 기분이었다. 아마 그동안의 섭렵이 임계점에 도달한 시점이었으리라. 초보 저자이자 글쓰기 강사로서 무엇에 가장 역점을 두어야 하는지가 명확해져 날아갈 듯이 기분이 좋았다. 보여 주는 글쓰기는 글쓰기의 요체요, 도저히 거부할 수 없는 추세인 것이다. 혹시 아직도 개념과 이론으로 점철된 글을 쓰고 있는 사람이 있다면 하루속히 방향을 수정해야 할 것이다. 내가 무엇 때문에 아프고 힘든지, 이만하면 되었다고 생각하면서도 왜 그렇게 자주 헛헛한지, 그럴 때 누구를 만나 무엇을 하면서 극복하는지를 보여 주어야 한다. 그럼으로써 독자가 끼어들 여지를 주어야 한다. '나'를 보여 주지 않고는 공감을 이끌어 낼 수가 없다.

둘째, 내러티브 기사가 글쓰기 연습의 훌륭한 도구가 될 수 있겠다는 생각이 들었다. 글쓰기 워크숍을 할 때도 이론으로 설명하는 것보다 눈으로 보고 가슴으로 느끼는 아이템이 중요한데, 내러티브 기사가 적격일 것 같았다. 실험 정신이 강한 나는 득달같이 수강생들과 내러티브 기사 쓰기를 시도해 보았다. 연기자가 드라마를 마친 후에도 감정 이입된 캐릭터에서 빠져나오지 못해 정신과 상담을 받고 있다는 뉴스를 채택해 15분간 기사 쓰기를 했는데 결과물이 정말 다양했다. 그 장면에 있는 것처럼 현장감을 살리고 그러기 위해서 대화체도 많이 사용하라고 강조했는데도 여전히 설명하는 투로 일관한 사람도 있었고, 현장성은 살렸는데 설명과 혼용한 사람도 있었고, 대화는 없어도 깔끔하게 스토리텔링에 성공한 사람도 있었다. 물론 완벽하게 내 주문을 소화한 사람도 있었다. 돌아가며 자기 글을 읽는 것은 최고의 공부가 되어 주었다. 내가 깜빡 놓친 것을 잘 살린 글에 대한 감탄과 내게 부족한 것을 정확하게 인지하는 순간이 길게 늘어놓는 강의보다 몇 배의 효과가 있었다고 자부한다.

나는 신이 나서 내러티브 기사 쓰기를 자주 활용했는데, 한 수강생에게서 모범 답안이 나와 더 신이 났다. 그는 이 글을 쓰기 위해 김연아의 경기 동영상을 열 번 정도 보았다고 한다. 그리고 그 자리에 있는 것처럼 생생한 시점을 확보하기 위해 '크리스틴'이라는 자원봉사자를 탄생시켰다. 전문가의 글이라고 해도 믿을 정도로 매끄러운 글을 보고 깜짝 놀랐다. 그는 마음먹고 글을 써 보지는 않았어도 10년간 일기를 써 왔다고 했다. 이처럼 뛰어난 과제 글을 받아 보면 기분이 좋은 것은 물론이고 내가 글을 쓰는 데도 자극이 된다. 동영상을 열 번이나 보며 심혈을 기울여 글을 쓰는 과정이 만족스러웠는지, 그도 색다른 경험을 할 수 있었던 데 대해 고마워했다. 다시 한 번 생각해 보면 이제껏 나왔던 사생글, 설명 묘사, 내러티브 기사가 모두 같은 말이라는 것을 알게 될 것이다. 나 자신이든 제3자이든 누군가의 내면을 보여 주기 위해 마음을 짐작하지 말고 말과 행동을 보여 주라. 마음이란 눈에 보이는 것이 아니라 관념적, 추상적이 될 수밖에 없지만 말과 행동은 분명하게 그 사람의 됨됨이를 보여 주기 때문이다. 프랑스 작가 미셸 투르니에도 '외면일기'를 강조했다. 내면이 아닌 외부에 보이는 것을 매일 조금씩 꾸준히 기록하면 빠른 속도로 글솜씨가 발전할 것이라고 했다. 이호철 선생이 아이들에게 사생글 쓰기를 집중 훈련시킨 이유도 바로 이것일 것이다. 내가 감탄한 김희수 씨의 과제 글을 읽어 보자. 이 글에서 글쓴이의 주관이 들어간 곳은 단 한 군데에 불과하다.

피겨 여왕, 하늘을 날다

열두 살 크리스틴은 안도 미키의 프리 스케이트 경기가 끝나기를 기다렸다가 힘차게 발을 굴러 빙판으로 미끄러져 들어갔다. 관객들의 열광적인 박수와 환호 속에 팬들이 던진 꽃다발과 인형을 하나라도 놓칠세라 주시하며 경기장을 돌고는 자신의 대기석으로 돌아왔다. 오늘로 이틀째, 그녀는 어제부터 밴쿠버 동계올림픽 여자 피겨 경기의 보조요원으로 활동하고 있다. 이제 조금 있으면 그녀가 가장 좋아하는 한국에서 온 김연아 선수의 프리 스케이트 경기가 시작된다. 사실 그녀는 이 순간을 가장 가까이서 보기 위해 자원봉사자로 지원했다.

경기장 한가운데 천장에 떠 있는 4면 전광판으로 안도 미키 선수의 기록이 발표되었다. 어제 있었던 쇼트 프로그램의 점수와 합산하여 총점 188.86점, 지금까지 경기를 마친 선수 중에 1위로 올라서면서 관객들의 환호성이 일순 커졌다가 잦아져 갈 즈음 드디어 김연아 선수가 경기장에 모습을 드러냈다.

그녀는 천천히 링크를 한 바퀴 돌면서 긴장을 푸는 동작을 한 후 경기장 한가운데서 자신의 경기를 시작하기 위한 자세를 취했다. 조지 거슈인 피아노 협주곡 F장조의 장중한 음률에 맞춰 양 어깨를 돌리며 왼쪽으로 회전한 그녀는 이내 자신의 첫 점프를 향해 달려갔다. 트리플 러즈-트리플 토룹 콤비네이션, 오른발 끝으로 빙판을 찍고 공중으로 도약하여 3회전을 하는 고난도의 점프를 두 번 연속해서 소화해 내는 순간, 관객들에게서 "아!"하고 숨죽인 탄사가 터져 나왔다. 이 순간 관객들은 이미 그녀가 풀어 놓는 마법에 걸려 빠져들어 가고 있었다. 이어 상체를 뒤로 눕히며 미끄러지는 이나바우어와 플립을 깔끔하게 연기해 내고는 앞발을 차며 뛰어오르는 더블 악셀을 한 치의 오차 없이 성공시켰다. 여느 선수라면 엄두도 내기 힘든 구성을 그녀는 아무렇지도 않은 듯이 자연스럽게 소화해 내고 있었다.

그녀의 스케이팅 속도는 다른 선수들의 그것을 완전히 뛰어넘어 있었다. 다른 선수들에게서 보이는 점프 전의 머뭇거림이 전혀 없이 놀라운 속도로 은반을 가로지르고 있었다. 그녀는 동계올림픽이 열리기 한 달 전 발목 부상을 입었다고 한다. 하지만 이를 내색하지 않고 묵묵히 자신의 훈련 일정을 소화해 냈으며, 오늘 이렇게 경쟁자들을 압도하는 경기를 해내고 있는 것이다.

힘찬 더블 악셀에 이어 깜찍한 동작의 더블 토룹과 부드러운 스핀, 그리고 보는 사람들의 긴장을 스르르 풀어 주는 아름답고 우아한 스파이럴이 이어졌다. 미지의 무언가를 동경하며 바라보는 듯한 소녀의 눈빛으로 정면을 바라본 후 오른쪽으로 방향을 틀면서 살짝 고개를 들어 주는 순간 관객들과 그녀는 완전히 사랑에 빠진 듯했다. 엄청난 훈련량으로 다져진 그녀의 튼튼한 하체는 다른 선수들보다 2~3초는 더 긴 스파이럴 시퀀스를 가능하게 했고, 그 우아한 모습을 이렇게 가까이에서 바라볼 수 있는 것에 크리스틴은 마냥 행복했다.

경기는 이제 막바지로 달려 경쾌한 스텝 시퀀스를 지나 다리를 하늘로 쭉 뻗어 회전하는 마지막 스핀까지 그녀는 완벽한 마무리를 해냈다. 감격에 겨운 듯 그녀는 힘차게 두 주먹을 쥐며 마침내 해냈다는 듯한 표정을 지었다. 이어 두 볼을 타고 흐르는 눈물은 그녀를 더욱 빛나 보이게 하고 있었다. 그 모습을 넋을 잃고 쳐다보던 크리스틴은 '아차' 하고 정신을 차리면서 빙판으로 달려 들어갔다. 쏟아지는 꽃다발과 인형들을 수거하면서도 '유나 킴'을 연호하며 기립 박수를 치는 관객들의 엄청난 기운을 느낄 수 있었다.

브라이언 오서 코치와 감격의 포옹을 하며 자리에 앉은 김연아 선수. 기술 점수 78.30, 구성 점수 71.76, 총점 150.06. 놀라운 점수였다. 전날 쇼트 프로그램 78.50에 이은 또 하나의 세계 신기록. 전광판을 주시하던 김연아는 벌어진 입을 손으로 가리고 깜짝 놀란 표정을 감추지 못했다. 이틀 연속 세계 신기록을 수립하며 총점 228.56의 전대미문의 점수를 기록하였다. 웬만한 남자 선수를 능가하는 대기록을 수립한 것이다. 아직 아사다 마오의 경기가 남아 있지만, 마치 금메달이 확정된 것처럼 사람들은 흥분을 감추지 못했다.

글쓰기의 공중부양
이외수

　수많은 글쓰기 책 가운데 이외수의 〈글쓰기의 공중부양〉은 완연히 달 랐다. 자신이 문장을 만드는 방법을 해부하여 공식화했다고 할까. 이런 식의 접근은 처음 보는 것이라 아주 참신하면서도 유용했다. 어떤 수강 생은 이처럼 분명한 문장론은 처음이라며 반색했다. 문장의 요소를 해 부한 뒤 다시 퍼즐처럼 맞추는 방식이 아주 마음에 든다고 했다. 그의 직업이 IT 프로그래머인 것과 연결되어 고개가 끄덕여졌는데 이 책은 나의 문과적 기질에도 제대로 파고들었다. 저자가 하라는 대로 따라 하 다 보니 몇십 년 베스트셀러 작가의 '영업 비밀'을 알 것 같았다.

　그는 대뜸 단어에는 '생어生語'와 '사어死語'가 있다며 생어를 수집하는 습관을 들이라고 한다. 생어는 우리의 오감을 자극시키는 단어로서 글 에 신선감과 생명력을 불어넣는다. 절망, 눈에 보이는가? 허무, 귀에 들 리는가? 총명, 냄새가 맡아지는가? 지혜, 질감이 느껴지는가? 포부, 맛 이 느껴지는가? 이 같은 한자어, 관념어는 '사어'다. 될 수 있는 있는 한 사어를 사용하지 말고, '달빛, 무지개, 주름살'처럼 시각적인 단어, '천둥, 재채기, 호루라기'처럼 청각적인 단어, '솜, 펄, 사포'처럼 촉각적인 단어 를 많이 사용하면, 훨씬 생생하고 살아 있는 문장을 만들 수 있다는 것이다.

그다음엔 수집한 생어의 속성을 찾아내고, 다시 그것을 가지고 의인화해 보라고 한다. '불'을 예로 들자면 속성은 뜨겁다, 어둠을 밝힌다, 대개 붉은색이다, 사물을 태운다, 따뜻하다 등이고, 이것을 염두에 둔 의인화는 성난 불은 잔인하다, 격정적인 불이 나를 덮친다, 불은 바람의 친구다, 숯덩이가 눈을 부라리고 있다 등으로 발전시킬 수 있다. 이제부터가 신 난다. 서로 대비되는 두 가지 사물을 등장시켜 대화를 시키는 것이다. 앞서 했던 속성 찾기와 의인화가 순식간에 업그레이드되는 기분이다. 자, 누구와 누구의 대화인지 알아맞혀 보라.

"바다도 모르는 놈, 비만과 당뇨의 앞잡이.
애들 이빨이나 썩게 만드는 놈."

"우쒸, 너 개미 모아 본 적 있어?"

설탕과 소금이다. 이 부분을 읽으며 흥분했다. 그저 몇 가지 단계를 밟았을 뿐인데, 동화작가의 시선을 갖게 된 기분이었다. 이런 식으로 연습하면 아무리 사소한 미물도 그냥 지나칠 것이 없겠구나 싶었다. 숟가락과 젓가락이 서로 잘난 척을 하고, 여름과 겨울이 서로를 부러워하며, 팔과 다리가 다투는 소리를 들을 수 있을 것 같았다. 천지만물이 말을 걸어 와 그걸 받아 적느라 정신이 없고, 나의 세계는 무한대로 넓어질지도 몰랐다. 아하, 박경리 선생이 돌멩이 하나를 두고도 장편소설을 지을 수 있다고 한 것이 바로 이런 차원이었구나.

그의 해부학적 문장론은 계속된다. 요즘 '트위터계의 대부'가 되어 결코 녹슬지 않는 감각을 자랑하는 이외수다운 방법론이다. '오전, 새벽, 꼭두새벽, 동틀 무렵, 자정…'처럼 시간성을 나타내는 단어와 '집, 마을, 주방, 원두막, 수목원…'처럼 공간성을 나타내는 단어를 적어 보라더니, 기상천외하게도 모든 시공간에 개를 대입시켜 사유해 보란다. 가령 '한밤중 산속을 헤매는 개', 이런 식이다. 그러더니 이어 질문을 던진다. 그중 행복한 개는 어떤 시공간에 있는 개이며, 나와 가장 닮은 개는 또 어떤 시공간에 있는 개일까? 이렇게 하면 세상에 존재하는 모든 사물에 적절한 시간성, 공간성을 부여해서 우리 감정을 대변하게 할 수 있다. '환희'는 '봄날 운동회에서 펄럭거리는 만국기'요, '희망'은 '뙤약볕 속에서도 서로 손을 잡고 담벼락을 파랗게 덮어 가는 담쟁이'다. 순식간에 '생어'에서 '묘사'로 넘어가는 그의 비법에 감탄이 절로 나온다. 그리움, 외로움, 아름다움처럼 추상적인 단어에 물성을 입혀, 독자로 하여금 확실하게 감정 이입이 되는 글을 쓰라! 이것이야말로 '설명하지 말고 보여주라'의 진수가 아닐까.

글을 쓰다 보면, 어떻게 하면 내 생각을 좀 더 정확하게 전달할 수 있을까 하는 생각에, 이 자리에 가장 정확한 표현은 무엇일까 하는 마음에 자꾸 손길이 멈출 때가 있다. 이럴 때 읽으면 많은 것을 얻을 수 있는 책이다. 우리의 문장을 '서술'에서 '표현'으로 이동시켜 주면서, 동시에 책 읽는 수준도 일거에 향상시켜 준다. 이제껏 건너뛰기 일쑤였던 소설 속의 묘사가 눈에 들어오기 시작할 것이니 말이다. 인풋의 질이 달라진다면 아웃풋 또한 달라지는 것은 시간문제일 터, 한 줄의 문장에 고심하는 그대에게 이 책을 권한다.

글쓰기 생각쓰기

윌리엄 진서

　글쓰기에 대한 책이 이렇게 재미있어도 되는 건가? 나는 킬킬 웃으며 정신없이 빠져들어 이 책을 읽었다. 이 책은 내가 글쓰기에 대해 갖고 있던 고민을 일시에 해결해 주었다. 글쓰기를 시작한 지 2년쯤 되었을 때였다. 연애로 치면 막 콩깍지가 벗어질 무렵이라고 할까. 아무것도 모르고 속내를 풀어내기에 바쁘다가 이런저런 생각이 들던 때였다. 나 혼자 좋자고 이렇게 줄곧 내 얘기만 해도 되는 걸까? 어떻게, 어느 정도로 읽는 사람을 생각해 줘야 하는 거지? 여기에 대한 윌리엄 진서의 대답은 이랬다.

　　"누구를 위해 쓰는가? 근본적인 문제인 만큼 근본적인 답이 있다. 자신을 위해 쓴다. 엄청난 수의 청중을 머릿속에 그리지 말자. 그런 청중은 없다. 독자들은 모두 서로 다른 사람이다. 편집자들이 어떤 종류의 글을 출판하고 싶어 할지 사람들이 어떤 글을 읽고 싶어 할지는 생각하지 말자. 편집자와 독자는 막상 글을 읽을 때까지 자신들이 무엇을 읽고 싶은지 모른다. 게다가 그들은 언제나 새로운 것을 찾고 있다."

　일관된 톤에 대한 대답도 얻었다. 누구나 그렇듯이 나도 다분히 복합적이다. 이치를 따져 말하는 것에 습관이 되어 있지만 직관적인 것도 좋아한다. 나를 드러내고 싶기도 하고 감추고 싶기도 하다. 자연스러운 글쓰기와 읽는 사람에게 유익을 주어야 한다는 강박관념 사이에서 조금씩 글쓰기가 불편해지고 있었다. 여기에 대한 그의 대답은 이것이다.

"글을 시작하기 전에 스스로 기본적인 질문을 몇 가지 던져 보자. 예를 들면 이런 식이다. 어떤 자격으로 이야기할 것인가? 보고자? 정보 제공자? 보통 사람? 어떤 시점과 시제를 사용할 것인가? 어떤 문체로 쓸 것인가? 비개인적인 기록 문체로? 사적이면서도 격식 있게? 사적이면서도 자유롭게? 소재에 대해 어떤 태도를 취할 것인가? 깊이 개입해서? 한발 물러서서? 비판적으로? 비꼬듯이? 즐겁게? 어느 정도로 다룰 것인가? 어떤 점을 강조할 것인가?"

이런 식으로 그는 내 의문을 모조리 풀어 주었다. 군더더기 하나 없는 문장과 적절하기 그지없는 인용으로 품격과 유머를 가지고 정곡을 찔러 대는 통에 전율과 한기가 동시에 흘렀다. 무릇 이런 것이 글일 텐데, 그렇다면 그 많은 책들은 왜 그렇게 돌아가고, 폼을 잡고, 말만 많단 말인가! 진짜 감명 깊었던 부분은 아직 나오지도 않았다. 나는 이 책을 통해 평생 안고 갈 최고의 지침 두 가지를 얻었다. 첫째, '글 하나에 한 가지 생각'만을 넣으라는 것이다. 너무 큰 주제에 대해 쓰기 시작하면 갈수록 힘이 들고 쓸수록 공허하다. 될 수 있으면 작게, 내가 아는 범위에서 시작하는 것도 중요한 요령인데 그는 이것을 이렇게 맛깔스럽게 표현한다.

"좋은 글은 하나같이 독자에게 한 번도 해 보지 못했던 흥미진진

한 생각 하나를 던진다. 두 가지나 다섯 가지가 아니라 단 하나의 생
각이다."

이렇게 간단하고 분명한 지침을 모르는 사람이 의외로 많다. 아직 생
각으로 영글지 못한 상념의 초입에서 뱅뱅 맴만 도는 수도 많고, 한 편
의 글에 너무 많은 생각의 갈래를 집어넣기도 한다. 글의 초점은 안중에
도 없이 무언가 말할 듯 말 듯 폼만 잡다 말기도 한다. 나는 이 글에서
무슨 말을 하고자 하는가로 시작해서 과연 나는 할 말을 다 했는가를
짚어 보며 끝낸다면 결정적인 실수는 피해 갈 수 있을 것이다.

저자가 말하는 좋은 글의 요건은 '명료함'과 '인간적인 온기'다. 이 책
만큼 명료한 글은 처음이다. 저자는 자신의 주장에 충실한 예문을 보인
셈이다. 쉽게 읽히지만 쉽게 쓰인 글은 아닐 것이다. 저자가 동원한 예문
만 보아도 그것을 알 수 있다. 그는 장황한 글과 명료한 글의 예문을 보
여 주기 위해, 성경과 역대 대통령의 연설문, 인류학 보고서와 요리 실습
기를 망라하고 있다. 글은 소통을 지향하니 무슨 말을 썼는지 모르겠는
글은 최악의 글이다. 내가 하고 싶은 말을 분명히 드러내기 위해 글쓰
기 지침들이 존재한다. 명료함은 여타의 가치들이 졸병처럼 도열하여 우
러러봐야 하는 최고의 가치인 것이다. 명료함은 이처럼 중요한 것이지만
너무나 기본적이고 당연한 것이라 내 마음의 경전 제1조로 간직하기에
는 살짝 서운하다. 최후의 비밀문서는 '인간적인 온기', 이 부분에 숨어
있다.

인간적인 온기가 담긴 글을 다른 말로 하면 글 쓴 사람이 드러나는
글이라고 할 수 있다. 사람들은 진실한 목소리를 듣고 싶어 한다. 거짓

인지, 덜 영글었는지, 거리감을 두고 썼는지 글에 다 나타난다. 그런데도 많은 사람들이 자신을 드러내기를 힘들어하여, 남의 이야기나 이론 뒤에 숨어 살짝 돌려서 표현하거나 눈치를 보거나 위장하곤 한다. 그 주제를 다룰 수 있는 사람은 많지만, 이런 접근과 구성 아래 이런 사례와 표현을 구사하는 사람은 오직 나뿐이다. 우리가 글을 쓰면서 고심해야 할 것은 얼마나 내 감정에 솔직했는지, 그것을 정확하게 표현할 수 있었는지 그뿐인 것이다. '너 자신이 되어라!' 우리가 평생을 두고 탐구해야 할 이 경지는 글쓰기에서도 우선적으로 요구되는 원칙이다. 이것을 윌리엄 진서는 이렇게 멋진 문장으로 정리해 주었다.

"궁극적으로 글 쓰는 이가 팔아야 하는 것은 글의 주제가 아니라 자기 자신이다."

이 문장을 접했을 때 길고 어두운 터널을 지나 눈앞이 훤해지는 기분이었다. 이제껏 내가 저자들에게 느꼈던 매력을 생각하니 소름 끼치게 맞는 말이었다. 좋은 글을 쓰기 위해서는 보여 줄 것이 많은 사람, 남들이 보고 싶어 하는 사람이 되어야겠구나 마음이 다잡아졌다. 이 문장은 글쓰기 원칙을 넘어 좋은 삶을 살게 하는 엄정한 지침이 되었다. 이 책은 30여 년 전 미국에서 출간된 이래 꾸준한 베스트셀러로 자리 잡은, 선배 기자가 후배 기자에게 선물하는 책으로도 유명하다. 나는 이 책에서 글쓰기에 대한 의문점을 다 풀 수 있었는데, 그대에겐 어떨지 한번 읽어 보기 바란다.

주제를 가지고 쓰기

2008년도에 처음 블로그를 하게 되었다. 블로깅에 재미를 느껴 매일 글을 올리다 보니 한 가지 주제로 연재를 하면 재미있겠다 싶었다. 마침 인생 2막을 맞이하여 어떻게 살아갈까 궁리가 많던 차라 '한명석의 Second Life'라는 제목으로 연재물을 올리기 시작했다. 제목을 붙이고 연재를 하다 보니 글쓰기가 훨씬 재미있었다. 차곡차곡 쌓이는 번호에 성취감이 생겨, 한 편이라도 더 쓰고 싶어서 부지런을 떨게 되었다. 그때 쓴 글들은 나의 첫 책 〈늦지 않았다〉의 모태가 되었다. 90편까지 썼을 때 출간 계약이 되었는데 짧긴 해도 씨앗 글을 많이 써 두었기에 별로 겁이 나지 않았다.

그때의 경험은 두 번째 책을 쓰는 데도 도움이 되었다. 2009년 말에 첫 책이 나오자마자 글쓰기 강좌를 시작했다. 전에 초중등 대상

이나마 글쓰기 교실을 한 적이 있어서 낯설지는 않았지만 잘 해낼수 있을지 많이 조심스러웠다. 나는 이 분야에 나와 있는 책들을 다 읽으리라 결심했다. 그리고 거기에 나만의 숨결을 보태어 내 강의안을 만들고 싶었다. 이런 생각을 하게 되자 자연히 글쓰기로 블로깅계획이 잡혔다. 이번에는 '한명석의 Writingsutra'라는 제목으로 연재를 시작했다. 'sutra'는 산스크리트어로 경전이라는 뜻이다. 그러니까 '글쓰기 경전'이라는 의미로 조어를 한 셈이다. 처음에는 막막하기만했다. 글쓰기의 장인들이 좀 많은가! 이 유서 깊은 분야에서 내 목소리를 낼 수 있을지 확신이 서질 않았다. 그래도 한 번 경험해 보았기에 방향은 뚜렷했다. 무조건 관련 도서를 읽으며 씨앗 글을 써 나가기 시작한 것이다. 그렇게 50여 권을 읽다 보니 저자들이 하는 말들이 서로 일맥상통하며 하나의 흐름을 이루기 시작했다. 거대하고 막막하게만 여겨지던 '글쓰기'라는 영역에 내가 비집고 들어갈 틈새가보이고 갈수록 글쓰기가 재미있어지더니 출간 계약이 되었다. 40편까지 연재했을 때였다. 나는 이제 어느 정도 글쓰기에 익숙해진 사람에게는 주제를 잡고 글을 쓰라고 권한다. 일기처럼 사적이거나 주제를 좁히기 위한 사전 단계에서 쓰는 글이 아니라면 반드시 주제를잡고 쓸 필요가 있다. 그 이유는 얼마든지 댈 수 있다.

왜 글을 쓰는가? 여기 이런 생각을 하는 '나'라는 사람이 있다는것을 증명하고 싶어서 쓰는 것이 아닌가? 글쓰기는 존재 증명과 소통을 겸한 유서 깊은 도구다. 보다 많은 사람들에게 접속할 수 있다면 서로 의기투합할 수 있는 사람들을 만날 확률도 높아질 것이다.

그런데 매번 다른 관심사를 가지고 글을 쓴다면 그대라는 고유한 목소리를 높일 수 있겠는가? 수많은 자극이 범람하는 현대사회에서 이것저것 건드리며 관심을 표명하는 것으로는 입지를 다질 수 없다. 그야말로 '한 놈만 패야' 하는 것이다.

주제를 갖고 글을 쓰는 것은 스스로 배우고 성장하겠다는 의지의 표현이기도 하다. 일과성의 관심을 가지고 쓴 신변 잡담으로는 성숙할 수 없다. 한 분야의 전문적인 지식으로 깊어질 수도 없다. 당연히 책도 쓸 수 없을 것이고 막강한 기회를 놓치게 될 것이다. 아무리 문장력이 좋다 한들 한 가지 주제로 집약되지 않은 글은 쓰일 곳이 없다. 일시적인 자기만족일 뿐 가닿을 곳이 없다. 문장이 아니라 맥락이다. 한 분야에 대해 차곡차곡 쌓인 관심과 탐구, 경험과 해석이 문장력보다 더 중요하다.

피터 드러커가 3년마다 주제를 바꿔 가며 공부했듯 나도 같은 꿈에 부풀어 있다. 앞으로 꾸준히 책을 쓸 생각인데, 책 한 권을 쓰려면 그 분야의 책을 50~100권은 읽어야 한다. 한 가지 주제에 대해 집중 탐구하고 그 결과를 한 권의 책으로 정리한 후, 자유롭게 그다음 관심사로 넘어간다! 내 관심이 어디로 뻗어 갈지는 나도 모른다. 직관적이고 우연한 만남에서 신명이 나온다. 내게 와서 꽂힌 주제들은 서로 달라 보여도 일관된 흐름을 갖고 있을 것이다. 모두 '나'라고 하는 소우주에서 핀 꽃이기 때문이다. 굽이굽이 똬리를 틀며 흐르던 강물이 마침내 바다에 이르듯, 내가 탐구한 모든 것들이 합쳐지며 보여 줄 신천지를 생각만 해도 가슴이 뛴다. 나는 동시대를 살아가는 사람들에게 한없는 애정을 갖고 책 쓰기를 권한다. 특히 인생 중반을 넘어선 사람들에게 책을 쓴다는 것의 의미는 젊은 날 출산과 육아의 경험에 버금간다. 그만큼의 정성을 들여 그만한 환희와 의미를 얻을 수 있는 일이다. 물론 누구나 책을 쓸 수 있는 것은 아니다. 책을 쓸 수 있는 첫 번째 요건은 주제를 잡는 능력이다.

주제 잡기

책 쓰기에는 뜻이 있는데 주제를 잡기가 어렵다는 사람들이 의외로 많다. 이런 사람들은 혹시 책이 될 만한 주제가 거창하고 대단해야 한다고 생각하는 것은 아닐까? 나는 모든 책이 대단할 필요는 없다고 생각한다. 독자가 한 권의 책에서 기대하는 것은 그다지 커다란 것이 아니다. 학문적이고 철학적인 역작을 읽으려면 일단 심호흡을 한 뒤 작정하고 시작하지 않는가. 그저 조금 참신하거나 조금 재미있거나 다른 사람의 삶을 들여다볼 수 있는 것이면 된다. 그로 인해 마음이 따스해져서 '역시 인생은 살 만한 거야'라고 생각하거나, '이렇게 사는 사람도 있네' 하고 잠시 낯선 기분을 느끼는 것으로 족하다.

시인이자 일연 연구로 학위를 받은 고운기는 〈삼국유사〉 대중화에 앞장서고 있으며, 소설가 김형경은 상담 전문 작가로 불리고, 국민연금공단의 HRD 강사 안상헌은 독서와 자기계발 분야에서 확고

한 위치를 구축했다. '무엇' 하면 '누구' 하는 식으로 매치가 되고 나면 그때부터 모든 일이 술술 풀린다고 심산은 말했다. 그는 시나리오 강좌를 중심축으로 하고 산악 활동과 와인 사랑을 양대 날개로 하여 확고한 자기 영역을 구축했다. 그가 영화 속에 나오는 와인에 대해서는 누구에게도 지지 않는다고 단언하는 것처럼, 영역끼리 연결하면 더욱 부가가치가 높고 다른 사람이 범접할 수 없는 전문 분야가 생긴다. 언젠가 그의 특강을 들은 적이 있는데, '비가 내리니 커피가 마시고 싶다'는 식의 글은 백 년을 써도 소용없다, 주제가 있는 글을 써야 한다는 대목이 내게 콕 들어와 박혔다. 그의 말처럼 주제를 정하고 글을 써 나가야 언젠가 그들 같은 브랜드를 획득할 수 있다는 전망이 보인다. 물론 그렇게 되기 위한 첫걸음은 내 이름으로 된 책을 쓰는 것이다. 내가 과연 그런 일을 할 수 있을지 겁부터 내지 말자. 할 수 있다고 믿으며 첫걸음을 떼어 놓자. 도토리 속에 참나무가 들어 있듯 상위 1퍼센트에 속하는 사람들도 시작은 미미했을 것이다. 널리 회자되는 '만 시간의 법칙'처럼 10년 동안 노력해서 안 될 일은 없다고 본다. 기본적인 훈련기를 거치지도 않고 될까 안 될까 저울질로 시간을 허비하지 말자. 자신을 믿는 것이 재능이다. 그리고 사람들은 자신을 믿는 사람을 믿어 준다. 글을 잘 쓰고 싶은 그대, 어느 정도 표현력을 갖춘 그대가 할 일은 이제 주제를 갖고 쓰는 것이다.

한 가지 주제에 대해 50여 권의 책을 읽고 씨앗 글을 쓰다 보면 자신만의 목소리를 낼 수 있다. 책을 처음 쓸 때는 책 한 권을 순전히 독창적인 사실로 채워야 하는 것으로 여길 수도 있다. 책상 앞에 좌정하고 오롯이 내 안에서 언어를 길어 올리려다 잘 안되면 좌절하고 만다. 그런데 이 세상에 순수한 내 것이 어디 있는가. 다른 사람과의 상호작용과 좋은 책들에 자극을 받아 생각이 떠오르고 다듬어진다. 앞서 걸어간 사람들이 던져 놓은 질문과 해답에 힘입어 내 의견을 만들어 간다. 그러니 다른 사람들을 참고하거나 모방하는 것에 거리낄 필요가 없다. 강준만은 "포스트모던 시대의 저자란 '편집자'에 불과할 수밖에 없다"고까지 말한다. 처음부터 자신이 모든 것을 다 만들어 내겠다는 과욕에서 고통이 비롯된다는 것이다. 내가 관심을 갖고 있는 분야에 어떤 저작물이 나와 있는지 두루 살펴보고, 그것들을 내 관점으로 다시 엮거나 새로운 가치를 조금 얹을 수만 있어도 성공이다.

주제의 다양한 변주를 콘셉트라 부르자. 콘셉트는 아주 단순한 것이다. 그대가 갖고 있는 경험과 관심을 누군가에게 말해 주고 싶은 단 한 문장으로 축약해 보라. 글이 생각이듯 책도 생각이다. 글 한 편에 한 가지 생각만 넣어야 하듯 책 한 권에도 한 가지 생각이면 족하다. 나는 책을 써 본 뒤에야 이것을 알았다. 그래서 책을 간절히 쓰고 싶어 하면서도 콘셉트를 잡지 못하는 지인들을 보면 안타깝다. 그들은 책을 쓰고도 남을 지식과 경험, 문장력을 가지고 있지만 한 권 분량으로 베어 내지를 못하고 있다. 아주 작고 단순한 하나의 초점에 맞추어 콘텐츠를 정렬시키지 못하는 것이다. 책 한 권에 너무 많이 집어넣어 무겁거나, 자신의 경험의 가치를 알아보지 못하여 핵심 가치를 중심으로 재구성하지 못한다. 다시 한 번 강조한다. 그대가 하고 싶은 말을 단 한 문장으로 표현해 보라. 그것에 맞추어 콘텐츠를 사정없이 잘라 내라. 책을 '대단한 성과물'이 아닌 '좁혀진 경험'이라고 생각하라. 내가 첫 책을 써 본 뒤에야 알았듯이 누구나 경험으로 배우는 것이리라. 첫발을 떼기가 어렵지 문리를 깨치고 나면 책 쓰는 속도가 달라질 것이다. 〈퇴근 후 3시간〉의 저자 니시무라 아키라가 책을 쓰고 싶어 뜸 들이는 데 10년이 걸렸는데, 첫 책을 낸 다음 해에는 세 권을 쓰고, 그다음 해에는 일곱 권, 또 그다음 해에는 열 권을 썼다는 것이 이해가 된다.

기존에 나와 있는 책의 편집과 구성 포인트를 보며 배우는 것이 최고다. 관심을 갖고 뜯어 보면 한 권의 책에서도 배울 점이 무궁무진하다. 내가 읽은 책 중에 제일 단순한 책은 〈포스트잇 라이프〉라는 조그만 책이다. 이 책은 'Life on the refrigerator door'라는 원제에 걸맞게 바쁜 엄마와 딸이 냉장고 위의 포스트잇을 통해 소통하는 것을 옮겨 놓은 것이다. 오로지 포스트잇에 적힌 짧은 글만으로 이루어진 책이다. 딸에게 토끼를 돌볼 것을 부탁하는 등 평이하고도 잔잔한 일상이 짧은 메모 속에 펼쳐진다. 천연덕스럽게 사소한 일상을 다루던 쪽지를 통해 엄마의 유방암 발병이 알려지고, 엄마가 읽을 수 없는 마지막 메모로 이야기는 끝난다. 어찌 보면 아주 흔하고 단순한 스토리인데, 울컥 올라오는 것이 있었다. 가족과 죽음에 대해 다시 한 번 생각하게 한 책 내용은 당연히 실화일 줄 알았다. 그런데 소설이란다. 우리가 소설을 쓰고자 하는 것은 아니지만, 지극히 일반적인

경험도 들려주는 방식, 곧 콘셉트에 따라 설득력 있는 책이 될 수 있
다는 생각에 예로 들어 보았다.

로저 하우스덴의 책 〈서른, 시에서 길을 만나다〉도 눈여겨볼 만하
다. 이 책의 저자는 시인이 아니다. 영국에서 살 때는 칼럼니스트와
인터뷰어로 활동했으며, 미국에 와서는 에세이를 주로 썼다. 그런데
그가 시와 자기계발을 엮어서 쓴 'Ten poems' 시리즈는 베스트셀러
가 되었다고 한다. 이 책은 열 편의 시에 빗대어 쓴 인생 에세이다. 왜
하필 열 편이냐고? 오랜 세월 우리와 함께하는 인생의 주제는 그리
많지 않다고 한다. 그리고 그런 주제들마저 별다른 차이가 없다는
것이다. 정말 그랬다.

마침내 걸음을 옮겨야 할 때
행복에는 많은 것이 필요 없다
실패가 아름다울 수 있는 이유
짐을 내려놓으라
자기 자신의 목자가 되어라
바로 지금, 그대의 인생을 살라
육체의 기쁨을 만끽하라
살아 있는 동안 경험 속으로 뛰어들라
죽음을 끌어안고 삶을 감탄하라
사랑하라, 정말 사랑하라

이 책의 원제는 'Ten poems to change your life'다. 인생을 바꾸기 위해 아니 인생을 제대로 살기 위해 더 필요한 것이 있다면 한번 말해 보라. 정말 시 열 편으로 충분한 것이다. 그는 좋아하는 시를 체험 섞인 인생론으로 해설함으로써, '시+자기계발'이라는 틈새시장을 확보했다. 쉽고 감각적이면서도 격조 있는 글만으로도 좋았지만, 콘셉트 잡기에도 배울 점이 많다. 두 가지로 정리해 본다.

첫째, 그가 시를 사랑하고 활용하는 방식이다. 그는 시인이 아니면서도 시를 가지고 성공했다. 어딘지 추상적이고 현실과 살짝 거리가 있을 것 같은 '시'를 '자기계발'과 접목시키는 데 성공한 것이다. 이 방식이 시사하는 바는 아주 크다. 그대가 사랑하는 시와 소설, 그림과 건축, 목공과 정원 등을 가지고 대중과 만날 수 있는 길은 아주 많다. 직접 그 분야에 헌신하여 작업하는 것도 좋겠지만, 그럴 형편이 아니라면 그것을 살짝 비틀어 다른 영역과 연결시키는 것이다. 잘하면 그대는 스스로 만들어 낸 영역의 창시자로 독보적인 위치를 점할 수도 있다.

둘째, 하고 싶은 이야기를 아주 좁히라는 것이다. 책 한 권에 그대가 알고 있거나 하고 싶은 말 전부를 담는 것이 아니다. 그러면 책이 너무 무겁고 초점도 흩어지기 쉽다. 초보 저자가 시론에 대해 쓰는 것은 어렵다. 그러나 시 열 편에 대해 쓰는 것은 조금만 노력하면 할 수 있지 않을까? 그런 식으로 독자가 받아먹기 좋게 잘라 놓는 것이다. 책 쓰기는 뷔페가 아니라 일품요리와 닮았다.

매일 하는 놈은 이길 수 없다

어느 도예과 교수님이 조금 특이한 평가 방법을 제시했다. 과 학생들을 두 팀으로 나누어 A팀은 종전과 같이 완성도가 높은 정도로 평가를 하고, B팀은 순전히 작업한 양에 따라 점수를 주겠다는 것이었다. 이에 두 팀으로 나뉜 학생들은 다른 기준에 따라 과제를 준비했다. A팀은 오랜 시간 심사숙고하고 스케치를 하는 등 만반의 준비를 거쳐 심혈을 기울여 작품을 완성했다. B팀은 달랐다. 작품의 수준을 보지 않고 오직 무게로 점수를 주겠다는 언질이 있었으므로, 머리로 구상하는 시간을 줄이고 무조건 손을 놀려 빠른 속도로 작품을 만들었다. 평가 시간이 다가왔다. 당연히 교수님은 약속한 기준에 따라 점수를 주었지만 중요한 것은 그다음이었다. 순전히 학점을 떠나 진짜 거론할 만한 가치가 있는 역작이 어느 팀에서 더 많이 나왔을까? B팀이었다. 완벽을 기하기 위해 구상에 구상을 거듭하여 나온 작품보다 그때그때 떠오른 생각을 작업으로 옮긴 작품 중에서 쓸 만한 것이 훨씬 더 많이 나온 것이다.(데이비드 베일즈·테드 올랜드, 〈예술가여 무엇이 두려운가〉)

이 예화는 글쓰기에도 고스란히 적용된다. '양에서 질이 나온다' 혹은 '쓰면서 생각하라'는 메시지가 성립하는 이유는 수없이 많다. 우리는 보통 어떤 글을 읽으며 이 정도는 나도 쓸 수 있다고 생각한다. 막상 써 보면 그리 쉽지 않다. 독자로서의 눈높이와 실제 저술 능력은 다르기 때문이다. 마음 같아서는 단숨에 내달을 것 같은데 생각만큼 나와 주지 않을 때 우리는 좌절한다. 억지로 써 놓은 글이 성에 차지 않을 때, 나는 글쓰기에 소질이 없다며 멀리 치워 버린다. 아는 것과 쓰는 것도 별개의 문제다. 내 경우 감명을 받은 책의 리뷰를 쓸 때는 거칠 것이 없다. 숱한 고심과 오랜 연구 끝에 저자가 도달했을 고지를 엿보는 일은 경이롭고, 그가 안내하는 샘물을 맛보는 일은 달콤하기 그지없기 때문에 그것을 그대로 표현하면 된다. 하지만 이런 감흥들을 내 시각으로 엮어 조금 긴 글이나 책을 쓰는 일은 다르다. 나의 경험과 독서를 아우르고 새로운 가치를 더해 하나의 일관된 논지를 만들어 내는 일은 결코 쉽지 않다. 바로 이 작업이 '글쓰기'이고, 이것은 오직 글을 씀으로써만 나아질 수 있는 것이다.

무조건 쓰라

흙덩이를 주물러 무수한 형상을 만들어 보는 가운데, 질감과 양감에 대한 이해가 깊어지고 조형기술이 단련되어 마음먹은 것을 점점 더 잘 표현할 수 있는 것처럼 글쓰기도 마찬가지다. 마음에 들지 않는 글이라도 없는 것보다는 낫다. 서너 편의 글이 합해져 쓸 만한 글 한 편이 되기도 하고, 그렇지 않더라도 적어도 내가 무엇이 부족한지는 알 수 있다. 아직 여물지 않아서 야트막한 생각이나마 자꾸 굴리고 뒤집다 보면 깊은 곳에 도달하기도 한다. 계속 글을 쓰다 보면 내 눈에는 제법 봐줄 만한 글이 나오기도 한다. 이때의 희열을 맛보면 오래갈 수 있다. 이는 오직 쓰는 가운데 만날 수 있는 것이다. 그러니 쓰라, 쓰면서 생각하라. '쓸 수 있다' 혹은 '쓸 것이다'는 '쓰는 것'

이 아니다. 책을 쓰고 싶다면서 계속 책을 읽기만 하는 것도 쓰는 것이 아니다. 그것은 본질적인 행위에 맞닥뜨리는 진짜 도전을 회피하는 행위다.

글쓰기에서 일가를 이룬 사람들은 물론, 조금이라도 글쓰기의 맛을 본 사람은 한 사람도 빠지지 않고 모두 '무조건 쓰라'를 강조했다. 같은 말을 여러 버전으로 듣는 재미도 쏠쏠하다. 스티븐 킹은 '글을 어떻게 쓰느냐'는 질문에 '한 번에 한 글자씩 쓴다'는 명언을 남겼다. 황석영은 같은 질문에 '왼쪽에서 오른쪽으로 쓴다, 엉덩이로 쓴다'고 했다. 로버타 진 브라이언트가 남긴 '작가란 오늘 아침에 글을 쓴 사람이다'라는 말도 멋있다. 엄민용은 〈더 건방진 우리말 달인〉에서 "1년 동안 매일 몇 개의 문장을 메모했는데도 글쓰기 실력이 늘지 않는다면 연락해. 밥도 사고 1대 1 특별 과외도 해 줄게"라고 공언했다.

글쓰기는 지극히 개인적이고 섬세하고 미묘한 작업이기 때문에 일률적인 규칙이 통하지 않고, 고도의 지적·정신적 작업이기 때문에 일정한 수련을 거치지 않고 도달할 수 있는 왕도가 없다. 저마다 개별적인 작업을 통해 자기 스타일을 찾아야 한다. 생각해 보라. 글쓰기를 포함한 모든 창조적 작업은 이 세상에 없던 것을 만들어 내는 것인데, 기존의 방법론을 배우고 답습하는 데 골몰해서야 쓸 만한 것이 나오겠는가.

내 강좌에도 글쓰기에 대한 기술을 쉽게 배울 수 있을까 해서 오는 사람들이 있다. 그들은 글쓰기에 대한 책을 여러 권 사 모으기도 한다. 그런데 정작 강좌 중에 쓰게 되어 있는 과제 글도 쓰지 않는다. 그러면서도 자신이 글쓰기를 잘하기 위한 노력을 하고 있다고 생각할지 모른다. 나는 그들에게 강좌를 듣는 것보다 글을 쓰는 것이 더 중요하고, 글쓰기 방법론은 글을 쓰면서 익혀야 더 효과적이라고 강조한다. 앞서 말했듯 글쓰기에 대한 것은 제대로 쓰인 책 서너 권이면 충분하다. 저자들이 서로 참고하기도 하거니와 좋은 글을 쓰기 위한 원칙이 그다지 많지 않기 때문이다. 죽어라 연습해서 나만의 글을 쓰는 것이 중요하지, 글쓰기 방법론 자체가 목적이 아니지 않은가. 게다가 직접 글을 써 본 경험 없이는 남들이 평생 걸려 발굴한 보물을 받아들일 여력이 없다. 그러니 이제 그만 글쓰기에 대해서 이야기하는 것을 멈추고 글을 쓰기 시작하자. 어느 기타리스트가 실력 있는 블루스 연주자에게 한 수 가르쳐 달라고 부탁하자 이런 대답을 들었다고 한다. 이것이 모든 소중한 기예를 익히는 데 기본적인 자세인지도 모른다.

> "난 자네에게 내가 알고 있는 모든 걸 15분 만에 가르쳐 줄 수가 있네. 그러면 자네가 해야 할 건 집에 돌아가서 15년 동안 연습하는 거야."
>
> −데릭 젠슨, 〈네 멋대로 써라〉 중에서

핵반응을 일으킬 때까지

'임계질량의 법칙'이라는 것이 있다. 임계질량은 원래 원자물리학에서 나온 용어다. 수소폭탄이 핵반응을 일으키기 위해서는 모두 일곱 개의 원소봉이 필요한데, 여섯 개의 원소봉을 집어넣을 때까지는 원자로 안에서 아무런 변화도 일어나지 않는다고 한다. 그러다가 일곱 번째 원소봉이 들어가면 비로소 원자로 안에서 핵반응이 일어나면서 어마어마한 에너지가 분출되어 나오는데, 이때 핵반응을 일으키는 수소봉의 일정한 양을 가리켜 임계질량이라고 한다.

이와 마찬가지로 모든 물질의 변화에는 임계점이 존재한다. 가령 물은 섭씨 0도에서 얼음이 되고, 100도에서 끓기 시작하여 수증기로 변한다. 물을 얼릴 때나 끓일 때 온도계가 있다면 현재 온도가 얼마나 되는지 알 수 있지만, 무슨 일을 하고자 할 때는 지금 어디까지 와 있는지 알 수 있는 계측기가 없다. 이 때문에 많은 사람들이 끓기 직전인 90도쯤에서 포기하는 수도 있을 것이다. 아무리 재주가 많더라도 시도하는 일마다 임계점까지 버티지 못한다면 아무 곳에도 도달하지 못할 것이다. 반대로 타고난 재능이 좀 덜하더라도 은근히 불을 때서 임계점을 넘어간다면 많은 기회를 맞이하게 될 것이다.

글쓰기로 능력을 인정받을 기회는 별로 없다. 내가 점점 나아지고 있는지, 어디쯤 왔는지 확인할 수가 없다. 순수문학에 등단이라는 제도가 있다면 비문학 쪽에는 출간 정도가 있을 뿐이다. 글쓰기를 훈련하는 사람들은 오로지 자신의 잠재적인 가능성을 믿으며 열정을 따라가는 수밖에 없다. 그렇기에 습작기에는 타고난 재능보다도 자기를 믿고 즐길 수 있는 능력이 더 중요하다. 천재가 아닌 이상 보통 사람들의 재능이라는 것이 엇비슷한 데다가, 재주가 훨씬 뛰어나다고 해도 가다 말면 아무것도 아니기 때문이다. 수강생들을 만나다 보면 이 사람은 오래가겠구나 싶은 사람이 있다. 최선의 자신을 찾고자 하는 에너지를 자가발전 하는 사람이다. 격려의 추임새를 넣어 주는 멘토나 도반이 있다면 좋겠지만 주변 사람들의 인정에 갈급해서는 안 된다. 글은 혼자 쓰는 것이다. 오래도록 성과가 없을 수도 있고, 혹독한 슬럼프에 갇힐 수도 있다. 섣부른 칭찬이 독이 될 수도 있고, 언제까지나 나를 위한 박수갈채가 준비되어 있는 것도 아니다. 어떤 상황에 처하더라도 다시 일어나 목표를 조율하고 마음을 정비하는 힘은 자신의 것이 아니면 안 된다. 주변의 조언이나 인정에 일희일비하지 않고 내면의 북소리를 따라가는 사람은 끝내 자기 길을 간다.

옆 사람의 성취에 비추어 의기소침하지 말고 '어제의 나'와 비교하자. 글을 잘 쓰는 다른 사람처럼 되는 것이 아니라, 나다운 글을 쓰는 것이 중요하기 때문이다. 자신의 글 속에서 조금씩이라도 나아지고 있는 그 섬세한 결을 느껴 보라. 잘하고 있어! 나는 점점 나아지고 있어! 스스로를 격려하고 칭찬해 주자. 이런 만족감이 그대의 열정을 유지해 줄 것이다. 무슨 일이든 가치 있는 일을 성취하려면 어려움이 따르기 마련이다. 나를 믿고 힘써 노력하면 내가 원하는 곳에 도달할 수 있다는 확신이 가장 중요하다. 과정을 즐기는 사람은 별 어려움 없이 이런 확신을 유지할 수 있다.

글을 쓰고자 하는 사람은 글을 쓰면서 행복해야 한다. 문장이 안 풀려서 몸부림칠 때도 있겠지만 그것이 전부여서는 안 되고, 한 올한 올 뜨개질을 해서 스웨터의 형상이 완성되는 것에 희열을 느끼듯 '무'에서 시작한 내 글이 '유'로 나아가는 전 과정을 즐겨야 한다. 뜻하지 않게 튀어나온 문장에 감탄하고 하고 싶은 말을 다 쏟아 낸 해방감을 만끽하며 해냈다는 자부심에 뿌듯해야 한다. 슬럼프도 자꾸 겪다 보면 익숙해져서, 어디쯤 가면 막혔던 기운이 살아나리라는 감이 온다. 나는 글이 안 써질 때는 책을 보거나 자료 정리를 하고 각별하게 '아티스트 데이트'를 한다. 아무 생각 없이 천천히 산책을 하기도 하고, 낯선 동네를 어슬렁거리며 집 구경도 한다. 맛있는 것을 챙겨 먹고 맘껏 빈둥거리며 일부러 시간을 허비할 때도 있다. 생산성이 바닥을 치면 겁이 덜컥 난다. 계속 이런 상태로 있어선 안 되겠다는 두려움에 마음을 다잡게 되고 다시 반작용으로 컨디션이 나아진다. 이런 과정이 반복되다 보니 이제 슬럼프도 즐길 만하다. 슬럼프라고 해서 세상이 꺼진 듯 법석을 떨지 않고, 컨디션이 나아졌다고 해서 세상을 다 가질 듯 내달리지 않는다. 그날의 기분에 좌우되지 않고 무슨 일이 있어도 매일 쓴다는 자세에 다가가고 있는 듯하다. 글쓰기가 예술의 영역이 아니라 노동의 영역이라는 말이 비로소 이해가 된다. 야구 선수가 연습을 하면 할수록 타율이 좋아지듯, 뮤즈는 책상 앞에 정기적으로 앉아 있는 사람을 좋아한다. 남다른 잠재력을 지녔다 해도 훈련을 통해 현재화시키지 않으면 영원히 잠재력에서 그치고 말 것이다. 다른 사람의 평가가 아닌 내면의 척도로 계측기를 삼아야 한다. 얼마나 많이 팔렸는가가 아닌, 나 스스로 진실했는가, 최선을 다했는가, 그 작업에서 배운 것이 있는가, 다음 작업에서는 얼마나 나아진 모습을 보여 줄 수 있는가 그것이 문제다. 임계점을 지나 핵폭발이 일어나는 순간을 상상하며 꾸준히 걸어갈 일이다. 성공하는 데 가장 필요한 것은 불확실성을 견디는 힘이라고 하지 않는가.

창조는 최고의 생존 방식이다

나보고 세상에서 가장 소중한 단어를 꼽으라면 그것은 '창조'다. 창조는 행복이나 사랑, 성공 같은 가치들보다 훨씬 독립적이고 지적이고 심오하다. 창조에 필적할 만한 가치로는 '자유'가 있지만 무언가를 창조하기 위해서는 자유가 필수요건이므로 창조를 앞세우기로 하겠다. 나는 어려서부터 '조금 다르게 해 보는 방식'에 매료되었다. 단순하고 반복적인 일들에는 아예 눈길도 주지 않았다. 아무리 근면성실하여 많은 것을 이룬 사람들도 실험적인 방식을 보여 주지 않는다면 죽은 물고기의 눈처럼 무미건조하게 느껴졌다. 자기만의 독자적인 세계를 갖는 일, 그리고 그것을 형상화하는 일에 최고 점수를 주었으니 아티스트로서의 자질은 타고난 셈이다. 하지만 그저 마음뿐 조금 엉뚱한 생활인으로 몇십 년을 보낸 후에야 글 쓰는 사람으로 살고 싶다는 염원을 품게 되었다. 그 긴 세월 동안 내가 무엇을 창조할 수 있으리라고 엄두를 내 보지 않은 것이 신기하고, 이제라도 이 길에 들어선 것이 장하다.

결론부터 얘기하자면 이 선택은 신의 축복이다. 때는 바야흐로 창조의 시대이니 나는 시대의 적자가 된 것이다. 나는 이 시대의 주요 키워드로 감성, 수명 연장, 개별화 세 가지를 꼽는다. 오늘날 우리가 일개 슈퍼마켓에서 접하는 상품들이 농사짓던 내 할머니가 평생 접한 것보다 더 많을 정도로 세상은 풍요롭다. 쓰나미처럼 덮쳐 오는 컴퓨터와 제3국의 저렴한 노동력이 우리 직업 환경을 변화시켰다. 이 같은 세태의 변화를 다니엘 핑크는 단 여섯 줄로 축약했다.

> 기능만으로는 안 된다, 디자인으로 승부하라.
> 단순한 주장만으로는 안 된다, 스토리를 겸비해야 한다.
> 집중만으로는 안 된다, 조화를 이루어라.
> 논리만으로는 안 된다, 공감이 필요하다.
> 진지한 것만으로는 안 된다, 놀이가 되어야 한다.
> 물질의 축적만으로는 안 된다, 의미를 추구해야 한다.

좌뇌적 사고가 가져온 풍요는 역설적으로 좌뇌의 위상을 떨어뜨렸다. 따라서 미래사회에는 좌뇌가 이끄는 이성적 능력을 보완하는 우뇌형 문화적 창의성이 각광 받을 것이다. 우리의 직업사회는 '농부→공장 노동자→지식 근로자→창작자, 곧 타인에게서 감정적 공감대를 이끌어 낼 수 있는 사람들'의 사회로 변화했다고 그는 주장한다. 오늘날 우리 모두는 예술 산업에 종사한다고 해도 과언이 아닌 것이다.

수명 연장은 또 어떠한가. 지금 선진국에서 태어나는 아기는 평균 수명 백 세 시대에 살게 된다. 수명이 연장되고 시대가 젊어지면서 연령에 대한 개념도 빠르게 변하고 있다. 요즘 40대는 조금 노숙한 청춘에 불과하다. 이들이 60대가 된다고 해도 과연 그들이 스스로를 늙었다고 생각할까? 평균수명 백 세 시대에 평균수명 60세의 패러다임에 갇혀 지레 늙어 가다가는 개인과 사회가 다 같이 힘들다. 차라리 새로운 시대의 기수가 되는 것이 낫다. 학력과 사회 경험, 경제력을 갖춘 동년배들이 이토록 오래 살아남았던 적이 없었다. 역사적으로 유례가 없는 시대에 첫발을 내딛는다는 점에서 지금 나이 들기 시작한 사람들은 모두 신인류라고 생각한다. 갈수록 나이 드는 패턴이 다양해져 같은 연배 안에서도 극심한 편차가 존재하고, 나이라는 변수가 차지하는 비중은 점점 희박해질 것이다. 오직 개인만이 자기 존재를 증명해야 하는 시대인 것이다.

개별화는 이런 징후들의 결과다. 거대 조직, 거대 담론, 대량생산, 획일화, 기술의 시대가 가고 1인기업, 일상화, 맞춤 생산, 다양성, 문화의 시대가 되었다. 그리고 그 중심에 개인이 있다. 오늘날처럼 개인이 우선시되고 개성이 칭송되는 시대가 또 있었던가! 다니엘 핑크가 주장한 것처럼 현대를 이끄는 사람들은 '공감 능력이 뛰어난 창작자들'이다. 자신의 이야기를 담아 노래와 드라마, 영화, 음식, 아파트를 만드는 사람들이 재미와 의미, 부와 명예를 거머쥔다. 그들은 어떤 직업군에 속해 있지만 모두 개인으로 존재한다. 그것이 창조의 본질이며, 전문가에 한정된 것만도 아니다. 창조성은 무섭게 길어진 인생을 주도적으로 향유하기 위해 누구나 가져야 할 필수품이 되었다.

그러니 그대가 만약 예술에 뜻이 있다면 주저하지 마라. 예술이라는 말이 너무 거창하다면, 생산자라 하자. 문화의 소비자에 머물러 있지 말고 생산자로 진화하라. 그것이 글이든 그림이든 사진이든, 무언가를 보며 즐기고 있다면 그것을 직접 만들어 보는 것이다. 다른 사람들이 만든 것을 수용하는 소비자와 무언가를 직접 만들어 내는 생산자의 기쁨은 천양지차다. 창조의 기쁨은 주도성과 자신감을 주어 계속 성장하게 한다. 내가 무슨 일을 할 수 있다는 역량에 대한 인식, 내가 의도한 대로 잘되어 나갈 때의 황홀감은 우리가 살면서 도달할 수 있는 최고의 경험이 아닐까? 창조는 내가 생각하는 최고의 생존 방식이다. "이 나이에 내가 무슨… 나는 겨우 회사원인걸…." 이런 말은 하지 마라. 피아니스트 이강숙은 칠순에 첫 소설집을 냈고, 미국의 그랜마 모제스는 72세에 처음으로 그림을 그리기 시작해서 101세로 영면하기까지 그림을 1,600점이나 그렸다. 그중 25점은 마지막 1년 동안에 그린 그림이었다고 한다. 직업도 전혀 문제가 되지 않는다. '드가와 마티스는 법률가였고 반 고흐는 전도사였으며 고갱은 30대에 그림을 그리기 시작했고, 루소는 처음엔 세관원이었고, 소설가 레이먼드 챈들러는 보험 설계사, 예수는 목수였고, T. S. 엘리엇은 은행원이었고, 처칠은 수상이었다.'(대니 그레고리, 〈창작 면허 프로젝트〉)

우리는 체험을 통해 나름대로 삶을 해석할 수 있는 관점을 갖게 되었다. 이것은 결코 어릴 때부터 표현 수업을 받아 온 것에 뒤지지 않는다. 예술을 수행함에 있어 기계적으로 익혀야 할 영역도 중요하 겠지만 자신만의 독특한 시각과 해석 능력도 중요하기 때문이다. 제 도권에 들어가 특정한 위치를 점하려면 학위나 자격증이 필요하겠지 만, 인생을 즐기고 주도하기 위한 도구로서의 예술은 열정이면 충분 하다. 그대, 배우지 않고 행하는 예술untaught art에 도전하라. 스스로 몰입하여 즐기는 에너지가 자연스럽게 주변으로 전염될 때 상상도 할 수 없었던 기회가 열리기도 하리라.

untaught art

일본의 마시야마 다즈코는 60세가 넘어 처음으로 사진을 찍기 시 작했다. 그녀는 1917년 기후 현 도쿠야마 마을에서 태어나 같은 지 역 사람과 결혼하여 슬하에 1남1녀를 두었다. 남편은 전쟁에 소집되 어 미얀마에서 행방불명되었다. 시아버지와 함께 농사를 짓고 민박 을 운영하며 평범하게 살아가던 그녀는 1977년 도쿠야마 마을에 댐 이 건설된다는 소문이 나돌면서부터 사진을 찍기 시작한다. 셔터만 누르면 누구라도 촬영이 가능한 코니카 카메라를 구해서 수몰되어 가는 고향 마을 사람들의 모습과 풍경을 촬영하기 시작한 것이다.

"행방불명된 남편이 갑자기 돌아왔을 때 마을이 사라진 것에 대해 달리 설명할 방법이 없어서…" 남편이 살아서 돌아오지 못하면 제 삿날 혼이라도 와서 둘러볼 텐데, 이주하게 되면 남편이 찾아올 길 이 없다는 안타까움에서 시작한 일이었지만, 시간이 흐르면서 그녀 는 촬영 그 자체의 즐거움에 빠지게 된 것 같다. 어느 날 문득 돌아

보니 모아 놓은 사진이 7만 장이 넘었다니 말이다. 그녀의 사진은 사진전과 사진집을 통해 많은 사람들의 공감을 불러일으켰고, '도쿠야마 사진 아줌마'의 존재는 널리 알려지게 되었다. 그녀는 눈에 익은 풍경과 친근한 이웃의 모습을 담아 세 권의 사진집을 펴냄으로써 흥미로운 다큐멘터리로 만들었다. 도쿠야마 마을이 정식으로 지도에서 사라진 것은 1987년이다. 그녀는 그 후에도 기회가 있을 때마다 마을에 찾아가 공사가 진행되는 모습을 촬영했으며 댐이 완성된 후인 2006년에 88세의 나이로 세상을 떠났다.(이자와 고타로, 〈사진을 즐기다〉)

예술을 하기 위해서 반드시 관련 학과를 다니면서 오랜 시간 규칙을 훈련해야 하는 것은 아니다. 그보다는 무언가에 흠뻑 빠져들어 열중하는 것이 오히려 예술의 본질에 더 가까울지도 모른다. 마시야마 다즈코가 7만 장의 사진을 찍은 것처럼 당신이 무상의 정열을 기울일 수 있는 대상을 찾아라! 당신만의 untaught art를 발굴하라! 반드시 대단하지 않아도 되고, 남들을 의식할 필요도 없다. 중요한 것은 창조 행위를 통해 계속해서 삶을 갱신해 나가는 것이다. 그것이 무엇이든 그대의 표현 도구를 발전시키는 데 글쓰기가 도움이 된다. 글쓰기는 모든 정보를 정리하고 전달하고 유포시켜 주는 기본적인 도구이기 때문이다. 그래서 그림이나 영화처럼 유서 깊은 분야의 종사자들도 글쓰기를 겸하는 경우가 많다. 물론 글쓰기에 직접 도전해도 좋다. 글쓰기는 그 어떤 분야보다 문턱은 낮고 위력은 막강하다.

릴케의 로댕

라이너 마리아 릴케

1902년 로댕의 전기를 의뢰받았을 당시 릴케는 27세의 무명 시인이었고, 62세의 로댕은 이미 명성을 얻은 대가였다. 로댕과의 만남은 일생일대의 사건이었다. 로댕은 영감이라는 말을 비웃을 정도로 작업에 집중하는 유형이었다. 언급할 가치도 없는 하찮은 움직임에 대해 40개의 크로키와 80개의 프로필을 그렸으며, 옷을 입은 조각에 착수할 때도 나상부터 습작했다. 완성된 조각의 일부인 손과 발, 두상을 따로 제작하여여러 가지 형태로 이어 붙여 보며 실험을 즐기기도 했다. 파리 근교 뫼동에 있는 그가 살았던 집에는, 인체 조각과 조각품의 파편이 수천 점 쌓여 있다고 하니, 인체에 대한 그의 탐구가 얼마나 방대하고 집요했는가를 짐작해 볼 수 있다.

로댕은 쉬지 않고 일했다. 그는 일생을 하루처럼 작업에 몰두하며 보낸 사람이었다. 로댕 이전의 조각에는 육체가 없었다고 릴케는 단언한다. 고대 그리스로부터 내려온 이상화된 인간의 모습을 형상화하는 죽은 전통에서 벗어나, 로댕은 인간다운 인간의 실체, 외면적인 것뿐만 아니라 내면의 세계까지 담아내고자 하였다. 릴케는 이를 '육체의 원래 주인인 조각은 아직 육체를 알지 못했다. 여기에 하나의 과제가, 세계만큼 위대한 과제가 있었다'고 표현한다.

나는 서울시립미술관에서 로댕 전시회를 보고 그 의미를 깨달았다. 로댕에게 육체는 삶이자 종교였다. 그렇지 않고서는 한 인간이 이토록 많은 것들을 이토록 아름답게 빚어 낼 수 없었을 것이다. 로댕 전체 작품의 일부분에 불과한 전시물을 보고도 입이 다물어지질 않았다. 그것은 예술 이전에 명백한 노동의 산물이었다. 작업 외의 모든 것을 포기한 사람이 아니고서는 이룰 수 없는 업적이었다. 육체의 발견! 릴케는 그것을 '세계만큼 위대한 과제'라고 한다. 맞는 말 아닌가? 어떤 시대사상, 어떤 황제가 위대한 예술가의 세계만큼 영원히 우리를 위무하며 현존한단 말인가?

완벽한 비례로 강인하고 탄력 있는 젊은이의 몸을 옮겨 놓은 '청동시대'는 고스란히 생에 대한 찬사였다. 반대로 '지옥의 문'을 장식한 육체들은 서로를 물어뜯는 동물들이었다. 우리가 아차 하는 실수로 나락에 떨어지기를 기대하는 음험한 아귀들을 본 것 같았다. 나는 '청동시대'에서 감탄하고, '지옥의 문'에서 진저리를 쳤다. 정말로 육체는 위장할 수 없는 것이었다. '게으른 사람의 육체에서는 삶도 게을렀고 거만한 사람에게서는 거만하게 나타났다.'

깊은 집중 상태에서 끊임없이 이루어지는 로댕의 작업 방식을 보며 릴케는 자신에게 그런 치열함이 턱없이 부족하다는 것을 깨닫는다. 릴케가 파리의 새로운 생활에 적응하는 데 대한 불안감을 호소했을 때 로댕의 대답은 "계속해서 일하십시오"였다. 로댕의 이 한마디 대답은 릴케에게 삶의 원칙으로 각인되었다. 릴케는 창조자 로댕과 로댕의 조형물에 매료되었다. 아마 그는 조형예술에 남다른 식견이 있었던 것 같다. 여기에서 시인만이 쓸 수 있는 독특한 형식의 평전이 탄생한다. 릴케는 널리 쓰이는 방식으로 전기를 쓰지 않았다. 〈릴케의 로댕〉에는 연대기적인 서술이나 가족, 연애사 같은 것은 한 줄도 나오지 않는다. 예술 사조에 대한 언급도 없고, 다른 작가들과의 비교도 하지 않는다. 오직 로댕의 작품에 의해서만 로댕을 말하고 있다. 개별 작품에 투영되는 릴케의 감수성은 제작자인 로댕보다도 완벽하게 로댕의 의도를 해석하고 있다. 로댕의 독자성과 자기 완결성이 릴케의 미학을 완성시킨 것이다. 릴케의 로댕, 로댕의 릴케…. 아름다운 뒤엉킴이다. 로댕이 아름답게 재현해 주는 에로티시즘에 절대 뒤지지 않는 합일이다. 〈릴케의 로댕〉은 책 전체가 모조리 로댕에게 바쳐진 헌사요 산문시다. 저절로 베끼기 시작했을 정도로 빼어난 문장이 가득하다. 대부분의 문장은 아주 짧다. 그런데 많은 말을 한다. 어찌나 울림이 깊은지 이마를 얻어맞은 듯 멍해진 눈으로 그 문장을 하염없이 읽게 된다. 불과 두 줄의 문장이 로댕의 삶을 전부 말해 주는 것을 보라!

그에게 말을 건 것은 그의 일뿐이었다. 일은 아침에 깨어날 때 그에게 말을 걸었고, 저녁에는 연주를 마치고 내려놓은 악기처럼 그의 손 안에서 여음을 울렸다.

로댕은 무명의 존재로 칩거하며 스스로 대가로 성숙하였다. 이만하면 되었을까 작품 하나를 들고 나왔다가 혹평을 듣고는 더 깊이 칩거에 들어갔다. 한 사람의 노동자가 되어 탐구하고 실험하고 몰입하는 작업이 그에게 변함없는 확고함을 주었고, 하나의 거대한 세계를 완성하게 해 주었다. 그가 다시 대중 앞에 나왔을 때 그는 타인의 인정을 필요로 하지 않았다. 이미 하나의 시대가 되어 있었던 것이다. 작업으로 점철된 오랜 칩거 끝에 로댕이 인정받는 장면을 묘사한 문장은 하나의 구조물처럼 견고하고 아름답다.

> 마치 자신의 제국에 도시 하나를 건설해야 한다는 말을 들은 왕이 그런 특전을 허락해도 좋을지 숙고하고 망설이다가 결국 그 터를 직접 둘러보기 위해 나서는 것처럼, 그리고 그곳에 간 왕이 완성되어 서 있는 거대하고 튼튼한 도시를, 영원에서부터 존재했던 양 성벽이며 탑들이며 성문들을 완전히 갖추고 있는 도시를 발견하는 것처럼, 대중은 마침내 부르는 소리를 듣고 가서는 로댕의 작품이 완성되어 있는 것을 보았다.

로댕의 치열한 작업 정신은 젊은 시인에게 시적 전환을 주었다. 이후 릴케에게 '작업'이라는 어휘는 '시 쓰기'를 대신하는 말이 되었다. 릴케는 예술이 영감이나 천재성에서 나오는 것이 아니라 끊임없이 만들고 부수는 작업에서 비롯된다는 사실을 로댕을 통해 깨달았다. 이후 릴케는 '꿈이나 상상에 의존하는 것이 아니라 수공을 통해 꼼꼼하게 땀의 대가로 이루어지는 예술 작업'에 진입하게 된다. 이전의 몽상적이며 현실적 토대 없는 시 쓰기 방식을 극복하고 '사물시'로 나아가게 된 것이다. 사물시란 대상에 대한 엄밀한 관찰을 통해 사물의 본질을 드러내는 것이라고 하니 로댕의 작업과 정확하게 일치한다. 김탁환은 〈천년습작〉에서 릴케와 로댕에게 각별한 애정을 드러낸다. 소설 노동자 발자크의 동상을 만들 수 있었던 것은 조각 노동자 로댕뿐이고, 조각 노동자 로댕의 평전을 쓸 수 있었던 것은 시 노동자 릴케뿐이었다고 한다. 그들에 대한 감정이 입이 오늘날 소설 노동자 김탁환의 일부를 만들었다고 생각하면 면면히 이어지는 창작 혼이 참으로 아름답다. 창작의 말석에 겨우 자리한 나태한 나는, 진정한 예술 노동자들의 삶을 접한 것만으로도 가슴이 벅차다.

삶은 천천히 태어난다

김서령

"부러우면 지는 거다." 최근에 많은 사람들이 이 말을 하는 것을 보고 어리둥절했다. 어느 광고에서 쓰인 카피라는데 그 광고를 직접 본 일이 없어 어떤 맥락에서 쓰였는지는 알 수 없지만, 좀처럼 수긍하기 힘들었기 때문이다. 부러우면 지는 것이라니, 여러 사람에게 인상 깊게 각인된 것으로 보아 카피로는 성공했을지 몰라도 그다지 바람직한 자세로 보이지는 않는다. 그렇다면 이 세상에서 내가 최고라는 얘기인데 그것은 한 분야에서 정상에 도달한 사람이 갖기에도 오만하고 갑갑한 태도가 아닌가. 내 생각은 정확하게 반대다. 부러운 것이 아주 많아야 한다. 그것이 날씬한 몸매나 명품백이든, 유려한 문체나 온유한 감화력이든 무언가를 부러워하는 것은 삶의 에너지다. 그것을 갖기 위해 싫은 회사도 다니다 보면 경력이 쌓이는 것이고, 가슴속에 도달하고 싶은 별 하나 품고 있으면 고된 훈련도 기꺼이 감수할 수 있는 것이지 아무것도 갖고 싶어 설레는 것 없이는 더 이상 삶을 이어 갈 이유도 재간도 없는 것 아닐까? '예찬할 줄 모르는 사람은 비참한 사람'일 뿐만 아니라, 더 이상 성장할 수가 없기 때문이다.

나는 어려서부터 어딘가 독특한 나만의 삶을 살고 싶었다. 동화책의 주인공들에게 감정 이입하며 키워졌을 그 생각은 어느덧 나의 성정으로 굳어졌다. 그래서 좌충우돌하며 남들이 가지 않는 길로만 가기도 했지만 여전히 어떻게 사는 것이 '독특하게' 사는 것인지는 알 수가 없었다. 주변에는 고만고만한 생활인밖에 없어 다른 삶을 꿈꾸게 할 만한 계기가 없었던 것이다. 마치 지금 여기가 아닌 생이 또 한 번 있기라도 한 것처럼 적당히 부적응적인 양상을 보이며 빙빙 겉돌았다. 그렇게 반평생을 보내고 우연히 구본형변화경영연구소에 발을 들여놓게 되었는데 이곳은 그야말로 신천지였다. 세속적인 성공을 뛰어넘는 가치를 갈망하는 창조적인 부적응자들, 즉 나와 비슷한 사람들로 가득 차 있었기 때문이다. 이곳에서 나는 난생처음 역할 모델을 갖게 되었다. 구본형 선생님의 라이프스타일은 내가 막연하게 꿈꾸던 모든 것을 구현하고 있어서, 나도 저렇게 살고 싶다는 뜨거운 마음을 품게 해 주었다. 그야말로 뼛속까지 부러운 것이 생겨 버렸다. 동시에 폭넓은 독서를 하게 되면서 나의 의식은 빠르게 확장되었다. 더 이상 내 증세가 경미한 자폐증과 우울증인 줄도 모른 채 처져 있는 괴짜가 아니었다. 이 일을 하러 태어났구나 싶은 천복의 초입에 들어서 기쁘고 감사한 마음으로 하루를 섬기고 세상을 호흡하며 살게 되었다. 연구소가 나의 기준이자 반사 대상이 되어 주었기에 지금도 흔들림 없이 나의 길을 가고 있다.

맘껏 탄복하고 칭송할 수 있는 대상을 갖고 있으면 뜻을 세우는 데 도움이 된다. 다른 사람을 그대로 모방할 수 있어서가 아니라, 마음속에 우러난 감탄이 나의 정서를 고양시켜 주기 때문이다. 역할 모델을 단단히 마음에 품고 있으면 나의 비전이 허황된 것이 아니라 분명히 도달할 수 있는 것이라는 확신을 주기에 어지간한 위기에도 좌절하지 않는다. "그분이라면 어떻게 했을까?" 결단의 장면마다 이렇게 자문해 보는 것만으로도 진일보한 결론을 이끌어 낼 수 있고, 앞선 사람을 참고하여 나의 선택과 경로를 재구성할 수도 있다. 그러니 생각만 해도 부러운 사람을 한두 명 간직하는 것이 좋다. 지금의 나로서는 꿈도 못 꿀 성취를 이룬 사람에게 아낌없는 찬사를 보내는 것이 필요하다. 그들이 도달한 경지는 나의 시야를 넓혀 주고, 그들의 실험 정신과 의지력은 내 게으름을 자극할 것이기 때문이다. 김서령이 펼쳐 보이는 열한 명의 명장은 그런 역할을 하기에 손색이 없다. 이들은 모두 남들보다 몸이 하나 더 있는 것처럼 두 배의 에너지를 갖고 세 배도 넘는 노력을 쏟음으로써 보통 사람은 바라만 보기에도 숨이 차는, 어마어마한 세상을 만들어 스스로 영주가 되었다. 영역을 막론하고 그들이 이룬 성취에 입이 딱 벌어진다.

최인호는 1970년대 최고의 베스트셀러 작가였다. 〈별들의 고향〉이 상하권을 합해 백만 권이 넘게 팔리고 〈고래사냥〉, 〈바보들의 행진〉 같은 영화를 쓰던 때 그는 명실공히 시대의 아이콘이었다. 젊은 날의 재기 발랄한 모습은 때로 살짝 가벼워 보이기도 했는데 그는 계속 관심을 넓혀 가며 깊어졌다. 그가 집필한 책의 제목만 보아도 가슴이 떨린다. 장보고의 일생을 쓴 〈해신〉, 조선 상인 임상옥을 그린 〈상도〉, 가야국의 존재를 새롭게 더듬어 낸 〈제4의 제국〉, 유학자들의 삶을 비춘 〈유림〉 등 어느 것 하나 빠짐없이 만만치 않은 공부와 사관이 없이는 나올 수 없는 책들이기 때문이다. 겨우 책 한두 권 쓰는 입장에서 보니 그가 이 책들을 쓰기 위해 쏟아부었을 시간과 노력이 짐힐 듯하여 경외심마저 생긴다. 그 이름 석 자만으로 영원한 젊음의 상징인, 아직도 잘생긴 청년의 모습을 간직한 그가 거쳐 온 사상 편력에 머리가 조아려진다. 〈샘터〉에 30년 이상 '가족'을 연재한 것만 보아도 그는 외모에서 보이는 경쾌함보다는 지독할 정도로 본업에 집중하는 근성이 더 발달한 인물인가 보다.

재미있는 것은 최인호처럼 일찌감치 재능을 발굴한 사람도 있지만, 지극히 우연에 기대어 자기 분야를 찾은 사람도 많다는 것이다. 리얼리즘 사진의 대가인 최민식은 그림을 그리러 밀항해서 일본으로 갔다가 어느 날 헌책방에서 스타이컨의 〈인간 가족〉이란 사진집을 보고 인생을 바꿔 버린다. 인간사의 반복을 영상 언어로 보여 주는 그 책은 "카메라의 성서, 인류라고 하는 드라마, 신비를 수놓은 서사시, 신을 향한 인간의 고백이었고, 관객과 사진가가 손을 맞잡고 올리는 기도"였다. 사진이 이렇게 울림이 큰 것이라면 그림보다 사진을 하고 싶었다. 이렇게 사진 인생 50년이 시작되었다.

박경철은 별생각 없이 존경받을 수 있는 직업인 줄 알고 의사를 택했다고 한다. 오늘날 그의 명성이 의사라는 직업에서 나온 것만은 아니지만, 그래도 목표를 설정하기 위해 고심하는 사람이 보기에는 조금 기운이 빠지지 않겠는가? '국경을 초월하여 인간의 원시 고향을 눈앞에 보여 주는 현대 문인'이라는 평을 듣는 김양동도 마찬가지다. 그는 시골 고등학교 국어 교사를 하다가 스물일곱에 서예에 입문하였다. 서예가가

되겠다는 목표도 없이 그저 선비의 교양으로 필요한 것이라 여겨, 사실
은 다른 흥미를 가질 마땅한 대상이 없어서 글씨를 쓰기 시작했다는 대
목에서 어안이 벙벙하다.

의사에게는 모든 사람이 간절히 손을 내밀고, 그 손을 마주 잡을 수
있기에 박경철은 의사라는 직업이 무지하게 좋다고 한다. 그처럼 자신의
역할에 만족하게 되면 존재를 긍정하게 되는 걸까? 그는 삶의 매 순간
을 긍정하는 경지에 도달한 듯하다.

> "이렇게 촌사람 특유의 무표정이지만 삶에 대해서는 간절할 정도
> 로 존재감을 느낍니다. 사물이 망막에 비쳐 보이는 것도 행복하고,
> 음식을 먹을 때 식감이 느껴지는 것도 행복하고, 숨 쉰다는 것 자체
> 가 몸에 전율이 일어날 정도로 좋을 때가 많아요."

김양동 역시 취미로 시작한 서예에서 일가를 이루었다. 서예와 전각을
하다 보니 자연스레 문자학에 관심을 가지게 됐고, 문자학을 거슬러 올
라가다 보니 또 절로 상형과 회화의 세계에 도달하여, 지극히 독창적인
방법으로 합쳐 놓은 글씨와 그림의 세계에서 노닐게 된 것이다. 그의 이
런 발언만으로도 나는 기꺼이 그의 팬이 되었다.

> "작은 붓에선 기술이 묻어나고 큰 붓에선 정신이 묻어나지요. 예
> 술은 만드는 게 있고 절로 터져 나오는 게 있어요. 만드는 것은 한참
> 보면 싫증이 날 수 있지만 터져 나온 것은 볼수록 새롭게 좋지요."

이들은 지금의 영역이 아닌 다른 분야를 택했어도 지금과 같은 성취를 이루었을 것이라는 생각이 든다. 그러니 재능이란 스쳐 가는 우연을 알아본 혜안인가, 우연을 갈고닦아 필연으로 만들어 놓는 근성인가, 얼추 시간을 써 버린 범부의 가슴에 한 줄기 탄식이 어린다. 이 밖에도 건축가 김석철, 현대음악 작곡가 강석희, 가나아트 회장 이호재, 광주요 대표 趙태권 모두 매력적인 인물이었다. 그들은 하나같이 기존에 없던 길을 개척함으로써 인간의 경험을 확장시키고 자신의 세상을 만들어 간 창조주들이다. 우리에게 한 번쯤 살아 보고 싶은 인생을 보여 주는 영웅들이다. 영롱하게 빛나는 커다란 별을 바라보며 고개가 아프다고 투정을 부릴 일이 아니다. 우리나라에서 가장 오래된 용문사의 은행나무, 천년 된 그 나무 역시 지금도 해마다 조금씩 자란다는, 자라지 않으면 살아 있다고 할 수 없다는 최인호의 말만 알아들어도 우리 삶은 180도 달라질 수 있다.

3장

글쓰기를 통한 삶의 혁명

그들은 어떻게 해냈을까?

3장에는 글쓰기를 통해 원하는 삶을 이룬 사람들을 소개하고 싶었다. 나의 역할 모델인 구본형 선생 외에 내가 좋아하는 저자 한근태 씨, 독보적인 성공 경로를 보여 준 블로거 밥장을 선정했다. 자신들에 대한 이야기를 싣도록 허락해 준 세 분에게 감사드린다.

밥장
_결국은 글쓰기가 모든 걸 해결해 주네

서른여섯 살에 처음으로 그림을 그리기 시작한 사람이 있다. 경제학과를 나오고 10년간 회사원 생활을 했다고 한다. 독립하여 사업도

해 보고 아내와 헤어지는 등 우여곡절을 겪으며 전환이 필요했을 때 그림이 그에게 들어왔다. 자칭 스몰 에이형이라는 그는 오피스텔에 파묻혀 눈에 보이는 대로 그리기 시작했다. 손톱깎이와 녹즙기, 크래커, 가스스토브를 그렸다. 그 뒤로 그는 날마다 그림을 그렸다. 블로그에 올린 그의 그림은 1년 만에 책으로 묶여 나왔다. 2006년에 나온 그의 첫 책 〈비정규 아티스트의 홀로그림〉에는 누구나 도전할 수 있는 수준의 그림들이 가득하다.

그의 그림을 폄하하는 것이 아니다. 그 시절만 해도 그가 우리처럼 보통 사람이었음을 말하고 싶은 것이다. 꽃과 하트, 나뭇잎과 모니터, 우주인을 주로 그리는 그의 그림은 그때만 해도, 그림에 조금만 소질 있는 사람이라면 누구나 그릴 수 있는 수준이었다. 그리고 5년여가 흐른 지금, 그는 '밥장'이라는 브랜드를 가진 신세대 일러스트레이터로 확고한 입지를 가지게 되었다. 몇 권의 책을 더 펴냈으며, 국립현대미술관의 달력 작업이나 유명 카드 회사의 텔레비전 광고 같은 굵직한 작업을 해내는 전문가로 우뚝 선 것이다. 그의 그림도 확실하게 자리를 잡았다. 월계수 잎과 모니터, 우주인 같은 모티브를 무수히 중첩시켜 그리는 스타일은 여전한데, 그동안의 훈련으로 밥장만의 독특한 아우라를 발산한다. 근엄한 강단 예술가가 보기에는 여전히 장난 같을지도 모를 그의 그림을 많은 사람들이 좋아하는지, 그의 작업은 일러스트와 포스터, 티셔츠와 화장품, 아이스크림 가게와 백화점의 아트월, 도서관 벽화 등으로 거침없이 확장되고 있다.

밥장으로 널리 알려진 일러스트레이터 장석원 씨의 그림은 책과 글이 토대가 된 것이 분명하게 느껴진다. 그는 대단한 독서가다. 2008년 11월부터 2010년 5월까지 모 라디오 프로그램의 일요일 코너인 '뒹굴뒹굴 북카페'를 진행했을 정도다. 뜻밖에도 그는 그림보다 책 읽기가 더 재미있다며 둘 중 하나를 포기해야 한다면 그림을 포기해야 할지도 모른다고 토로하기도 했다. 그는 이다음에 하고 싶은 일 중의 하나가 섬에 도서관을 짓는 것일 정도로 책벌레다. 사람들이 지친 일상에서 벗어나 편하게 쉬어 가면서 자신을 대면하고, 시간까지 천천히 곱씹을 수 있는 그런 공간을 마련하고 싶다는 것이다. 독서론도 확실하다. 책은 강도는 약할지라도 이것저것 건드려 볼수 있는 기회를 주기 때문에 자기가 좋아하는 것을 찾아갈 수 있고, 자신을 직면하게 해 주어 외부의 자극에 흔들리지 않고 자기 생각을 가질 수 있는 토대가 된다는 것이다.

읽는 맛을 알고 있는 사람이 글쓰기의 위력을 모를 리가 없다. 자신의 그림 속에 이야기가 살아 있게끔 해 준 것이 글이라며 최고의 찬사를 펼쳐 놓는다. 나도 책 쓰기의 위력에 대해서 조금은 알고 있지만, 그의 목소리를 통해 듣는 말이 참 좋다.

활자의 매력은 그냥 말로 했을 때보다 훨씬 단단하고 진짜같이 느껴진다는 점이다. 그리고 주관적인 의견일지라도 객관적으로 보이게끔 만든다. 그래서 글쓰기와 출판은 미래의 평판을 만드는 가장 확실한 보험인 셈이다. 불안하다면 부지런히 글을 써라. 그리고 활자로 묘사된 자신을 확보해라.

그는 한 번도 제대로 그림을 배워 본 적이 없다. 그림을 좋아하긴 했지만 그림으로 무엇을 할 수 있으리라는 생각을 해 본 적이 없다고 했다. 그런데 그림이 모든 것을 해결해 주었다. 하고 싶은 일을 하면서 먹고살 뿐 아니라, 다른 사람들을 즐겁게 해 준다는 희열을 맛보고, 공동 작업을 하면서 수많은 후의와 관심에 접했다. 그림을 즐기는 '소녀 떼'도 만났다고 한다. 그는 신 나는 일이 있을 때마다 '진짜 그림이 모든 걸 해결해 준다'고 새삼 감탄하고 있었다. 자신이 꿈으로 가득 찬 '마냥 즐거운 일상'을 보내다 보니, 이제 다른 사람의 꿈까지 찾아 주고 싶어져 블로그에서 상담 코너를 운영한다. 이만하면 '반전, 재미, 감동'의 3박자를 갖춘 성공 스토리라고 할 만하지 않은가! 밥장의 책과 블로그를 통해 그가 성공할 수 있었던 요인을 끄집어내 본다. 자기실현에 관심 있는 사람들을 도와주는 일이니 그도 기꺼이 동의하리라 믿는다. 그림이 자신을 도와준 것처럼 자신도 다른 사람을 도와주고 싶다며 어린이 재단 같은 곳에 재능을 기부하여 포스터 작업을 하는 밥장이니 말이다.

1. 솔직함

그의 책 〈비정규 아티스트의 홀로그림〉(2006)과 〈핫Hot〉(2007)에 나오는 그림들은 꽤 야하다. 무수한 여자의 가슴이 파도처럼 출렁대는 바다에 분홍빛 돌고래가 출몰하는 그림에서는 풍선 같고 전구 같은 꽃조차 선정적인 느낌을 준다. 그 시절 밥장은 스스로를 '색정소년'이라 칭하며 소년다운 상상력을 아낌없이 펼치고 있다. 성에 관해 가장 야한 상상을 하는 때가 소년 시절이 아닐까? 실상을 모르니까 말이다. 어쩌면 남자들은 영원히 소년 시절의 환상을 품고 살아가는지도 모른다. 쉽사리 표현은 못 하지만 많은 사람들이 품고 있는 환상을 대신 표현해 줌으로써 그는 공감대를 이끌어 낸다.

솔직함은 아티스트에게 기본적으로 요구되는 자질이다. 그도 정확하게 이 사실을 알고 있다. 그런데 자신 있는 사람만이 솔직할 수 있다. 다른 사람들의 반응으로부터 자유롭기 때문이다.

> 스타일은 나중이고 이야기가 먼저다. 창피해도 부끄러워도 내 안에서 이야기를 끄집어내서 보여 주고 들려준다. 벗으세요. 벗지 않으면 공감은 없어요. 멋 부리지 마세요. 멋 부려도 공감은 없어요.

2. 쾌락주의

예전에 올린 글이긴 하지만 그의 블로그에서 발견한 '나를 만드는 14개의 단어들'이라는 제목의 포스팅은 그를 이해하는 데 많은 도움이 되었다. 14개의 단어에 붙인 짧은 설명을 보며 그가 '쾌락주의자'라는 생각이 들었다. 살아 있음의 희열을 맛보고자 하는 것이 무엇이 나쁜가? 나는 쾌락에 높은 점수를 준다. 즐거움은 우리 삶의 목적이자 자발성의 원천이라 많은 것을 가능하게 한다. 무엇보다도 창조 행위가 여기에서 나온다. 반사회적이지만 않다면 살면서 접하는 어떤 쾌락도 지탄받을 이유가 없다고 생각한다. 이런 생각을 하고 있는 터라 그의 쾌락 옹호를 기꺼이 지지한다.

가슴 : 가슴 예쁜 여자를 만나면 내 가슴도 설레네. 설레면 그림을 그리게 된다. 가슴이 곧 그림이다.

놀이 : 심각해지면 말부터 헛 나온다. 부담스러울수록 경쾌하고 가볍게 어깨에 힘을 빼고 언제나 놀이처럼.

탱탱하다 : 탄력 있고 동그랗고 반투명한 윤기가 흐르는 걸 보면 '야, 저거 젊구나'라고 느낀다. 동그란 하트, 분홍 돌고래, 살 오른 물고기, 뱀, 날개 달린 콘돔까지 내가 그리는 건 그런 이유로 모두 젊다. 탱탱하니까.

하루살이 : 나의 좌우명은 '하루살이 정신으로!' 내일 일은 내일 걱정하고 오늘은 오직 오늘 일만 생각하자. 그래야 괜한 죄책감 없이 기꺼이 즐길 수 있다.

　상식적이거나 근엄해 보이는 생활인들도 마음 깊은 곳에서는 어린아이처럼 솔직하고 천진난만하게 즐기고 싶다는 생각을 하는지도 모른다. 보통 사람들이 사회적인 시선이나 내면의 검열 의식에 걸려 침묵하고 있는 것을 밥장이 대신 표현해 주었다. 물론 그가 다른 사람을 위한 봉사 정신에서 그런 것은 아니다. 〈누들누드〉를 그릴 때의 양영순이 그랬듯이 자기 자신의 욕구에 충실했을 뿐이고, 바로 이것이 아티스트의 자질이자 책무인 것이다. 그들은 자기감정에 순도 높게 반응함으로써 다른 사람의 숨겨진 의식을 도발하고 대리만족의 기쁨을 준다.

　그의 글과 그림이 똑같은 것으로 보아 쾌락주의는 그의 천성으로 보인다. 그런데 그는 점차 선정성에서 벗어나 '지속 가능한 성장 가능성', '더불어 살아가는 지구' 같은 관심사로 옮겨 간다. 이런 변화는 자연스러운 관심의 변화요 성장이겠지만 그가 롱런하며 주류 문화에 편입하게 하는 데 유효했다. 선정성은 초기의 그를 유명하게 해 주었을지는 몰라도 오래 갖고 가기에는 상당히 제한적이기 때문이다. 이렇게 바람직한 변화를 가능하게 한 것은 그의 막강한 독서력일 것이라고 나는 믿는다.

3. 직관

그는 기본 모티브를 연결해서 그림을 그린다. 나무, 각설탕, 고가도로, 소녀, 우주기지 같은 것을 가느다란 선으로 계속 붙여 나간다. 최근에는 큰 그림을 자주 그리는데 커다란 화면을 작은 모티브로 가득 채운 것을 보면 아주 놀라워서, 즐기지 않으면 못할 일이라는 생각이 절로 따라온다. 그에게는 이것저것 따지는 계산속보다도 자신이 만족할 수 있느냐는 단 한 가지 조건이 중요했던 것 같다. 여러 가지 인생 경험으로 삶에 대한 본질적인 질문이 고조되었던 때, 그림을 시작한 것만 봐도 그렇다. '꾸질꾸질한' 오피스텔에 들어박혀 손톱깎이를 그리는 것은 마음이 시키지 않으면 못할 일이다. 그림을 그리고 싶어 하는 사람들에게 그가 건네는 말을 보자.

"그림을 잘 그리려는 생각은 좀 나중에 해도 됩니다. 일단은 자신의 다양한 경험과 감정을 그림에 투영해 보세요. 그림에 공감하는 관객이 생긴다면 그것이 곧 잘 그린 그림 아닐까요."

그의 블로그 타이틀인 '에피파니'도 예사롭지 않다. 에피파니 epiphany! 본래 기독교에서 그리스도의 현현을 뜻하지만, '조야한 말 혹은 몸짓에서 갑자기 영적인 현시가 나타나는 것'의 의미로 정착되었다. 그가 무엇을 추구하는지 짐작할 수 있지 않은가!

4. 블로그

그는 그림을 시작한 지 1년 만에 첫 책을 출간하였다. 이처럼 빨리 성과를 낼 수 있었던 데는 블로그의 성공이 자리 잡고 있다. 전에 웹 콘텐츠 개발을 했을 정도로 전문가인 데다가 글과 그림에 모두 능하니 네티즌의 주목을 받는 것은 어쩌면 당연한 일이었다. 요즘도 하루 방문객이 천 명에 육박하고, 5천5백 명이나 되는 사람들이 그의 글을 구독한다. 블로그http://blog.naver.com/jbob70/의 '어바웃 밥장' 카테고리에는 2006년경에 파워블로거로서 각광을 받은 자료가 많이 남아 있다. 기억하기 좋고 발음이 분명한 '밥장'이라는 닉네임도 한몫했을 것이다. 그의 책에는 실명은 찾아볼 수 없고 밥장이라고만 명기되어 있다. 그는 이제 장석원이 아니다. '밥장'이라는 브랜드다.

5. 트렌드

무리 : 무리하지 말자. 내 능력의 80퍼센트까지만 한다. 나머지는

그냥 남겨 둔다. 힘들면 늘는다.

조미료 : 내 그림을 가만히 보고 있자면 마치 조미료 때문에 이 요리나 저 요리나 맛이 똑같은 그저 그런 음식점이 떠오르곤 한다. 어쩌지.

ㅋㅋ : 뭐가 되었든 ㅋㅋ거리며 웃을 수 있는 펀치라인이 숨어 있는 그림이면 좋겠다. 심각하거나 진지한 주제를 다룰수록 일단 ㅋㅋ이 튀어나와야 한다. 유머는 결코 외면당하는 법이 없다.

'나를 만드는 14개의 단어들'에서 눈길 가는 것을 좀 더 옮겨 보았다. 자기성찰과 유머라는 키워드가 읽힌다. 이것들이 앞서 말한 솔직함, 쾌락 추구와 직관적인 감각, 인터넷과 만나면 작금의 중요한 시류는 모조리 모아 놓은 것이 된다. 그는 그저 자기다움을 추구했는데 시대적인 트렌드에 부합했던 것이고, 바로 이것이 성공의 요건이 된 것이다. 세상일에 운도 무시 못하겠지만 그가 오랜 독서로 닦아 온 감각도 일등 공신이다.

글쓰기와 그림을 같이 하다 보면 세탁기가 된 기분이다. 글쓰기는 쥐어짜고 그림 그리기는 펼쳐 너는 듯한 느낌이 들기 때문이다.

그의 그림이 성공한 데에는 이처럼 짧으나마 감각적인 덧글도 주효했다고 본다. 갈수록 선정성이 사라지고 미래지향적인 상상력을 보여 주는 전략도 탁월했다. 그의 그림에는 스토리가 있다. 역시 독서의 힘이다. 독서를 통해 형성된 자기만의 세계가 두고두고 힘이 되었다. 이런 요소들에 기반을 두어 브랜드를 갖게 된 다음에는 발전 속도가 더욱 빨라지지 않았을까. 그림도 나쁘지는 않지만 밥장의 그림이니까 한 번 더 쳐다보게 되는 것이다. 그저 즐거움을 따라가며 독한 훈련도 마다하지 않다 보니 자기도 모르는 사이에 이 모든 것을 얻게 된 그. 그가 성공한 요소를 모두 갖출 수 있다면 글쓰기가 모든 것을 해결해 주는 일도 가능하리라. 그 첫째는 시류나 외부의 조언이 아닌 마음의 북소리를 따라가는 일이다. 내가 정말 하고 싶은 일을 하는 데서 나오는 원초적 에너지가 그 사람을 빛나게 하고, 힘든 훈련을 버티게 하고, 결국 원하는 곳에 서게 한다.

그는 여러 면에서 〈창작 면허 프로젝트〉의 저자 대니 그레고리와 닮았다. 대니 그레고리 역시 평범한 직장인으로 살다가 아내의 지하철 사고 이후 그림을 그리기 시작했다. 이미지와 문자를 같이 다루는 능력은 그에게 그림일기로 집약되었다. 글을 쓰고 그림을 그리면서 삶의 아름다움을 전폭적으로 껴안게 되는 과정도 닮았다. "예술은 인생을 고통스럽지 않게 해 준다"는 대니 그레고리의 말을 두 사람이 증명해 보이고 있는 것이다. 그 역시 블로그를 통해 빠른 시간에 첫 책을 출간할 수 있었다. 무엇보다도 직관을 따라가는 일상예술가라는 점에서 닮았다. 이 두 사람은 untaught art의 선두 주자로서 '만인의 아티스트화'를 적극 지원하고 있다.

아무것도 하지 않고 노는 만큼만 그리자. 해 보는 게 아니라 그

냥 해라. 아무것도 아닌 재능에 휘둘리지 말고 하고 싶은 걸 하란
말야. 아주 약간의 시간과 에너지만 쏟으면 삶이 훨씬 거리낄 게
없어지고 행복해질 텐데 평가는 제쳐 두고 그냥 꾸준히 하는 거야.

한근태
_전환의 공식

그는 원래 엔지니어였다. 성공적인 회사 생활을 해 오다가 마흔둘
에 전환기를 맞이했다. 자의반 타의반으로 회사를 그만두게 되었는
데 위기를 기회로 삼아 경영컨설턴트로 180도 방향을 선회한 것이
다. 나는 〈40대에 다시 쓰는 내 인생의 이력서〉를 통해 처음으로 그
를 알게 되었다. 책에 나오는 아내와 딸이 쓴 글이 매우 인상적이었
다. 완전히 새로운 분야에서 밑바닥에서부터 다시 시작하던 이야기
를 가족을 통해 들으니 더 실감이 났다. 그의 아내는 경력이 있었기
에 어느 정도의 대접을 받을 줄 알았는데 전혀 아니었다며 사회의 냉
담한 반응에 놀랐다고 한다. 어느 정도 시간이 흐른 후에 그는 3개
월간 무보수로, 이후에는 성과급을 받는 조건으로 한 컨설팅 회사에
합류하게 된다. 불안정한 수입과 전망 때문에 불안한 나머지 가슴이
두근거리는 증상까지 나타났지만 그녀는 자신보다 더 힘든 사람이
남편일 거라는 생각에 내색하지 않고 격려를 아끼지 않았다고 한다.
그 와중에도 남편이 새로운 일을 즐긴다는 것이 위안이 되었다. 좋아

하는 일을 하게 된 그는 손에서 책을 놓지 않고 연구에 몰입하며 새로운 분야에 적응해 갔다. 그의 가족은 3년간 차가 없었으며 마이너스 통장으로 살았다고 한다. 그때 어려움을 겪은 이후 그녀는 좀 더 다른 사람들의 입장을 헤아릴 수 있게 되었다.

딸이 고1 때 쓴 '자전거 타던 시절'도 감동적이었다. 당시 중학교에 입학한 즈음이었는데 차가 없다는 것이 친구들에게 무척이나 부끄러웠다. 또한 운동으로 자전거를 타는 것과 이동을 목적으로 타는 것은 기분부터 달랐다고 한다. 그들 네 식구는 어디든지 자전거를 타고 다녔다. 여름에는 땡볕 속에서, 겨울에는 세찬 바람을 맞으며, 육교에 도전하며 그렇게 자전거를 타고 다닌 시절은 커다란 자산이자 그리운 추억이 되어 주었다. 아파트 뒤쪽으로 난 기찻길을 따라온 가족이 자전거를 타고 가는 풍경을 그려 보라! 자전거 덕분에 자신은 더욱 강해지고, 가족은 더 가까워졌다고 딸은 추억한다. '시종에게조차 영웅인 사람은 없다'는 말이 있다. 밖에서는 우러러보고 성공한 사람으로 추앙받더라도, 시시콜콜 인간적인 면모를 알고 있는 가까운 사람들에게는 그만한 인정을 받기 어렵다는 뜻일 것이다. 그런데 가족의 전격적인 지지를 받고 있는 한 가장의 모습이 참으로 좋아 보였다. 아내와 두 딸 덕분에 점점 페미니스트가 되어 간다는 말에 저절로 미소가 피어올랐다. 그렇게 나는 한근태의 독자가 되었다.

이 장에서 소개하는 세 사람 모두 비교적 짧은 시간에 자기 브랜드를 획득했다. 밥장에겐 블로그의 성공이, 구본형에겐 첫 책의 성공이 커다란 힘이 되었다면 한근태에게는 역시 글쓰기가 일등 공신이었다. 그는 작은 컨설팅 회사에 다니던 무렵 우연히 경제지에 칼럼을 쓰게 되었다. 2년 정도 썼는데 생각보다 평이 좋아 점점 자신감이 생겼다. 그때 독자 한 분이 칼럼을 읽고 자기 회사로 그를 스카우트했다고 한다. 마침 평소에 일하고 싶던 곳이었으니, 날개를 단 셈이었다. 나는 그에게서 글쓰기 외에도 진정성, 지독한 성실, 스토리라는 키워드를 발견할 수 있었다. 다른 두 사람에게 이것들이 적용되지 않는다는 말이 아니다. 밥장이 좀 더 직관적이듯이 한근태에게서는 진솔한 인간미가 부각되었을 뿐이다. 세 사람은 '단절→목표 설정→전념→성과→진화'의 과정을 비슷하게 거치고 있다. 이것은 굳이 성공한 사람들을 분석해 보지 않아도 누구나 알 수 있는 상식일 수도 있다. 행동이 달라지지 않고 다른 삶을 기대하는 사람은 바보이거나 정신병자다. 갈 곳을 모르면서 그곳에 닿기를 기대하는 사람도 마찬가지다. 그런데도 많은 사람들이 이것을 외면한다. 이처럼 단순하고 분명한 경로를 모른 척하고 재미없고 종속된 삶을 감내한다. 그래 놓고는 '진정한 나'를 찾아 부심한다며 불만과 의구심 속에 시간을 낭비한다. 마음을 다해 도달하고 싶은 곳을 찾는 것이 그토록 힘들다면 할 말은 없다. 그렇다면 주제를 잡는 것이 책 쓰기의 첫걸음인 것처럼 비전을 정하는 것이 성공의 첫걸음이라고 말할 수 있겠다. Design first! 우선 갈 곳부터 정하라.

그들이 처음 목표를 설정하는 과정이 지극히 우연이거나 직관에 의존한 것이 흥미롭다. 밥장은 노트 필기에 목숨을 거는 학생이었다. 시험 기간이면 많은 친구들이 그의 노트를 빌리려고 줄을 섰다.

생판 모르는 아이가 자기 노트를 복사한 것을 가지고 공부하는 것을 본 적도 있단다. 그는 빈 종이만 있으면 그림을 끼적거리는 버릇이 있었을 것 같다. 인생에 터닝 포인트가 필요하게 되었을 때 그는 무의식적으로 자신이 즐겨 하던 일로 빠져들었다. 그리고 오직 그 일만 했다. 한근태는 전에 컨설턴트에 매력을 느낀 적이 있다. 젊은 나이에도 불구하고 당당하게 회사의 경영 상태를 지적하는 컨설턴트가 멋있어 보였다. 엔지니어의 길에 정지신호가 걸렸을 때 그는 컨설턴트를 떠올렸다. 이것은 그가 가진 인문성에 잘 부합되었다. 말하자면 그는 이과보다는 문과에 어울리는 사람으로, 숱한 독서에서 다져졌을 인간에 대한 관심을 다루기에 엔지니어는 적합하지 않았던 것이다. 구본형도 마찬가지다. 어느 날 섬광처럼 떠오른 '책을 쓰자!'는 생각을 그는 실천에 옮겼다. 순간적으로 떠오른 생각을 껴안고 10년을 흘러 하나의 강물이 되었다. 가장 중요한 결정을 내릴 때는 직관이 이성보다 앞서는지도 모른다. 그리고 직관이 충동이나 변덕과 구분되는 것은 실행력이 있느냐 없느냐의 여부다. 직관을 실행력으로 완성할 것! 그것이 바로 전환의 공식인 것이다. 한근태에게서 느껴지는 성공 키워드를 정리해 본다.

1. 진정성

〈한국인 성공의 조건〉, 〈중년예찬〉 같은 그의 책은 다분히 상식적이다. 구구절절 너무나 당연하고 옳은 이야기들로 가득 차 있다. 하지만 너무 당연해서 심심하게 느껴질 수도 있는 이야기들이 그의 목소리를 거치면 힘이 실린다. 그에게는 당연한 것이 지켜지지 않는 시대에 원칙을 다 지키면서 살 것 같은 반듯함이 있기 때문이다. 그의 글을 읽으며 '글쓴이가 드러나는 글이 좋은 글'이라는 말을 다시 한번 떠올린다. 유학 간 딸과 휴가를 같이 보내기 위해 서둘러 일을 처리하는 모습이 있기에 "가정에서의 성공에 목숨을 걸어라. 다른 곳에서 성공해도 가정에서 실패하면 진정한 의미의 성공이 아니"라는 말에 무게가 실리는 것이다. 우리는 어떤 사람의 말과 행동이 일치될 때에만 감화를 받는다. 그래서 교육이란 '나 닮아라, 나 닮아라' 하는 일이라는 말도 있다. 그에게서는 글과 삶이 일치할 것 같은 진정성이 느껴진다.

2. 지독한 성실성

그는 2001년 〈나를 위한 룰을 만들어라〉를 시작으로 열두 권의 책을 썼으며 번역한 책은 스무 권이 넘는다. 얼마나 부지런하고 시간 관리를 잘했을지 짐작이 가는 대목이다. 그의 글에는 태도의 중요성을 강조하는 내용이 많다. '지적 능력보다 삶에 대한 태도가 중요하다. 태도가 나쁜 사람은 지구를 떠나야 한다'는 과격한 주장까지 있다. 구본형도 태도가 제일 중요하다고 한다. 작은 일을 중요하게 여긴다는 점에서 두 사람이 똑같다.

두 사람은 인간의 속성을 간파하고 있는 것 같다. 사람이 지닌 본능 중 가장 상위에 있는 것은 인정받고자 하는 욕구다. 의도하지 않았더라도 이런 욕구에 상처를 입히면 언젠가 그것은 부메랑이 되어 자기 자신에게로 돌아온다. 반대로 아주 사소한 것일지라도 배려를 하면 기대 이상의 보상을 얻게 된다. 인간관계는 물론 시간 관리와 업무 처리에서 최후의 하나까지 꼼꼼하게 챙길 것! 즉 디테일에 강할 것. 이것이 모든 성공의 숨은 비밀인지도 모른다. 그의 블로그http://www.hansconsulting.co.kr/ 문패를 장식하고 있는 구절에서도 그의 소신을 다시 확인할 수 있다.

사소한 것을 사소하게 보지 않고 신경을 쓸 수 있는 사람이 살아남을 수 있다. 사소한 것은 결코 사소한 것이 아니다. 하나를 보면 열을 알 수 있다.

3. 독서와 글쓰기

아마 그는 독서광일 것이다. 그의 편안한 글솜씨가 그것을 보장한다.

비전은 보이지 않는 것을 보는 기술이다.
목표는 그 자체보다도 목표가 주는 에너지 때문에 반드시 필요하다. 목표는 그것을 달성하든 못 하든 생활을 위대하게 한다.
성공한 사람들은 대개 얼굴이 맑고 평화로워 보인다. 그것은 그들이 왜 사는가에 대한 답을 찾았고, 그에 따라 살아가기 때문이다.

그의 책 곳곳에서 만만치 않은 내공과 문장력이 번득인다. 그가 브랜드를 확립하고 유지하는 데 독서력과 글솜씨가 커다란 역할을 하고 있다. 그도 〈리더의 언어〉를 쓴 후 책의 힘을 다시 한 번 실감했다고 한다. 수많은 기업과 최고경영자 과정에 강의 초청을 받았으며 커뮤니케이션 전문가로 인정을 받았던 것이다. 그는 수많은 책과 메일 서비스 '한스레터'로 독자와 직접 소통한다. 삼성경제연구소 사이트 SERI CEO에서 북 리뷰 코너를 진행하기도 했다. 이때 쓴 글을 모아 펴낸 〈잠들기 전 10분이 나의 내일을 결정한다〉에는 저자의 장점이 잘 발휘되어 참 보기 좋다. 이 책 말고도 〈구글 대학에 없는 명언〉이나 〈경영에 관한 재치 있는 말들〉을 쓰거나 번역했다. 우리가 보통 취미의 영역이라고 생각하는 책 읽기를 가지고 비즈니스화한 것이 신기하다. 하긴 고도원은 '아침편지' 하나를 가지고 문화재단까지 설립했다. 책에서 뽑은 인상적인 글귀에 간단한 소감을 붙인 그의 메일을 받아 보는 사람이 2011년 6월 기준으로 256만 명에 달한다고 한다. 그가 메일 서비스를 처음으로 시작했듯이 완벽하게 새로운 방식이 나타날 수도 있다. 누군가 독서 글쓰기 분야에서 '고도원의 아침편지'에 못지않은, 단순하지만 파급력이 큰 아이템을 들고 나온다면 감회가 새로울 것 같다. 그 사람이 나라면 더욱 좋겠지만 그런 일을 접하는 것 자체가 즐거운 일이다.

4. 스토리

그는 서울대 공대를 나와 국비 장학생으로 미국에서 공학박사를 취득했다. 대우자동차에서 39세에 최연소 임원으로 임명되어 화제가 되었다. 그러나 그는 회사 생활에 기본적으로 회의를 갖고 있었다. 남들이 부러워하는 성과를 누렸지만, 만족감이 들기도 전에 또다시 정복해야 하는 고지가 자신을 짓눌렀다고 한다. 회사원으로서의 미래가 그려지지 않았고 사내 정치도 불만족스러웠다. 늘 열심히 살아 온 것 같은데 삶이 나아지는 것 같지는 않았다. 결국 그는 이 불합리한 사이클을 정지시키기로 마음먹는다.

그는 막연한 호감을 갖고 있던 경영컨설턴트로 전환을 시도하였고, 단시간에 전환에 성공하였다. 지난 경력이 새로운 분야에서의 성공을 담보한 것은 아닐 것이다. 지난 시절의 성취를 가능하게 한 성실함이 새로운 선택에서도 유감없이 발휘되었다고 보는 것이 맞을 것이다. 그가 전환을 결심한 시점은 구본형이 책을 쓰자고 마음먹은 때와 정확하게 일치한다. 나 역시 마흔 즈음에 변화를 시도했다. 사회생활을 시작하고 십여 년이 넘으면 그 현장에 대한 파악이 끝난다. 어느 정도 경제적인 안정을 이루었고, 인생을 전체로 보는 시각도 생겼다. 삶에 대한 총체적인 질문이 쏟아져 나오기 맞춤하다. 이렇게 40대는 변화의 최전선에 서는 시기이고, 이때 변화에 성공한 사람들이 수많은 후진들의 역할 모델이 된다. 이제 그는 50대 중반이 되었다. 40대에 전환에 성공하여 브랜드를 쟁취한 1세대로서 평생 현역의 사례를 보여 주어야 하는 의무가 남아 있다. 전환은 한 번으로 끝나는 것이 아니다. 스토리는 계속되어야 한다.

구본형
_평범한 사람이 위대해지는 법

구본형은 내가 아는 사람 가운데 크게 성공했다고 꼽을 수 있는 유일한 인물이다. 그를 집중 탐구해 보는 것만으로도 성공의 공식을 캘 수 있지 않을까? 모든 과일에는 비타민이, 모든 곡식에는 탄수화물이 주를 이루듯이, 모든 성공의 요인은 일맥상통할지도 모르니 말이다. 구본형 선생은 나의 역할 모델이다. 글 속에서 언뜻언뜻 비치는 기질이 나와 비슷하다고 느끼기에 내가 성공할 수 있는 최고의 방식, 내가 도달할 수 있는 최고의 위치를 그에게서 본다. 물론 이때의 성공이란 '내가 원하는 방식으로 살아가는 것'을 말한다.

나는 2006년에 2기 연구원으로 그와 인연을 맺었다. 안 지 5년이 넘었지만 개인적으로 뵐 일은 거의 없었다. 공저 작업을 하거나 연구원들과 함께 어울릴 때도 나는 선생에게 가까이 다가서는 편이 못 된다. 내가 사람을 대하는 방식이 원래 그렇다. 친구들하고도 시시콜콜 일상을 공유하며 밀착하는 것을 잘 못한다. 마음 깊이 신뢰하고 인정한다 해도 적절한 거리를 두고 지켜보는 것이 전부라고나 할까. 그 때문에 친분이 있는 분이라고 해도 이 글은 문헌 연구나 관찰법에 의해 작성되었다. 선생의 글을 읽거나 연구원들과 지내는 모습을 옆에서 뵈면서 각별하게 다가온 것들을 연결하고 감정 이입하여 쓴 것이다. 내가 생각하는 성공을 이미 이룬 한 개인의 경로를 낱낱이 해부함으로써, 나를 포함한 후진들에게 귀감이 되게끔 하려다 보니 누군가의 인생을 평가하는 것처럼 보일 수도 있을 것 같아 신경이 쓰인다. 이 글은 당연히 나의 개인적인 소견이며, 행여나 선생에게 누가 되지 않기를 바란다. 내가 그의 성공 여정에서 추출한 키워드는 다음의 일곱 가지다.

1. 단절

그도 16년 동안 IBM에서 근무하던 기간에는 우리처럼 평범한 직장인이었다. 어느 날 그는 더 이상 삶이 빛나지 않는다는 것을 깨달았다. 짬이 나면 무협지를 읽으며 시간을 죽이고, 세월의 흔적을 뱃살에서만 확인할 수 있는 직장인으로 늙어 죽는다고 생각하니 끔찍했다. 그는 돌연 지리산에 들어가 한 달 단식을 시도한다. 43세였다. 무심히 반복되는 일상을 멈춰 세우고 안락함에 길들여진 육신에게 불편함을 주고 싶었다. 사냥감을 구하지 못하면 굶어야 하는 초원의 수렵민처럼 동물적인 상태로 돌아가 변화를 추구하고 싶었다. 생각보다 단식은 할 만했다. 이제껏 너무 많이 먹으며 살고 있었다는 생각, 살아가는 데 그렇게 많은 것이 필요하지 않다는 발견이 상쾌했다.

그는 무심히 반복되는 일상에 쐐기를 박아 멈추게 했다. 16년 동안 굴려 오던 바퀴였다. 이제 큰 힘을 주지 않아도 바퀴가 알아서 돌아가고, 바퀴 주변에서 누릴 수 있는 혜택은 더욱 커져 있었을 것이다. 너무 익숙하여 편안해진 것을 멈추려면, 그 안락함을 뛰어넘는 가치에 대한 목마름이 있어야 한다. 아직은 이 편안함과 바꿀 만한 가치가 무엇인지도 확실하지 않으면서 그는 돌연 일상의 바퀴를 멈추었다. 음식이 무엇인가? 안락함과 풍요로움의 상징 아니던가. 단식을 선택함으로써 그는 기름지고 호의호식하는 생활에 제동을 걸었다. 그 첫 번째 단식 이후로 그는 요즘도 수시로 단식을 한다. 그로써 내 몸을 내 맘대로 통제할 수 있다는 자신감, 훨씬 조금 먹고도 살 수 있다는 사실을 확인한다. 단식이라는 상징성은 더 많은 것을 갖기 위해 애쓰기보다 더 좋은 것을 추구하게끔 해 준다.

2. 도전과 실행

단식 중이던 어느 날 아침, 배가 고파서 일찍 눈이 떠졌는데 '책을 쓰자'는 생각이 섬광처럼 스쳐 갔다. 그전까지 일기나 편지밖에 써 본 적이 없지만 책을 쓸 수 있을 것 같았다. 집에 돌아온 그는 예전처럼 회사 생활을 계속했지만 달라진 것이 있었다. 새벽 두 시간을 자기 자신을 위해서 쓰기 시작한 것이다. 그는 매일 아침 일찍 일어나 글을 썼다. 그것밖에 길이 없으므로 있는 힘을 다해 썼다.

책을 쓰자는 목표를 떠올린 그 순간은 구본형이라는 커다란 강물이 시작된 시점이므로 상당히 의미가 깊다. 나는 그 순간을 상상할 때마다 그 목표가 무척이나 직관적이었다는 것에 놀라고, 그럼에도 불구하고 그의 재능에 정확하게 부합되는 것이었다는 사실에 거듭 놀란다. 요즘은 보통 사람들도 책을 쓰는 분위기가 무르익었지만 1990년대 후반에는 그런 사례가 많지 않았을 것이다. 아무도 가지 않은 길을 가는 것은 여러 사람이 걸어가서 확연히 자리가 난 길을 걸어가는 것보다 몇 배의 힘이 필요하다. 세상은 그런 사람들에게 개척자라는 명예를 부여하고 칭송한다. 대부분의 사람이 일상생활에서 수많은 직관에 부딪치지만 오직 소수만이 그 직관을 붙들고 씨름한 끝에 무언가 만들어 낸다. 성공하는 사람의 조건은 목표 설정과 실행뿐인지도 모른다. 성공하기 위해서 그 많은 자기계발서를 다 읽고, 그 많은 강좌를 모두 들어야 하는 것이 아니다. 그대의 잠재력에 부응하는 적절한 목표를 세우고 자나 깨나 죽으나 사나 그 길을 가라.

3. 성과

그렇게 쓴 첫 책이 1998년에 나온 〈익숙한 것과의 결별〉이다. 그 책은 20만 부가 팔렸고, '90년대의 주목할 만한 책 100선'에 선정되었다. 그는 두 권의 책을 더 쓴 뒤에 직장을 그만두었다. 저술과 강의를 주로 하는 1인기업의 선두 주자가 된 것이다. 그가 자신의 키워드로 내걸었던 '변화경영'은 이제 상식이 되었다. 변화하지 않으면 생존할 수 없는 세상이 된 것이다. 그는 지금까지 열여덟 권의 책을 썼으며 고정 팬을 가진 인기 저자이자 섭외 1순위의 인기 강사다. 공부 잘한 두 딸 덕분에 신문의 '자녀 교육에 성공한 명사'란을 장식하기도 하며, 미모의 부인과 함께 강연 여행을 즐기는 진정한 성공의 표상이 되었다. 이제 그는 더 이상 평범하지 않다. 세상에 없던 가치를 만들어 내고, 많은 후학들이 그 길을 따라가는 위대한 리더의 반열에 올라섰다.

책을 쓰고 싶어 하는 후진들을 모아 연구원 제도를 만든 지 7년이 되었다. 해마다 여름이면 제자들과 여행을 가서 에너지를 충전한다. 몽골에 가서 게르에서 잠자며 말을 타고, 여섯 대의 캠핑카를 빌려 뉴질랜드를 트레킹하고, 그리스 델피의 신전이나 이태리 토스카나의 태양 아래를 누비는 연구원 여행은 내가 생각하는 생의 절정이다. 관심사와 언어가 비슷한 사람들이 밥벌이의 고단함과 사람살이의 고만고만한 문제들을 일시에 뛰어넘어 대자연 속에서 벌거벗은 자연인으로 뛰어노는 그 열흘은 이후의 1년을 너끈히 버티게 해 주고도 남는다. 그는 연구원을 무료로 지도한다. 세상의 화폐로 얻을 수 없는 것을 얻기 위해서는 무상의 정열을 기울여야 한다는 것을 몸소 보여 주고 있다. 연구원 출신 저자들의 책이 출간되면 그는 당사자보다도 더 기뻐한다. 정신적인 자식들이니 그럴 법도 하리라. 이 모든 것이 첫 책이라는 성과물에서 비롯되었다. 최선의 노력을 기울이고도 일정한 성과물을 내지 못하는 사람도 있을까? 우리는 성과를 통해 작은 성공을 맛본다. 이 만족감을 딛고 다음 단계로 나아갈 수 있기에, 작은 성공은 큰 성공을 불러온다. 한 분야에서의 성공이 다른 분야로 전이되기도 한다. 따라서 꾸준히 한길을 가기 위해서는 정기적인 성과물이 필요하다. 만일 성과를 내지 못하고 있다면 너무 커다란 목표를 설정했거나 실천 과정에 문제가 있는 것이 아닌지 되짚어 보자. 목표를 잘게 쪼개어 정기적인 성과물을 낼 수 있도록 배치하고, 방법론을 점검해 보는 것이 필요하다.

4. 진화

그는 성공한 저술가이자 강연가에 안주하지 않고 일상의 실험을 계속한다. 연구원 제도만 보더라도 해마다 새로운 조항이 첨가되고 있다. 2005년에 시작된 연구원 1기는 20페이지의 미스토리만 받아 보고 선발하였지만 2기에는 한 달간의 인턴 과정을 추가하였다. 3기에 해외 연수 과정을 신설하였으며, 그즈음 출판 관계자를 초대하여 연구원들의 출간 기획안을 발표하는 '프리 북페어'가 생겼고, 5기부터 면접 과정이 신설되었다. 7기부터는 거액의 패널티를 추가했다. 2년 안에 책을 못 쓰면 3백만 원, 3년 안에도 못 쓰면 나머지 7백만 원을 내야 하는 파격적인 조항을 첨가한 것이다. 책을 쓰면 적립금은 반환되니, 책 쓰기에 대해 확고한 의지가 있는 사람만 받아들이겠다는 장치인 셈이다. 그는 수시로 공저나 창조 놀이 아이템을 생각해 내는데 어떤 젊은이도 따라갈 수 없을 만큼 참신하고 역동적이다. 연구원들의 출간 경력이 쌓여 역량 있는 작가 클럽이 되면 더욱 멋지고 신 나게 놀 수 있는 아이디어를 갖고 나오리라 벌써부터 기대된다.

그는 자신의 정체성에 대해서도 지속적으로 재정의하고 있다. 전에는 마음속에 염원하는 것이 있으나 혼자 불타오르지 못하는 사람에게 불씨를 나눠 주는 '우연한 불쏘시개'라고 지칭하더니, 최근에는 '다른 삶으로 내모는 자'로 바꾸었다. 좀 더 뜨겁고 적극적인 의지가 느껴진다. 전에는 연구소를 '창조적 부적응자들의 간이주막'이라 했는데 앞으로는 '1인기업들의 항공모함'으로 키우고 싶다 한다. 나는 '간이주막'이라는 네이밍이 참 좋았다. 자기실현이라는 종착지를 찾아가는 여행자들이 잠시 쉬면서 목도 축이고, 방향이 같은 동지를 만나거나 정보를 얻을 수 있는 곳! 실제로 연구소에는 많은 사람들이 자신의 상황에 따라 다가오거나 멀어지곤 한다. 그 모습에서 지극히 자발적이고 자연스러운 리듬이 느껴져 간이주막이라는 별칭이 잘 어울리기도 했다. 그런데 요즘 '1인기업들의 항공모함'이라는 네이밍이 더 좋다. 간이주막에서 한숨 돌리던 여행자들이 연륜이 쌓여 자기 분야에서 전문가가 되기 위해 불철주야 애쓰고 있기 때문이다. 연구소에 모이는 많은 사람들이 자유롭게 창의성을 발휘할 수 있는 1인기업을 꿈꾼다. 항공모함에서는 1인기업들이 수시로 착륙하여 휴식을 취한 후, 연료를 보충하고 다시 떠나가는 역동적인 장면이 떠오른다. 이곳에서 1인기업의 장점은 충분히 살리되 서로 연대함으로써 더 많은 기회를 맞이할 수 있을 것이다. 수시로 이합집산하여 혼자서는 못하는 일에 도전하고, 서로 지지 집단인 동시에 고객이 되어주고, 재능을 맞교환하여 화폐처럼 사용한다든지 다양한 실험도 가능하다.

그를 쉬지 않고 걸어가게 하는 것은 새벽 시간의 탐구심과 제자들에 대한 애정일 것이다. 그는 요즘도 새벽에 일어나 책을 읽고 글을 쓴다. 10년 이상을 계속해 왔으니 이제 몸에 잘 맞는 옷처럼 더욱 편안해졌을 것이다. 연구원을 지도한 지 7년이 되었다. 월 1회 진행하는 오프라인 수업이 80회가 되도록 그는 한 번도 수업을 게을리한 적이 없다. 그는 개별화를 중요하게 생각하기 때문에 일괄적인 전달수업이 아니라 발표 위주로 수업을 한다. 미리 제시된 아젠다에 대해 연구원들이 준비한 내용을 듣고 간략하게 코멘트해 주는 방식이다. 앞장서서 이끄는 것이 아니라 공부를 할 수밖에 없도록 만드는 것이다. 발표 시간은 연구원 한 명당 최소 한 시간이 걸린다. 연구원이 보통 열 명 내외이니 발표 시간만 열 시간을 후딱 넘는다. 그런 마라톤 수업을 7년 동안 한 번도 어김없이 엄정하게, 그것도 무료로 해 왔다는 것은 그가 무서울 정도로 성실하다는 것을 증명한다. 가끔 후배 연구원들의 수업에 참관해 보면 갈수록 그의 코멘트가 날카로워지고 있다는 것을 느낀다. 연구원의 내면 깊숙이 들어 있는 가능성과 발표 내용을 연결하여 좀 더 큰 시야를 열어 주는 예리한 감각에 정신이 번쩍 날 정도다.

그가 진화하고 있는 것은 변화경영 분야만이 아니다. 그는 무엇이든 필요하다고 생각하면 연습에 연습을 거쳐 자기 것으로 만들어 왔다. 몇 년 전에는 그가 유머를 시도해도 아무도 몰라주는 경우가 많았다. 시쳇말로 썰렁했던 것이다. 요즘 그의 유머는 일취월장하여 시도했다 하면 백전백승이다. 같은 방식으로 노래와 춤을 비롯한 수많은 것들이 그의 안으로 들어왔다. 그는 무엇이든 좋다고 인정한 것에 전력투구하는 스타일이다. 변화경영 전문가를 거쳐 변화경영 사상가를 자처하더니, 다음 목표는 변화경영 시인이라고 하는 구본형. 그는 지금 이 순간에도 진화하고 있다.

5. 균형

한번은 기차 안에서 옆에 앉은 사람이 계속 전화 통화를 하더란다. 강연에 다녀오는 길이라 피곤했고 워낙 긴 시간 계속되었기에 한 마디 하고 싶은 것을 꾹 참았다고 한다. 작은 일이 큰 일의 빌미가 될 수 있음을 알기 때문이다. 나는 그 말을 듣고 무릎을 쳤다. 적을 만들지 않는다! 그의 행동 수칙을 하나 더 발견한 기분이었다. 그는 과욕이 없다. 힘써 추구하되 집착하지 않는다. 연구원들을 대하는 태도만 보아도 최선을 다해 가르치되 앞장서서 끌고 가지 않는다. 연구원 본인의 절실함이 없이는 스승이 아무리 이끌려고 해도 무망한 노릇이라는 것을 잘 알고 있기 때문일 것이다. 사회적인 잇속을 뛰어넘은 진솔하고 자연스러운 인간관계를 지향하면서도 '100퍼센트 솔직해서는 안 된다. 20퍼센트 정도는 남겨 두어야 한다'는 태도를 견지하는 것도 이 맥락에서 이해가 된다.

앞서 이야기한 대로 그의 풍류도 날로 발전하고 있다. 크로아티아 여행 중에 거리의 광장에서 연구원들과 가장무도회를 벌이며 노는 것을 보고 지나가는 사람들이 동전을 던져 주었을 정도다. 그는 누구보다 풍류를 사랑하여 춤과 노래, 시를 즐기지만 결코 지나치지 않는다. 어디쯤에서 끝내야 하는지를 잘 알고 있다. 이 같은 균형감각 또한 성공하는 사람들의 숨은 비밀이 아닐까?

6. 가치 창조

요즘 들어 인생의 성공이란 새로운 가치를 창조하는 일이라고 생각하게 되었다. 전에 없던 새로운 가치를 만들어 내어 사람들에게 유익을 선물하게 되면 부와 명예가 저절로 따라오는 것이지, 부와 명예가 먼저가 아니다. 글 쓰는 사람들에게 새로운 가치란 새로운 표현, 새로운 개념, 새로운 사상 같은 것이다. 사람들이 내가 만들어 낸 표현을 널리 사용하며, 내가 만들어 낸 사상을 받아들여 자신들의 삶을 풍요롭게 할 수 있다면 그보다 더한 기쁨이 어디 있으랴.

구본형은 자신의 모든 경험을 프로세스화하여 후진들이 참고할 수 있도록 만들었다. 음식 공급을 중단함으로써 생각 없이 진행되는 일상에 제동을 걸어라, 무슨 일이 있어도 새벽 두 시간은 자기 자신에게 투자하라, 다른 사람이 아닌 어제의 나와 경쟁하라, 책 쓰기를 통해 전문성을 인정받아라, 직장인의 생명은 필살기다, 인생을 시처럼 살다…. 이런 생각들은 전에도 있었을 것이나 구본형이라는 탁월한 실험맨으로 하여금 우리에게 각인되었다. 그가 재창조한 것이다. 수많은 후학들이 그가 창조한 가치를 수용하고 자기화하려고 애쓴다. 이것은 구본형이라는 한 개체가 무수한 조각으로 나뉘어 다른 사람들의 내면으로 들어갔다는 뜻이다. 그의 첫 책 〈익숙한 것과의 결별〉을 읽고 전격적인 변화를 시도했다는 사람들을 여기저기서 많이 보았다. 연구소에 모이는 사람은 물론 블로그 이웃이나 내 수강생 중에 여러 사람이 그의 책을 읽고 유학을 가거나 중요한 결단을 내렸다고 말했다. 불타는 배의 갑판에 그대로 서 있을 것이냐, 바다로 뛰어들 것이냐의 결단을 요구하는 그의 엄정한 질문에 화답하여 불확실성 속으로 뛰어든 것이다. 그런 사람을 접할 때마다 책 한 권이 독자에게 미치는 영향이 지대한 것에 놀라곤 한다.

그는 네이밍을 참 잘한다. 연구소의 캐치프레이즈인 '우리는 어제보다 아름다워지려는 사람들을 돕습니다'는 언제 보아도 좋다. 책이나 영화의 제목이 커다란 역할을 하듯이, 이 캐치프레이즈도 연구소를 널리 알리는 데 커다란 역할을 했을 것이다. 나의 글쓰기 강좌 타이틀 '글쓰기를 통한 삶의 혁명'도 선생님께서 어느 글에선가 언급한 것이 너무 좋아 허락도 받지 않고 내 마음대로 사용하고 있다. 선생님의 경험이 잘 축약된 표현이다 보니, 선생님을 역할 모델로 따르는 내게도 깊이 다가온 것이 당연하다. 이렇게 작은 예에서 보더라도 '무언가를 만들어 내는 것'은 충분히 보람 있는 일이다. 나에게서 비롯된 것이 다른 사람에게로 스며들어 가는 기분을 나도 느껴 보고 싶다.

7. 매혹

언젠가 나는 내가 사람을 그리워한다는 것을 알게 되었습니다. 나이가 준 좋은 선물입니다. 그동안 나는 나를 포함하여 평범한 사람들의 초라함이 싫었어요. 그리고 잘난 사람들의 오만도 싫었지요. 그러니 갈 곳이 나밖에 없었습니다. 나를 데리고 여러 실험을 하다 보니 다른 시선을 가지게 되었습니다. 오만한 사람에게는 그 뒤에 외로움이 있고, 평범한 사람에게는 그 뒤에 위대함에 대한 꿈이 있다는 것이지요. 사람의 불완전함이 귀여워졌어요. 그래서 나를 받아들이게 되고, 다른 사람을 받아들이기 시작했습니다. 물론 아직 시작에 불과하지만요.

묵은 노트를 뒤적이다 메모를 하나 발견했다. 문체로 보아 선생님께서 홈페이지에 가볍게 쓴 글을 옮겨 놓은 것 같다. 1인기업의 선두주자, 인기 있는 저자이자 강연가 구본형, 가까이에서 지켜본바 그의 위대한 점은 '자기로서' 살아간다는 것이다. 그는 한 가지만 잘해도 얼마든지 성공할 수 있고, 재미있게 살 수 있다는 것을 보여 준다. 특히 능란한 사회생활보다 읽고 쓰고 느끼고 관찰하는 것을 좋아하는 사람은 그의 삶을 집중 탐구할 만하다. 무릇 내향적인 사람은 자신처럼 살아야 한다고 그가 자신 있게 말하고 있는 만큼 그의 행보에서 많은 것을 얻을 수 있으리라.

구본형의 실험은 '사람'에서 완성되는 것 같다. 연구소에 모이는 많은 사람들이 자신의 개별성을 인정받음으로써, 자신의 삶을 일구기 시작한다. 다른 사람이 아닌 어제의 나와 경쟁하고, 추상적인 성공이 아닌 어제보다 아름다운 하루를 기획한다. 사회가 정해 놓은 기준을 따라 무한 경쟁에 지쳤던 사람들이 타고난 기질에 따라 직업을 창조하고 성공을 재정의한다. 스스로 만든 세상에서 우정의 정원을 가꾸는 리틀 구본형이 되기 위해 오늘도 발걸음을 계속하고 있다. 이것은 모두 사람을 받아들이기 시작한 구본형의 노력에서 시작되었다. 그는 사람을 비교하지 않고 판단하지 않고 있는 대로 받아들임으로써, '최선의 나'가 되도록 독려한다. 오직 사람 그 자체가 목표인 삶을 보여 준다. 그의 라이프스타일은 방사선처럼 주위로 퍼져 나가고, 그는 갈수록 아름다워진다.

사랑 없이 위대한 인격을 갖춘 사람이 있었던가! 사람에 대한 그의 탐구는 '공헌력'이라는 키워드를 탄생시켰다. 무엇을 많이 가진 사람이 부자가 아니라 세상에 많이 내줄 수 있는 사람이 부자라는 것이다. 연구소에서는 크고 작은 소모임이 생기면 그 안에서 자신이 무엇을 공헌할 수 있는지 고심하는 것이 첫 번째 원칙이 되었다. 누구는 장소를 제공하고, 누구는 호두과자를 사 오고, 누구는 기타를 치며 노래를 부른다. 모두가 자발적으로 기쁜 마음으로 그렇게 한다. 바로 눈앞에 자신의 재능을 아낌없이 퍼 주는 스승이 있기 때문이다. 연구소에서 훈련된 사람들은 어딜 가든 받을 생각만 하거나 무심히 분위기에 쓸려 가는 것이 아니라 자신이 그곳을 위해 무엇을 공헌할 수 있을지 고민할 것이고, 주변 사람들도 그들을 보고 덩달아 배울 것이다. 공헌력이 철학적으로 옳고 우리들 인간의 본성에 부합되기 때문이다.

우리 모두가 갈망하되 미처 모르고 있는 것을 대신해서 끄집어내 주는 사람들, 그들은 끊임없이 자신을 대상으로 실험함으로써 인류의 경험을 확장시켜 준다. 내가 가진 것이 있다면 최후의 1분까지, 최후의 살 한 점까지 불사를 사람들, 그리하여 죽음이 빼앗아 갈 것은 뼈와 가죽밖에 없도록 온전한 삶을 사는 것은 우리 모두의 염원이기에 우리는 그런 사람들에게 이끌릴 수밖에 없다.

02

글쓰기와 더불어 찾아가는
나의 꿈, 나의 삶

　나는 한때 잘나가는 학원의 원장이었다. 유치부 70명, 초등부 330명 도합 원생 400명까지 달성해 보았다. 보통 학원이라는 곳이 수시로 신규 등록을 받을 수밖에 없는 구조인데, 나는 수업 진도를 맞추기 위해 3월과 9월에만 신입생을 받았다. 신학기면 대기하고 있던 원생들이 수십 명씩 몰려왔다. 소읍이어서 그랬겠지만 나의 행보가 곧 읍의 수준을 높이는 일이었다. 남들이 하지 못하는 일을 남들보다 한발 먼저 행하는 것은 기분 좋은 일이었다. 그것이 설령 영어 뮤지컬 같은 유치부 프로그램을 도입하거나, 좌석 7백 석 규모의 지역 문화회관에서 학습 발표회를 여는 일처럼 단순한 일일지라도 내게는 그랬다. 그것은 그 지역에서는 아무도 밟아 보지 않은 땅이었다. 오직 나의 정보망과 판단에 의해서 내가 기획한 일이 성공할 때의 기분은 최고였다.

전성기는 오래가지 않았다. 학원이 난립하기 시작해서 그야말로 한 달에 하나씩 학원이 생겨났다. 좁은 지역의 과열 경쟁 속에서 승부욕 없는 나는 두 손 들고 물러났다. 학원만 안 할 수 있다면 영혼이라도 팔 수 있을 정도로 시달린 끝이었다. 이제 학원을 관둔 지 5년이 됐다. 그동안 잠깐씩 비정규직을 겸하기도 했지만 주로 읽고 쓰는 일을 했다. 글쓰기에 진입한 지 2년 만에 나의 관심 영역을 정할 수 있었다. 더 이상 나이가 변수가 될 수 없을 정도로 젊고 다양해진 시대에 여전히 찬밥 신세인 중년을 새롭게 자리매김하는 일! 그것은 나의 삶 그 자체였다. 책을 내기 위해서가 아니라 살아가는 원동력을 얻기 위해 탐구를 계속하다 보니 어느새 책 한 권 분량의 소신이 쌓이는 행복한 동행이었다.

요즘 나는 그 어느 때보다 열심히 산다. 읽고 쓰고 가르치는 것, 이것이 나의 일이다. 원생이 바글거리던 옛날에는 일이 좋은 줄을 몰랐다. 목 좋고 타이밍이 잘 맞아 학원이 잘나갈 때는 돈 쓰는 재미로 살았고, 가파른 속도로 오그라들 때는 죽지 못해 살았다. 호경기든 불경기든 일이 나의 정체성이라는 느낌을 갖지 못했다. 나는 이제 일의 맛을 안다. 일은 사회 안에서 내가 존재하는 방식이며, 내가 쓸모 있다는 것을 증명하는 통로다. 일은 이 세상 어느 것보다 좋은 것이다. 내가 원하면 언제나 시작할 수 있다는 면에서 사랑보다 좋고, 의미의 최고봉을 맛볼 수 있어서 여행보다 좋고, 나의 존재를 전면적으로 인정해 주어서 친구보다 좋다. 수강생이 성인으로 바뀌었을 뿐 학원 일과 비슷한 글쓰기 강좌를 하면서도 불과 열댓 명의 수강생에 열광하는 나를 본다. 몇백 명의 수강생에게서도 느끼지 못했던 책임감과 뿌듯함에 인생의 아이러니를 느낀다. 이 드넓은 세상에서 나를 발견하고 내 강좌를 선택해 준 사람들, 그들이 소기의 목표를 달성하여 자신이 원하는 삶을 살 수 있도록 도와주고 싶다는 생각에 손발이 짜릿해진다. 내 강좌를 들은 사람들이 남아 지속적인 훈련을 하는 글쓰기 카페는 내 삶의 중심이 되었다. 한 달에 한 권 필독서를 읽고 주 1회 자유 에세이를 올리는 느슨한 강도로 진행하는데도 대부분의 회원들이 채 1년이 안 된 기간에 엄청난 발전을 보여 주었다.

나는 첨삭 지도에 비중을 두지 않는다. 개별 문장이나 글 한 편의 순도보다 글쓰기 자체에 대한 열정이 더 중요하다고 생각하기 때문이다. 특히 내 수강생들처럼 실용서 쓰기를 목표로 이제 막 글쓰기를 시작한 단계에서는, 자신감을 가지고 꾸준히 쓰는 것이 최선이라고 생각했다. 그 단계에서 돌파해야 할 문제점을 간간이 튕겨 주고 무조건 써 나가게 하다 보면 스스로 안목이 생길 것이라 여겼는데 정말 그랬다. 그중 대표적인 사례를 하나 소개하자면, 어려서부터 글쓰기를 좋아하던 사람이 있었다. 그녀의 글쓰기는 여고 시절에 중단되었다. 교지 편집장을 했는데 지도교사가 선임 편집장은 자상하게 지도해 주는 반면 그녀에게는 아무런 반응도 보이지 않은 것이 상처가 되었던 것이다. 수업 시간에 글쓰기에 대한 경험을 나누는 자리에서 그 말을 듣고 내가 그것은 생각하기 나름이다, 선임 편집장은 미주알고주알 알려 줘야 하는 타입이지만 당신은 혼자서도 얼마든지 잘하고 있어서 말을 보탤 필요가 없었을지도 모른다고 말해 주었다. 그녀는 내 말을 듣고 아주 고마워했다. 중년이 되어 다시 글을 쓰고 싶다는 생각이 무르익던 차에 내 말이 힘이 되었던 것이다.

그때 그녀는 미스토리 위주의 글 모음을 갖고 있었다. 글 재주가 없지 않았으나 글이 너무 짧고 자신의 경험에 한정되어 있었다. 나는 그녀에게 두 가지만 요구하였다. 글이 반드시 길 필요는 없지만 길게 끌고 가는 힘은 중요하니 두 배 길이로 쓰자, 좋은 책을 많이 읽어 내 경험을 뒷받침하는 인용구를 적절하게 활용하여 글에 무게와 범용성을 더하자. 워낙 성실하고 반듯한 성정을 가진 그녀는 이 두 가지를 염두에 두면서 1년에 백여 편의 글을 썼다. 그리고 놀라울 정도로 발전하였다. 원래 가지고 있던 씨앗이 훈련에 의해 맘껏 촉발된 것이다. 전에 썼던 글을 스스로 고칠 수 있게 되고 카페 멤버들의 환호를 받으며 그녀는 완전히 자신감을 되찾았다. 그녀는 내 첫 책을 읽고 내 블로그에 와서 댓글을 달아 준 1호 독자였는데, 이제 나는 그녀가 내 수강생 중에서 처음으로 자기 책을 갖기를 기대하게 되었다. 성취의 기쁨이 기름을 부어 마른 들판에 불길 번지듯 커 나갈 그녀가 보이기 때문이다.

글쓰기에 대한 책을 읽다 보면 대부분의 저자들이 '무조건 쓰라'를 강조하지만, '무얼 좀 알고 쓰라'는 입장도 적지 않다. 일단 문학 동네와 내 책 쓰기를 지향하는 보통 사람들의 경우는 다르다는 말을 하고 싶다. 문학은 언어를 재료로 삶을 탐구하는 순수예술이다. 요즘은 좀 달라졌는지 몰라도 문학에 투신한다는 것은 악마와 거래라도 하듯 엄숙하고 비장한 결단을 뜻했다. 문학 외의 모든 것을 버리고 자신을 들어 제단 위에 바치듯 헌신해야 겨우 비밀 한 자락 엿볼 수 있는, 선택된 자만이 갈 수 있는 험난한 길이라는 함의로 가득했다. 이런 문학에서는 고도로 정련된 언어 감각이 필수적이고, 엄격한 훈련을 거치지 않고서는 아예 기회 자체를 얻지 못할지도 모른다.

그러나 우리가 겨냥하는 대중서에서는 자신만의 특별한 경험을 언어로 전달할 수 있으면 충분하다. 물론 문장력이 출중하면 더 좋겠지만 콘텐츠가 문장력보다 더 중요하다. 이제 글쓰기는 더 이상 학자나 작가 같은 소수의 전유물이 아니다. 이데올로기나 순수 창작보다는 장삼이사의 시시콜콜한 일상이 부각되고, 누구나 1인 1책 쓰기에 도전하는 지식 폭발의 시대인 것이다. 심지어 콘텐츠를 인정받으면 문장은 편집부에서 고쳐 주기도 한다. 그것이 바람직한 일은 아니지만 글쓰기엘리트주의보다는 유용하다고 생각한다. 엄격한 원칙이 지나쳐 지적 선민의식으로 글쓰기에 도전하려는 사람들에게 찬물을 끼얹는 것보다 초심자의 열정을 유지하는 방안이 더 필요하기 때문이다.

글쓰기는 창조의 영역이다. 정확하고 빼어난 글을 쓸 수 있기 전에는 숨소리도 내지 못한다는 강박관념보다는 내 안에 들어 있는 것을 모두 파헤쳐 보려는 용기와 절실함이 있을 때 더 좋은 글을 쓸 수 있다. 글을 쓰는 일은 때로 외롭고 두려운 일이어서, 나도 글을 쓸 수 있다는 확신이 없이는 오래갈 수 없다. 거짓 희망을 유포하자는 것이 아니라, 보통 사람의 글쓰기는 훈련에 의해 얼마든지 나아질 수 있기 때문이다. 무조건 쓰는 행위를 통해 점진적인 학습이 이루어진다. 글쓰기 지침으로 알려진 것들은 모두 섬세하기 이를 데 없어서 저마다 글을 쓰는 가운데 자기 방식으로 체득할 수 있는 것이지 선행 학습으로 얻을 수 있는 것에는 한계가 있다. 어느 정도 써 본 이력이 축적되지 않고는 아무리 좋은 조언도 스며들 토양이 형성되질 않는 것이다.

글쓰기 강좌를 하다 보면 여러 유형을 만난다. 책 쓰기라는 목표를 두고 보이는 태도도 다 다르다. 많은 사람들이 책을 쓰고 싶다는 목표를 설정하기를 힘들어했다. 언어 감각이 있고 분명히 속으로는 내 책 한 권 갖고 싶어 할 것 같은 사람도 무슨 비밀이라도 되듯 발설하지 않으려고 했다. 이런 사람들은 저자가 된다는 것에 대해 엄격한 관문을 상정하고 있는 것이 분명하다. 책 쓰기라는 목표를 갖고 있되 글은 쓰지 않는 사람들도 있었다. 물론 가장 바람직한 경우는 앞서 말한 수강생처럼 목표를 가지고 매일 쓰는 것이다. 글을 쓰며 스스로 나아지고 있다는 것을 알아챌 수 있으면 오래갈 수 있다. 글을 계속 쓴다는 것은 이미 관찰과 사고 훈련과 부수적인 공부를 병행하고 있다는 말이 된다. 글감을 잡고, 뼈대에 살을 붙여 논지를 구성하여 한 편의 글을 완성하기 위해서는 그런 사전 작업이 반드시 필요하기 때문이다. 거꾸로 '뭘 좀 알고 써야 하지 않겠나' 생각하는 사람은 이것저것 재고 따지다가 손을 놓기가 쉽다. 그래서 무조건 쓰는 열정과 습관을 강조하는 것이지, 바른 글쓰기를 위한 노력이 필요 없다는 뜻이 아니다.

이제 무조건 쓸 준비가 된 그대를 위해 지도 한 장을 준비했다. 지난 5년간의 경험을 응축시킨 것이니 잘 활용하면 그대의 시행착오를 줄여 줄 것이다. 중요한 사실일수록 반드시 직접 경험을 거쳐야만 체득할 수 있다. 글쓰기도 그중의 하나여서, 앞 못 보는 사람이 코끼리를 더듬어 겨우 짐작해 보듯 암중모색의 시간이 결단코 필요하지만, 길을 잃어 화살표 하나가 간절할 때 참고가 되기를 바란다.

1. 미스토리부터 시작하라.

2. 사생글 쓰기로 기본기를 다져라.

3. 최소한 50권의 준비 독서를 하라.

4. 블로그를 통해 글쓰기를 일상의 중심에 놓아라.

5. 최소한 50권의 주제 집약적 독서를 하고, 100편의 씨앗 글을 써라.

6. 나의 글쓰기 스타일을 분석하라.

7. 서로 격려와 자극을 나눌 수 있는 팀을 찾아라.

8. 책 쓰기를 만만하게 보자.

9. 인생에 더 많은 것을 기대하라.

10. 역량감으로 내 삶을 장악하라.

1. 미스토리부터 시작하라

나는 미스토리에 '자기성찰의 출발, 글감의 보고, 전환의 보루'라는 최고의 의미를 부여한다. 앞에서 누누이 강조했듯이 미스토리에는 내가 들어 있다. 내가 왜 글을 쓰고 싶은지, 글을 쓴다면 어떤 내용의 글을 써서 어떤 방향을 추구해야 할지, 궁극적으로 내가 글쓰기를 통해 추구하고 싶은 것은 무엇인지도 미스토리에 다 들어 있다. 무엇보다도 글쓰기 초기 단계에서 중요한 것은 미스토리에 무궁무진한 글감이 숨어 있다는 점이다. 내가 경험한 것에 대해서 글을 쓰면 어렵지 않기 때문에 미스토리를 쓰면서 글쓰기에 대한 낯가림을 없앨 수 있다.

말 타고 휘익 스쳐 가는 풍경 보듯 하면 내 삶에 이렇다 할 사건이 없는 것같이 여겨질 수도 있지만 절대로 그렇지 않다. 한 가지 장면을 떠올리면 부수적인 기억이 줄줄이 따라오니 기억을 얇게 저며 볼 필요가 있다. 글쓰기 연습에 돌입하는 사람이라면 누구든지 미스토리를 적어도 30장 이상 써 보았으면 좋겠다. 내가 가장 빛났던 순간을 떠올리는 일은 내가 잘하는 일에 선택과 집중을 하게 한다. 나의 에너지를 총집중하여 기어이 종이에 불을 붙일 수 있는 볼록렌즈를 하나 장만하게 해 준다. 열 가지 서툰 면이 있더라도 단 한 가지에만 집중해도 사람 노릇하며 재미있게 살 수 있다는 것을 알려 준다.

부들부들 떨릴 정도로 화가 났던 순간을 떠올리는 일은 내가 결코 양보할 수 없는 영역이 어디인지를 가르쳐 준다. 나를 나이게 하는 자존심의 정체를 밝혀 준다. 지금의 내가 될 수 있도록 나를 키워 준 것들도 자세하게 떠올려 보자. 내가 성장한 1960년대에는 읽을 것이 많지 않았다. 나는 옆집에 있는 동화책을 빌려 보기 위해 그 집 아이의 비위를 맞추곤 했다. 자줏빛 하드커버였던 그 전집의 표지가 아직도 기억난다. 방학 때마다 가서 뛰어놀던 외가의 풍경은 내 영혼의 수채화다. 과꽃이나 백일홍 같은 우리 꽃을 보면 무조건 좋은데 그것들이 외가 장독대 앞에 피어 있었던 기억이 떠올랐을 때는 가벼운 흥분까지 일었다. 나의 모든 감정과 선택의 뿌리가 지나온 풍경에 들어 있었던 것이다. 미스토리는 나 하나를 키우기 위해 얼마나 많은 인물과 장치가 필요했는지를 여실히 보여 준다. 내가 절대 허투루 살아서는 안 되는 존귀한 사람이라는 것을 깨닫게 해 준다.

편안하게 떠오르는 것부터 시작해서 좀처럼 꺼내 놓기 어려운 부분까지 샅샅이 뒤져 보라. 자기 노출이 걱정되어 내 이야기가 아닌 듯 슬쩍 소설로 위장하여 세상으로 내보내고 싶을 때도 있으리니, 그때가 바로 창작의 시작이지 뭐겠는가.

2. 사생글 쓰기로 기본기를 다져라

앞에서 나는 내 수강생들에게 최대한 자율을 보장한다고 말했다. 그러다 보니 개인차가 심하다는 단점이 있었다. 내적 욕구가 충만한 사람은 쑥쑥 치고 나가는데, 외부에서 강하게 끌어 줘야 하는 유형도 있었던 것이다. 에너지 자체가 약하거나 절대적인 독서량이 부족해서 글쓰기에 힘을 받지 못하는 사람들에게는 좀 더 강한 지도력을 발휘할 필요가 있겠구나 하고 느꼈을 때 처음으로 떠오른 것이 사생글 쓰기였다.

사생글은 눈앞에 보이는 사물이나 장면을 객관적으로 기술하는 글로서, 미술로 치면 스케치만큼이나 기본적인 것이다. 스케치가 그렇듯 사생글도 제대로 '보는 방법'을 훈련시켜 준다. 주관적인 느낌, 생각, 판단을 넣지 않고 오직 보이는 대로 객관적으로 서술한다. 보이는 것을 그대로 독자에게 전달할 수 있다면, 독자가 직접 판단할 수 있게 해 주어서 공감을 이끌어 내기 수월하다. 글의 분량도 손쉽게 늘릴 수 있다. 특히 시간이 좀 걸리더라도 원칙부터 차근차근 배워 나가고 싶은 사람은 이호철 선생의 책을 참고하며 되었다 싶을 때까지 꾸준히 연습하면 좋겠다. 초등학생의 글이나 성인의 글이나 접근하는 방법은 똑같다. 오히려 그 진솔한 열의에 감복을 받으면 받았지 부족함은 없을 것이다. 어른이 읽어도 손색이 없다.

3. 최소한 50권의 준비 독서를 하라

글쓰기는 계속해서 의미를 만들어 내는 작업이다. 생로병사의 울타리 안에 갇힌 인간의 삶이 너무 뻔해서 더 이상 새롭게 만들어 나갈 여지가 없다고 생각하는 사람은 한 장의 글도 쓰지 못할 것이다. 언젠가 죽음이라는 '절대 소거'가 오리라는 것을 알고 있지만, 마치 영원히 살 것처럼 사랑을 약속하고 도전을 계속하며 내 삶을 의미 있게 완성하고자 하는 것이 사람이고, 글쓰기는 그런 사람들의 것이다. 그러기 위해서는 삶을 향유하는 기술 – 예술문화, 인간을 자유롭게 하는 물질적 여건 – 경제, 앞선 인간들이 해 온 도전과 실험 – 역사, 더불어 살아가는 수칙 – 사회, 이 모든 것을 설명해 내는 큰 틀 – 철학 등에 대해 조금은 알아야 한다. 그래야 내가 서 있는 자리의 시간적, 공간적 좌표를 알 수 있고, 내 삶을 입체적으로 볼 수 있다.

읽지 않으면 쓸 수 없다. 여기에서 말하는 50권은 줄이고 줄여서 최소로 잡은 것이라 한때 유행하는 얄팍한 책은 포함시켜 줄 수가 없다. 위에 열거한 것처럼 인간의 삶과 세계의 본질에 대해 진지한 질문을 던지는 인문학, 새로운 가치 실현을 위해 오체투지 한 사람들에 대한 책을 읽어야 한다. 1주일에 한 권씩 읽는다면 1년이면 읽을 수 있다.

4. 블로그를 통해 글쓰기를 일상의 중심에 놓아라

블로그는 탁월한 자기계발 도구다. 기본적인 자기표현의 욕구가 있는 사람이 블로그를 만날 경우, 폭발적인 시너지가 일어난다. 나는 블로깅을 통해 '이미지의 위력'을 발견하였다. 미래사회는 이미지 기반 사회로서, 앞으로는 이미지를 모르는 사람이 문맹이라는 표현도 접한 터였지만, 그것을 피부로 실감한 것은 블로그에서였다. 이미지 없는 글이 너무 심심하게 느껴져, 이미지도 글과 똑같은 비중을 가지고 말한다는 것을 절감하게 된 것이다. 요즘 나는 글이 쓰고 싶은 것만큼이나 이미지가 보고 싶을 때가 많아졌고, 시각예술에 대해 조금이라도 식견을 갖추고 싶어졌다. 내가 글쓰기에서 시작해서 점차 이미지로 다가갔듯이, 사진으로 시작한 블로거가 점차 글쓰기로 다가오는 사례도 보았다. 블로그는 어른을 위한 최적의 '에듀테인먼트'다.

블로그는 개인 대 개인의 사업 기회를 준다. 웹은 조직의 도움이 없이도 개인이 다른 개인을 찾아 비즈니스 기회를 창출할 수 있는 장을 제공한다. 내 글쓰기 강좌도 내 블로그와 연구소 사이트 두 군데에서만 홍보하는데도 명맥이 유지된다. 웹 시대에는 나의 관심사가 내 주소지가 된다. 더 이상 물리적인 로컬local이 없으므로, 내 콘텐츠가 주목을 끌 수 있다면 그 파급 속도는 믿기 어려울 정도로 빠를 것이다. 톰 피터스가 〈내 이름은 브랜드다〉에서 한 말은 언제 봐도 가슴 떨리는 유혹이다.

> "브랜드유Brand You에게는 전 세계가 무대다. 이것은 새로운 게임이다. 만약 당신의 '상품'이 정말 멋지다면 하룻밤 사이에, 혹은 적어도 매우 빠르게 '세계적인' 주목을 받을 수 있다. 당신을 다그치려는 건 아니다. 다만 무엇보다도 웹 덕분에 현 추세는 당신 편이라는 것을 말하고 싶다. 당신에게 정말 멋지고 독점적인, 재미있는 것이 있다면 세상에 내놓아라, 자신 있게."

글쓰기를 습관화하는 단계에서도 블로그는 일등 공신이다. 블로그는 공개된 일기장이요, 글쓰기 창고다. 혼자 비공개로 하는 것보다 여러 사람에게 공개하고 훈련을 해 나가면 좋은 점이 많다. 관심사가 비슷한 사람들이 모여 상호 지지를 할 수도 있고, 혼자서 이루기 어려운 목표를 공언하여 좀 더 강력하게 실천해 나갈 수 있다. 블로그에는 짧고 일상적인 글을 매일 올리기가 쉽다. 무언가를 매일 한다는 것은 감각의 포충망이 아주 촘촘해지는 것을 뜻한다. 놓치기 쉬운 느낌과 사례를 차곡차곡 쌓아 두기 좋은 것이다. 나는 책을 쓸 때 블로그 덕을 톡톡히 보았다. 전에 쓴 짧은 글들이 요소요소에 다 쓰이는 것을 보며 살짝 놀랄 정도였다. 이것만으로도 블로그는 충분히 칭송받을 만하다.

또 블로그를 꾸준히 하면 자신의 주제를 찾기에도 용이하다. 블로그를 하다 보면 테마가 필요해진다. 자신도 모르게 자주 다루고 있거나, 방문객들이 적극적인 반응을 보여 주는 분야가 있다. 이 중에서 두세 번의 시행착오를 통해 자신의 주요 관심사가 걸러진다. 테마를 정하고 꾸준히 포스팅하다 보면 전문성이 쌓여 출간으로 이어지는 경우도 많다. 외국의 경우 블룩blook(blog+book)의 비중이 상당히 높다고 한다. 편집자들도 검증받은 콘텐츠를 선호하기 때문일 것이다. 우리나라에도 요리, 인테리어, 여행 분야의 파워블로거들이 저자가 된 경우가 수없이 많다. 나도 블로깅을 통해 '역동적으로 나이 들기active aging'라는 주제를 찾을 수 있었다. 이것은 내 첫 책의 주제를 넘어 인생 후반전의 주제가 되었다.

5. 최소한 50권의 주제 집약적 독서를 하고, 100편의 씨앗 글을 써라

어렴풋이 관심 분야가 정해졌으면 그 분야에 나와 있는 책을 모두 찾아 읽어야 한다. 다치바나 다카시 같은 사람은 책 한 권을 쓰기 위해 꼼꼼하게 완독하는 책만 백 권이 넘는다고 한다. 인풋 대 아웃풋이 100대 1이 되어야 한다는 얘기다. 최소한 50권은 읽어야 그 분야에서 이루어진 업적과 흐름이 보일 것이다. 이때 주제의 범위에 속하지 않는다 해도 눈길을 끄는 책은 함께 읽는 것이 필요하다. 의외로 전혀 색다른 분야에서 내 글을 풀어 나가는 실마리를 얻는 수가 많다. 영화와 과학, 여행과 학습, 심리학과 음악 등. 이제껏 아무도 시도해 보지 않은 이종교배에서 신선한 결과물이 나온다.

책의 내용뿐만 아니라 구성 포인트에도 역점을 두어 꼼꼼하게 살펴본다. 같은 내용의 원고라고 해도 어떤 콘셉트를 부각시켰는가에 따라 책의 인상은 180도로 달라진다. 거기에 눈길을 확 잡아채는 타이틀이 있으면 금상첨화다. 그것은 편집부의 역할이기도 하지만 쓰는 사람이 자기 원고가 가장 잘 어필할 수 있는 각도를 알고 있으면 좀 더 빠르게 기회를 얻게 될 것이다. 책을 볼 때 주제 의식이 시의적절한지, 어떤 독자층에 요긴할지, 목차와 구성 방식, 그 책만의 장점과 아쉬운 점을 뜯어보는 습관을 들이면 원고 기획에 대한 감각을 단련할 수 있다.

이때 책 속에서 발견한 인상적인 예화나 경구를 반드시 정리해 놓는다. 여기에 내 느낌을 붙여서 소제목별로 분류해 놓으면 나중에 본격적인 글을 쓸 때 큰 도움이 된다. 일단 주제를 잡았으면 오매불망 그 시각을 가지고 모든 것을 들여다본다. 그러면 도처에서 내게 말을 걸어오는 것이 있을 것이다. 나의 경험과 상상, 주변 사람들에게서 들은 이야기, 미디어를 통해 듣는 세상 이야기, 책을 통해 접한 것들을 아울러 편안하게 씨앗 글을 쓰기 시작한다. 멋진 제목을 붙여 블로그에 연재하면 좀 더 부지런해지고 성취감도 배가되어 좋다. A4 한 장 정도의 길이로 백 편 정도 쓰기를 권한다. 이 정도면 하고 싶은 말이 어느 정도 정리가 되면서 목차를 잡을 수 있다. 그러면 전에 쓴 씨앗 글을 적절하게 배치하고 부족한 것을 보완하며 초고를 쓰면 된다. 목차는 초고를 쓰면서 몇 번이고 다시 세심하게 다듬어진다.

책 쓰기를 일차 목표로 두고 성심껏 노력하면 3년이면 내 책을 가질 수 있다. 첫해에 준비 독서 50권을 하며 미스토리와 사생글 쓰기로 기본을 다진다. 최하 백 편은 써야 한다. 두 번째 해에 주제 독서 50권을 하며 주제 집약적 글을 백 편 정도 쓴다. 그러고 나서 초고를 쓰는 데 6개월 정도 걸리고, 편집부와 조율하며 원고를 다듬고 출간에 필요한 시기까지 합하면 3년이 걸리는 것이다.

6. 나의 글쓰기 스타일을 분석하라

그런데 책 쓰기에 뜻을 둔 대부분의 사람들이 3년 안에 책 쓰기에 성공하지 못한다. 나도 3년 만에 계약이 되었고, 초고를 쓰는 데 6개월, 출간 절차에 다시 6개월이 걸려 총 4년이 걸렸다. 주제를 찾는 데 너무 시간이 오래 걸려 두 번째 1년을 허비한 것이다. 마냥 놀지는 않았으니 첫해 과정을 두 번 보냈다고 생각하면 될 것이다. 이런 경험을 거쳐 글쓰기 강사가 되고 보니 후진들이 시행착오를 최소화할 수 있도록 좀 더 강력한 프로세스를 제시하고 싶어졌다.

내 수강생은 40대 초반의 직장 여성이 다수인데, 인생 2막을 주도할 수 있는 전문 영역을 찾고자 고심하며 읽고 쓰기에 매진하고 있다. 각자의 기질과 상황에 따라 책 쓰기에 집중하는 속도가 다른 것은 당연하지만 그 과정을 막 거쳐 온 내 눈에는 좀 더 가지치기를 했으면 좋겠다는 안타까움이 들 때가 많았다. 그들보다 오래 살아 보고 얻은 안목 덕분에 보이는 것이 조금 늘었을 뿐, 나도 그 연배에는 그들보다 더 많이 헤매고 똑같은 문제에 빠지곤 했다. 그렇기에 아직 경험해 보지 않은 것을 다른 사람의 조언만으로 건너뛴다는 것이 쉽지 않다는 것을 잘 알고 있다. 하지만 그럼에도 불구하고 시행착오를 줄여서 시간을 버는 방법은 먼저 살아 본 사람의 경험을 자기화하는 것밖에 없다.

글쓰기를 처음으로 접하는 사람들의 유형을 몇 가지로 정리해 보았다. 자신의 모습을 객관적으로 파악함으로써 좀 더 효율적인 문제 해결이 가능하기를 바라는 충심이지 절대 누구를 평가하고 지적하는 것이 아니다. 그럼에도 꼭 자기 얘기인 것 같아 신경 쓰이는 사람을 위해 한마디 더 보태자면 이 유형은 어느 개인에게 국한된 것이 아니라 일종의 스테레오 타입이다. 개념화하기 쉽도록 특정 개인이 일부만 가지고 있는 특성을 극대화했다는 말이다. 보통은 이 중에서 극히 일부분만을 가지고 있거나, 두세 가지 유형을 함께 갖고 있다고 보면 된다.

내가 진단한 문제 유형은 경험주의, 기질적 망설임, 분석 과다, 초점부재, 실행력 부족의 다섯 가지다. 글을 쓰는 데 경험이 차지하는 부분이 크고, 그것이 다음 단계로의 이행을 막고 있는 경우를 '경험주의'라고 지칭해 보았다. 이런 경향을 가진 사람은 아주 성실하고 모범적인 생활인인 경우가 많다. 일상생활에 대한 비중이 높다 보니 누구보다 열심히 생활에 임했고, 소정의 성취를 이루기도 했다. 그러나 글쓰기란 바른 생활을 넘어서는 그 무엇이다. 바른 생활을 새롭게 자리매김하기 위해서라도 '바르지 않은 그 무엇'에 대한 이해가 필요하다. 전통을 예로 들어 보자. 전통적인 의식주나 생활 규범은 거의 대부분이 복원할 만한 가치가 있는 것들이다. 정갈하고 자연 친화적이라 지속 가능한 성장을 고심하는 사람들이 전통적인 삶의 방식으로 돌아가기도 한다. 그러나 요즘처럼 복잡다단하고 변화무쌍한 자극이 난무하는 시대에 그저 좋은 것이니 지키자고 한다면 설득력이 있을까? 오직 전통만을 신봉하고 전통밖에 모른다면 시대착오적인 '꼰대' 취급을 받을 염려가 있다. 그러나 발전이라고 불리는 것들의 허상을 조목조목 짚어 가며 전통의 경쟁력과 필연성을 설파한다면 대안 철학자가 되는 것이다. 내 경험을 둘러싸고 있는 사회문화적 요건에 대한 이해가 필요하다. 내 경험을 뛰어넘는 독서와 편력을 통해 누구 앞에서도 내 것이 우월하다는 주장을 할 수 있어야 한다. 특유의 성실함과 실행력을 살려 새로운 분야를 섭렵해 나간다면 신실한 경험의 가치도 더욱 빛날 것이다.

신중함이 지나치거나, 자기 확신이 약하거나, 글쓰기에 대한 눈높이가 너무 높거나 해서 자신이 하고 싶은 말을 글로 옮기는 데 시간과 노력이 너무 많이 들어가는 경우를 '기질적 망설임'으로 명명해 보았다. 이들은 유독 자기가 가진 문제에서 헤어 나오지 못한다. 분명히 어느 정도 극복한 듯한 글을 보았는데 어느새 똑같은 자리에 가 있다. 남들보다 섬세하고 예민한 촉수를 가진 데다, 자기 성찰 지능이 발달했기 때문이다. 이처럼 센시티브한 감각 체계가 글쓰기의 원천이므로 이들은 글을 써야 하고, 또 상대적으로 우월한 언어적 재능을 갖고 있기도 하다. 그런데 이것들을 발현시키는 것이 너무 힘든 것이다. 구체적인 요인이 무엇이든 자신이 같은 자리를 맴도는 것이 지나치다는 생각이 든다면, 그냥 탁 놓아 버렸으면 좋겠다. 이들이 그토록 힘들어하는 이유를 알고 보면 '남들이 내 글을 읽고 어떻게 생각할까'처럼 별로 근거가 없는 것이기 때문이다. 남들은 내가 생각하는 것처럼 그렇게 나에게 관심이 많지가 않다. 내가 그런 것처럼 그들도 자기에게 신경 쓰느라 바쁠 뿐이다. 단순한 나는 이 정도 생각만으로도 보이지 않는 시선에서 벗어날 수 있었다. 무엇보다도 쉬지 않고 귓전에서 종알대는 목소리를 쫓아 버려야 한다. '느낌은 사실이 아니다!', '난 나야! 나는 내 식대로 글을 쓸 권리가 있어!' 하는 강력한 만트라를 준비해 두었다가 귓전에서 검열자의 목소리가 들리기 시작하면 크게 소리치며 물리쳐 보자. 머리를 힘차게 좌우로 흔든다든지 몸짓과 겸하는 것도 좋겠다. 고질적인 습관에서 벗어나려는 결단이 있다면, 이제껏 시달려 온 세월이 억울할 정도로 쉽게 빠져나올 수 있다. '공연히 나 혼자 그러는 거지 끊임없이 나를 바라보는 남들의 시선 같은 것은 존재하지 않아!' 이렇게 되뇌며 그냥 걸어 나오면 된다.

단순한 성격의 나는 대략 방향만 일치하면 의기투합하는 이심전심을 선호하지, 너무 이것저것 따지는 사람이 좋게 생각되지 않는다. 확고한 집필 철학을 세우기 전에는 글을 쓰고 싶다는 말도 못하는 신중파보다는 어느 정도 준비가 되었으면 무조건 쓰면서 생각하는 행동파가 발전 속도가 빠르다고 생각한다. 물론 내 입장만이 옳다고 생각하지는 않는다. 본인도 어쩔 수 없는 천성이 있을 것이고, 세상을 살아가는 데나 직업적인 측면에서도 두 번 세 번 완벽하게 챙겨야 하는 국면이 더 많을 테니까 말이다. 또 이처럼 전후좌우로 딱 아귀가 맞아야 움직이는 사람들이 분명하고 야무지다. 책을 많이 읽고 사고력이 깊어서 아는 것도 많다. 다만 '벼르다 벼룻돌 깨진다'는 속담처럼 분석하고 준비하는 사이에 글쓰기에 대한 열의가 가라앉지 않기만을 바랄 뿐이다. 만에 하나 분석 과다의 습관 뒤에 글쓰기에 대한 두려움을 숨겨 놓고 있지는 않은지 돌아보기 바란다. 일단 쓰자. 쓰면서 생각하고, 쓰면서 공부하면 그 모든 것이 자양분이 되지만, 그렇지 않으면 관념이나 자기 검열이 되어 머리만 커질 수도 있다.

만약 지식이 풍부하고 문장력도 좋은데 책을 못 쓰고 있다면 초점이 부족한 건 아닌지 의심해 보기 바란다. 몇 년 동안 유심히 살펴보니 지식과 문장력의 순서대로 책을 쓰는 것이 아니라, 책 쓰기를 최우선으로 놓고 공들이는 사람에게 기회가 열리고 있었다. 재주가 많고 관심사가 여럿이라 기획안을 계속 바꾼다든지, 방대한 지식을 하나의 초점으로 잘라 내지 못하면 책을 낼 수가 없다. 책 쓰기에 뜻을 두었다면, 더욱이 글 쓰는 삶을 동경한다면 반드시 첫 책 쓰기라는 관문을 통과해야만 하는 거고, 그러기 위해서는 전략적인 접근이 필요하다. 아이템이 많다는 것은 좋은 일이지만 우선순위를 정해서 될 때까지 밀어붙이는 자세가 필요하다. 꾸준히 글을 쓰고 있기는 한데 신변잡기에 머물러 있는 경우에도 주제 있는 글로 에너지를 집결시켜야 한다. 일정한 성과가 없이는 지치는 것이 인지상정이고, 한 사람의 에너지가 무한한 것도 아니니, 한정된 자원을 효율적으로 관리하기 바란다. 많은 것을 갖추었는데 '초점 부재'로 인하여 꿈을 이루지 못한다면 너무 안타까운 일이 아닌가! 인생 중반을 넘어 늦게 시작하는 사람이라면 특히 단시일에 집약적으로 도전하여 성취하기 바란다. 무작정 많은 것을 알아야 책을 쓰는 것이 아니라 얼마나 매혹적인 관점을 가지고 정렬시키느냐가 관건이니 초점과 구성력 등 꼭 필요한 작업에 매진하면 될 것이다.

그리고 이제 무엇보다 중요한 실행력에 대한 이야기를 할 차례다. 글쓰기에 출사표를 던진 이후에도 그에 상응하는 추진력이 나오지 않는 실행력 부족의 정체는 게으름 아니면 두려움이라고 생각한다. 나는 게으름을 '경미한 우울증'이라고 응징한다. 살면서 반드시 이루고 싶은 꿈이 없어 자기 안에 웅크리고 있는 것이기 때문이다. 나를 벌떡 일으켜 움직이게 할 만한 가치를 발견하지 못한 것이니 얼마나 슬프고 착잡한 일인가! 이것은 내가 게으르지 않다는 뜻이 아니다. 오히려 누구보다 늘어지고 게으른 사람이기에 통렬한 자기비판을 겸하여 게으름을 경계하는 것이다. 게으름은 어떤 핑계에도 불구하고 무조건 나쁘다. 인생을 절반밖에 살지 못하게 하기 때문이다. 정말 살고 싶은 삶을 만나기 위해서는 미리 죽음 앞으로 달려가 보라고 한다. 죽음이 목전에 닥쳤을 때 뜨거운 각성의 눈물을 흘려도 소용없다. 아직 살아 볼 시간이 남아 있을 때 나를 들어 헌신하자. 그것이 무엇이든 반사회적인 가치만 아니라면 나태함보다 더 나빠지는 않을 것이다.

첫 책을 낸 직후 글쓰기 강좌를 하고 싶었다. 전에 초중등 대상이

나마 글쓰기 교실을 4년간 운영한 경험이 있어 그다지 낯설지 않았고, 강의안도 뚝딱 짜 놓았다. 그런데 마지막 2퍼센트의 두려움이 만만치 않았다. 나는 그 두려움의 근거가 무엇인지 똑바로 들여다보았다. 그랬더니 의외로 뿌리가 없는 것이 아닌가! 최악의 경우라고 해봤자 수강생이 모이지 않는 일에 불과했고, 무언가를 처음 시작할 때의 막연한 부담 말고는 실체가 없는 허풍선이었던 것이다. 하고 싶고, 할 수 있고, 해야만 하는 일을 안 할 이유는 어디에도 없었다. 그래서 눈 딱 감고 내 블로그와 연구소 사이트에 공지를 올렸다. 그렇게 시작한 강좌가 2년이 되었고, 경험이 쌓이면서 계속 진화해 나가고 있다.

두려움은 '기질적 망설임'을 불러오는 원인이기도 하다. 그러나 계속 나를 주시하는 커다란 눈이 허상이라면, 그 눈에 대해 두려움을 품는 것은 과대망상 아닐까? 다른 사람에게 잘 보이고 싶다는 전제부터 의심해 보자. 정말 어른이 되면 타인의 사랑을 기대하지 않게 된다고 한다. 내게 의미 있는 소수라면 몰라도 불특정 다수의 의견에 연연해야 할 이유가 무엇이란 말인가! 게다가 그들이 일사분란하게 나를 배척한다는 증거도 없는데? 똑바로 바라보고, 탁! 놓아 버리는 것, 이 두 가지만 연습해도 훨씬 담대해진다. 머릿속으로 커다란 바위라고 생각했던 장애물이 행동에 나서 보니, 그저 들어서 옮겨 놓기만 하면 되는 자갈에 불과했다는 사람이 많다. 실체가 없는 가짜 두려움은 실행력 앞에서 안개처럼 사라질 것이다.

7. 서로 격려와 자극을 나눌 수 있는 팀을 찾아라

사람은 모두 다르다. 이것 한 가지만 단단히 알고 있어도 인간관계에서 느끼는 갈등의 절반 이상이 줄어들지도 모른다. 보통 사람 사이에서 갖는 어려움은 상대방이 내가 기대한 대로 움직이지 않는다는 데 있기 때문이다. 그런데 저마다 유전자에 새겨진 DNA와 살아온 배경과 그로 인해 형성된 2차 성격이 모두 다른 상대방이 내가 기대한 대로 움직일 이유가 없다. 많은 사람들이 인간관계 때문에 고심하는 것으로 알고 있는데, 여기에 대한 내 처방은 창조적인 작업을 하는 동호회에 가입하라는 것이다. 동호회는 가족이나 직장처럼 첨예하게 묶이는 관계가 아니고 느슨하게 적절한 거리를 두고 회전된다. 그 대신 사진이나 그림, 글쓰기처럼 주요 활동을 통해 자신의 내면세계를 적나라하게 노출시키게 된다. 바로 여기에 바람직한 인간관계의 해법이 숨어 있다. 지나친 기대를 하지 않으니 만족의 수위가 낮아지는 대신, 창조적 활동을 통해 함께 성장하는 발전적인 관계가 형성되는 것이다. 오래된 연인이나 부부가 갈수록 박제화되는 것은, 기대는 있되 서로에 대한 탐험을 멈췄기 때문이라고 생각하는 나에게 동호회 활동은 많은 암시를 준다. 이건 여담이지만 이런 이유로 커뮤니티 비즈니스에 많은 기회가 숨어 있다. 교제에 대한 부담이 없으면서 소속감을 주고, 지속적인 성장을 할 수 있는 모임을 원하는 사람이 많아 보인다.

글쓰기 카페 활동을 하면서 내가 첫 번째로 얻은 것은 세상 사람들이 얼마나 다른가에 대한 확인이었다. 글이라는 것이 자신의 모든 것을 드러내지 않고는 이루어질 수 없는 것이라 더욱 그랬을 것이다. 전에는 피상적으로만 알고 그냥 지나쳤다면 카페 활동을 통해 구체적으로 똑똑히 알게 되었고 그런 만큼 수용할 수 있는 폭이 대거 넓어졌다. 만약 우리 중에 누가 소설을 쓰고자 한다면 다양한 캐릭터에 대한 이해와 그들을 통해 얻은 간접경험이 크게 도움이 되리라.

그다음에 얻은 것은 순도 백 퍼센트의 자극이었다. 글을 쓰며 살겠다고 결심했다 해도 수시로 출렁거리는 것이 사람이다. 나도 모르게 강좌에도 익숙해져 시들해져 있을 때마다 수강생들의 글을 읽으면 나는 순식간에 깨어났다. 그들이 가끔 보여 주는 번뜩이는 재능, 혀에 착 감겨 오는 빼어난 비유, 치열한 자기 고민, 왕성한 독서량과 집필 욕구는 나의 나른해진 감각을 쪼아 대곤 했다. 카페에서 가장 많이 배우는 사람은 아마 명색이 선생인 나일 것이다.

하루에도 몇 번씩 카페를 들여다보다가 여행길에 올라 접속이 뜸했던 적이 있는데, 일주일 이상 간격을 두고 접속해 보니 카페의 열기에 뒤로 나자빠질 지경이었다. 보리차가 다 끓었나 무심히 주전자 뚜껑을 열었을 때, 얼굴에 화기가 확 끼얹어진 것처럼 그 느낌은 생생했다. 저마다 자기다움을 찾아 골몰하는 수강생들의 모습은 아름다웠다. 내 눈에는 각자의 장점이 보이는데 그것도 모르고 다른 사람을 칭찬하기 바쁜 모습들이 싱그러웠다. 어떤 사람이 먼저 나아간 한 걸음, 내가 갖지 못한 것을 가진 사람에게 보내는 선망의 시선은 고스란히 내 발길을 재촉하는 회초리가 되어, 이렇게 에너지를 주고받으며 나란히 걷다 보면 모두가 '참 자기'라는 이름으로 우뚝 서는 날도 멀지 않을 것 같았다. 우연히 글쓰기 강좌에서 만난 사람들이 빚어내는 생명력은 잔잔한 감동이었다.

이제 나는 나의 앞날만이 아니라 이들의 미래에 대해서도 진정한 관심을 품게 되었다. 이들이 어떤 성장 배경을 가졌고, 어떤 결단과 과정을 거쳤는지를 보아 왔으므로 이들이 원하는 것을 기어이 이룰 수 있기를 기원하는 마음이다. 가정과 직장이 아닌 '제3의 장소'가 필요하다는 말들을 많이 한다. 그곳이 꼭 물리적인 장소일 필요는 없으리라. 수시로 접속하여 교감을 나누고, 격려와 자극을 교환할 수 있는 온라인 동호회를 적극 활용하라. 여기에서 얻을 수 있는 것은 무지 많다. 비슷한 관심사를 가진 사람들에 대한 선의의 경쟁심이 나를 밀어붙이는 동력이 되어 줄 것이고, 에너지 레벨이 살짝 낮은 사람은 2인3각 하듯 동료의 기운에 힘입어 나아가다 보면 어느새 혼자 걷고 있는 자신을 발견할 것이다. 사람들이 내 글의 어떤 측면에 반응하는지를 살펴볼 수 있고, 나와 다른 사람들의 탐구와 경로에서 많은 정보와 참고사항을 얻을 수 있다. 무엇보다 정기적으로 글을 쓰게 해 주니 이것이 드림팀이 아니고 무엇이랴!

8. 책 쓰기를 만만하게 보자

예전에 시골에서 잔치를 하려면 꼭 돼지를 잡았다. 두어 사람이 붙잡은 돼지의 정수리를 도끼로 내려쳐 단번에 숨을 끊어 놓지 못하면 일이 몇 배로 커진다. 설맞은 아픔을 이기지 못해 몸부림치는 돼지를 놓치기 일쑤이고, 피칠갑을 한 채로 길길이 뛰어다니는 놈을 붙잡기 위해 난리법석이 나기 때문이다. 그 무렵 애들 아빠가 돼지를 내려칠 때 단숨에 성공하려고 집중하되 너무 힘이 들어가면 오히려 실패한다는 얘기를 해 주었다. 있는 힘을 다하되 그 일을 과중하게 여기는 것이 아니라 내심 '요까짓 것' 하는 심정으로 덤벼야 한다는 것이었다. 그 말을 들으며 인생의 기로를 결정하는 모든 중요한 일에 그런 자세가 필요하겠다는 생각이 들었다. 입시를 치르는 학생, 어려운 수술에 임하는 의사, 경기에 임하는 선수, 중요한 연설을 하기 위해 연설대에 오르는 정치가 등 중요한 실전에 임하는 모든 사람은 최고의 기량을 발휘해야 한다는 압박감을 가진다. 그런데 평소 실력을 유감없이 발휘하기 위해서는 안정감과 자신감이 꼭 필요하다. 일체의 실수도 하지 말아야 한다는 긴장감과 함께 최선의 자기가 될 수 있는 여유라는 역설적인 이중성이 필요해지는 것인데, 바로 그것을 애들 아빠가 콕 짚어 준 것이다.

글쓰기 강좌를 하다가 문득 그 일이 떠오른 이유는, 대부분의 수강생들이 책 쓰기에 엄두를 내지 못해서다. 결론부터 얘기하면 나는 글쓰기에 이끌리거나, 글쓰기를 잘해 보고 싶은 사람은 누구나 책 쓰기에 도전하기를 권하고 싶다. 책을 쓰기로 작정했다 해도 3~4년이 걸리니, 그 기간 동안 훈련해도 충분하기 때문이다. 앞에서 누누이 강조한 대로 좋은 글을 쓰기 위한 원칙은 그다지 복잡하지 않다. 물론 이런 글쓰기 원칙에 입각하여 내 이야기를 펼쳐 놓기 위해서는 일정한 시간을 들여 꾸준히 노력하는 것이 필요하다. 결국 누가 먼저 형질의 변화를 가져오는 임계점에 도달하느냐가 중요하다. 널리 알려진 대로 누가 즐겁게 '만 시간'을 채우느냐가 관건인데, 똑같이 읽고 쓰기를 하더라도 책 쓰기를 일순위에 두고 두 눈에 불을 켜고 콘셉트를 찾아 부심하는 사람이 먼저 기회를 맞이하겠는가, 아니면 '언젠가는…' 하는 막연한 소망을 품고 끝없이 공부만 하는 사람이 빠르겠는가. 그대 글을 잘 쓰고 싶은가? 아직은 명확하진 않지만 글쓰기 안에서 길을 찾게 되리라는 예감이 있는가? 내가 원하는 삶을 만들어 가기 위해서는 책을 쓰는 것이 필수적이라는 사실을 인정하는가? 여기에 동의한다면 더 이상 망설이지 말고 책 쓰기에 도전하라. 브라이언 트레이시의 말처럼 '이미 해답이 나와 있는 것에 쓸데없이 시간을 낭비하지 마라'. 그는 많은 사람들이 목표의 중요성을 몰라서 혹은 실패에 대한 두려움 때문에 목표를 세우지 않는다고 말한다. 하지만 성공의 요체는 간단하다. 그것은 '목표 설정'과 '실행' 단 두 단어로 축약될 수 있다. 그의 부추김은 너무 명료하고 강력해서 읽을 때마다 자세를 바로 하게 된다.

"성공이 곧 목표이고 그 외의 모든 것은 주석이다. 성공한 사람들은 대단히 목표 지향적이다. 그들은 자신이 원하는 바를 알고 있으며, 하루하루 오로지 그것을 이루는 데에만 전념한다. 목표를 설정하는 능력은 성공의 최대 기술이다. 목표는 긍정적인 정신을 깨우고 목표 달성을 위한 아이디어와 에너지를 해방시킨다. 목표가 없으면 삶의 풍랑 속에서 표류하며 흘러갈 뿐이다. 목표가 있으면 마치 화살과도 같이 표적을 향하여 곧장 날아간다."

　바로 이것이 글쓰기 훈련에도 목표가 필요한 이유이고, 그것은 당연히 책 쓰기다. 책 쓰기라는 목표는 일상과 학습에 초점을 제공하여 시간에 밀도를 더해 준다. 사랑에 빠지면 세상천지가 그 사람으로 범벅이 되듯, 마음속에 간절한 목표를 갖고 있으면 보이는 것 모두에서 의미를 발견하게 되는 것이다. 도달할 목표를 갖고 있으면 습관적인 자기 회의에 빠져 유실되는 시간도 줄어든다. 어쩌면 그대는 책 쓰기를 너무 대단하고 엄숙한 것으로 여기고 있는지도 모르겠다. '내가 무슨 책을 써…' 하는 생각에 일생일대의 과업으로 미뤄 놓고 있을지도 모르겠다. 하지만 책 쓰기가 극소수 전문가의 손에서 보통 사람들의 손으로 넘어온 지는 오래되었다. 오히려 전문가들이 책을 쓰기가 더 어렵다. 어떤 분야라도 전 세계를 상대해야 하는 문턱 없는 글로벌 시대가 되었기 때문이다. 경력과 소속에서 자유롭고 학술서가 아닌 대중서를 겨냥하는 우리가 책 쓰기 훨씬 편하다.
　최소한 한 분야의 책을 50권 읽고, 씨앗 글을 백 편쯤 쓸 수 있는 정도의 끈기와 탐구심이 있다면 책 쓰기를 일순위에 놓고 일상을 재배치해 보자. 서점에 나가 얼마나 많은 평범한 사람들이 책을 썼는지 돌아보며 '그까짓 것, 내가 하고 만다' 전의를 다지자. 모든 것은 의도에서 시작된다. 그리고 무슨 일이든 결의를 품을 때에는 이 일에 전력투구하겠다는 비장함 못지않게, 못할 것도 없지 하는 자신감이 함께 요구된다. 그 간발의 차이가 그대의 잠재력을 최대한 발휘시켜 줄 것이기 때문이다.

9. 인생에 더 많은 것을 기대하라

서구에서는 빅 토커big talker를 존중하고 육성하는 문화가 있다고 한다. 모든 일을 가능한 한 크게 생각하고, 그 생각을 가능한 한 크게 표현하는 것을 토크 빅talk big이라 하고, 그런 사람을 빅 토커라고 한다. 현실은 점점 말의 리드를 받기 때문에 빅 토커에게는 행복을 끌어당기는 힘이 갖춰져 있다는 것이다. 말을 앞세우는 것을 경계하는 우리와는 대조적이다. 나는 어려서 동화 〈큰 바위 얼굴〉을 읽고 큰 감동을 받았다. 그 이야기의 주인공은 언젠가 마을 산의 바위 형상을 닮은 위인이 나타나 삶의 지혜를 알려 줄 것이라는 전설을 들으며 컸다. 그 전설을 마음에 품은 주인공은 평생 동안 큰 바위 얼굴을 찾아 헤매며 살았다. 그를 만났을 때 부끄럽지 않도록 자기 수련을 게을리하지도 않았을 것이다. 세월이 많이 흐른 어느 날 주인공이 무슨 얘기를 하기 위해 사람들 앞에 섰을 때였다. 마침 황금빛 햇살이 마을을 둘러싼 산꼭대기에 있는 바위와 주인공을 함께 비췄을 때,

누군가 "똑같다! 큰 바위 얼굴이다!"라고 소리쳤다. 주인공은 큰 바위 얼굴을 만나지는 못했으나 오랫동안 그를 흠모하며 살아오는 동안 자기 자신이 그와 같은 인물이 되어 있었던 것이다.

"똑같다! 바로 그가 큰 바위 얼굴이다!"라고 소리치는 장면을 읽으며 어린 내 마음이 두근거렸다. 깨끗하고 한적한 시골 마을에 찬란한 저녁 햇살이 비치는 가운데 바위산 아래 서 있는 한 인물이 보이는 것 같았다. 이후에도 여러 번 책 속의 인물에게 감정 이입을 거듭하며 내 안에 '존경받는 중요한 인물'에 대한 동경이 자리 잡았을 것이다. 성격 급하고 직관적이라 엄벙덤벙 일을 저지르고 살아오면서도 바위산이 있는 마을에 사는 한 소년의 마음을 잊지는 않았다. 주로 책을 통해 배움을 얻고 공감을 얻다 보니 책을 읽던 중에 감격에 겨울 때가 많다. 어떤 구절에 깊이 공감하면 머리카락이 쭈뼛 서면서 온몸의 솜털이 오소소 일어서는 듯 전율이 온다.

책 속에는 수많은 큰 바위 얼굴들이 있다. 좋은 저자들에 대한 신뢰와 부러움이 나를 이끈다. 그들을 통해 고유한 삶을 추구하는 에너지를 계속 수혈받고 있으므로 지치지 않는다. 책으로 쓰고 싶은 아이템이 너무 많아서 마음이 바빠지고, 비전이 자꾸 커져서 피식 웃기도 한다. 아이디어는 있는데 게으르기도 하고 업무 수행 능력이 취약하므로 쉽사리 시작하지는 못하겠지만, 하고 싶은 일이 계속 떠오르는 덕분에 활기차게 살 수 있다. 절대로 자화자찬이 아닌 것을 알아주리라 믿는다. 자신의 삶을 이끌어 가는 힘의 원천은 자기 자신에게서 나와야 한다는 말을 하고 있는 것이다. 자기 확신이 있고 추구하는 지향점이 있을 때 그 사람은 지속적인 성장을 할 수 있다. 자신의 이상형을 상정해 놓고, 그 인물과 비슷해지기 위한 발걸음을 멈추지 않는 것, 그것이 바로 큰 바위 얼굴의 비밀이요, 빅 토커의 원동력이 아닐까.

결국 인생에 대한 기대치가 필요하다. 명확한 그림이 필요하다. 원하는 것을 정확하게 알고 있는 사람이 그것을 얻게 된다. 구체적인 목표가 없이 막연하게 잘 살고 싶다고 생각만 하는 사람은 자원과 에너지를 분산시켜 아무 곳에도 도달하지 못한다. 어쩌다 뒷발로 잡은 행운마저도 지켜 내지 못한다. 의도를 갖느냐 안 갖느냐의 여부가 당신이 원하는 인생을 살 수 있는가 그렇지 못한가를 결정하는 첫 단추다. 상상할 수 있는 한 커다란 꿈을 꾸라. '꿈은 보이는 곳에 있되 손에 닿는 곳에 있어서는 안 된다'는 말처럼, 가슴을 뛰게 하는 비전이 아니라면 그대의 잠재력을 최대한 이끌어 내지 못하기 때문이다. 인생에 더 많은 것을 기대하라. 그것에 대해 큰 목소리로 이야기함으로써 그것을 가질 자격이 있다고 잠재의식을 세뇌시켜라. 그대의 상상력과 실행력이 이 세상에 펼쳐 놓는 그대의 이야기다. 살아 있다는 것은 이야기를 가지고 있다는 것이다. 이야기가 끝나면 삶도 멈춘다. 날마다 그대의 이야기를 떠올리고 기록하고 정교하게 다듬다 보면, 어느 날 그대는 너무도 익숙한 그 장면에 아주 오래전부터 있어 온 것처럼 자연스럽게 머물게 될 것이다.

10. 역량감으로 내 삶을 장악하라

우리 문화에서 말이 앞서는 사람을 인정하지 않는 이유는 말보다 실행에 주안점을 두었기 때문이고, 서양에서 빅 토커를 높이 사는 이유는 말이 인식을 조성하고 실천을 담보한다는 가정이 있기 때문일 것이다. 우리 나라 사람이든 서구인이든 실천이 따라오지 않는 말은 허약하기 그지없다. 실행력이 없는 자신감은 허풍에 불과하다. 그래서 나는 자신감이라는 말보다 역량감이라는 말을 더 좋아한다. 자신감이 너무 범위가 넓어 공허하다면 역량감은 구체적인 분야를 두고 하는 말이라 구체적이다. 자신감이 '돈 워리, 비 해피Don't worry, Be happy'를 노래하고 있을 때 역량감은 단계적인 프로세스를 구상한다. 자신감이 당사자의 주관에 의존해야 하는 데 비해 역량감은 주기적으로 성과를 보여 준다. 내가 원하는 삶을 살아갈 수 있다는 긍정적인 자기 이미지는 결단코 역량감에 근거해야 한다. 구체적인 영역이 정해져야 하고, 시한을 명시한 세부 목표가 있어야 하며, 작으나마 계속해서 성과를 낼 수 있어야 한다. 역량감은 눈에 보이는 자신감이다.

역량감은 냉정한 자기평가를 기초로 생겨난다. 무슨 일이고 해낼 수 있다는 근거 없는 낙관주의가 아니라, 나의 기질에 부합한 일을 어느 정도까지 추구하면 이룰 수 있겠다는 전망이다. 과잉 낙관주의는 현실에서 단련된 것이 아니라 사소한 난관에도 상처 입고 보통 사람들보다 더 심하게 좌절하기도 한다. 역량감을 가진 사람은 인생의 패러독스를 이해하고 있기에 최선을 다해도 실패할 수 있다는 것을 인정한다. 그는 세상일이라는 것이 균질하고 공평한 재료로 이루어진 것이 아니라, 오히려 상반되는 모순의 결합체라는 것을 알고 있다. 얻는 것이 있으면 잃는 것이 있으며, 큰 말이 나가면 작은 말이 들어오고, 그야말로 호사다마好事多魔와 새옹지마塞翁之馬가 횡행하는 것이 인생이다. 운도 무시할 수 없다. 그래서 그는 옳고 그른 것, 좋고 싫은 것을 굳이 나누고 판단하고 배척하기보다 양면의 진실을 보고자 하며 전체를 껴안으려 노력한다. 언제나 중요한 것은 균형과 조화이며, '또는or'이 아닌 '그리고and'이며, 진실은 흑백이 아닌 회색지대에 있다는 것을 알고 있다. 그는 서둘지도 않고 멈추지도 않는다. 성공만큼이나 실패에서도 배우는 것이 많다. 무엇보다도 그는 인생의 어느 시점에서든 다시 시작할 수 있다.

원하는 삶을 만들어 가고자 하는 사람은 역량감으로 무장해야 한다. 정기적으로 성과를 낼 수 있어야 한다. 그대, 글쓰기를 좋아하고 글쓰기의 위력을 믿는다면, 더 이상 글쓰기의 부름을 거부할 수 없다면, 다시 처음으로 돌아가서 미스토리부터 쓰기 시작하자. 너무 길게 잡지 말고 서너 달로 한정하여 살아온 날을 정리해 보자. 차근차근 나의 충정 어린 조언을 믿고 따르며, 계획대로 행하는 작은 성공을 쌓아 큰 성공으로 나아가자. 이 책의 제목은 '나는 쓰는 대로 이루어진다'이다. 쓰는 것이 지상 목표가 아니라 무언가를 이루는 데 방점이 찍혀 있다. 글쓰기를 통해 그대가 추구하고자 하는 궁극적인 가치는 무엇인가? 가지에 가지를 치고, 꼬리에 꼬리를 무는 관심사를 좇아 이번 생에 주어진 기회를 모조리 탐구해 보자. 진정한 삶의 의미를 찾아 온몸을 던져 보자. 진중한 탐구심과 근면한 실행력을 가지고 있는 힘껏 살아서, "삶은 내 의도대로 되었다"고 말할 수 있도록 그렇게 한번 살아 보자.

내 삶의 대본을 직접 쓰다, 미래 자서전

"어린 시절을 어떻게 보내셨어요?" 이렇게 묻는다면 저마다 나오는 대답이 있을 것이다. 내 이야기를 해 보자면, 아버지는 내가 태어난 뒤부터 살림이 폈다고 나를 예뻐하셨다고 한다. 아버지의 각별한 사랑은 내가 성인이 될 때까지 계속되었고, 나는 아버지의 사랑으로 내가 존귀한 사람이라는 확신을 가질 수 있었다. 지금도 서부역 앞 아버지 사무실로 올라가는 나무 계단이 기억난다. 용돈이 궁해 아버지 사무실로 찾아가면 아버지는 천 원을 달라는 내게 이천 원을 주시곤 했다. 나는 생후 10개월부터 걷기 시작해서 돌날에는 이웃집에 직접 떡을 돌릴 정도로 걸음이 능숙했다고 한다. 얼마나 빨빨거리고 돌아다녔는지 그해 여름에 샌들 하나를 다 떨어뜨렸을 정도라고. 유년기에는 종알종알 말을 잘해서 동네 사람들에게서 변호사 시키라는 말도 제법 들었다고 한다. 1960년대 마포 골목 이야기이니 그 수준은 믿을 것이 못 되지만, 내 어린 시절에 대한 엄마의 회고 가운데 그중 기분 좋은 대목이다.

생뚱맞게 시효 지난 자랑을 하는 것이 아니라 어떤 기억도 '이야기'의 형태로 보존되고 전달된다는 말을 하고 있는 중이다. 나처럼 에너지의 원천이 되는 시절이 아니라 도저히 떠올리고 싶지 않은 끔찍한 기억이라 해도 마찬가지다. 널리 알려진 대로 오프라 윈프리는 보통의 아이들과 다른 유년 시절을 보냈다. 미혼모에게서 태어난 그녀는 할머니와 엄마, 아버지 사이를 오가며 컸으며 가난에 시달렸다. 아홉 살부터 여러 명의 친척들에게 성폭행을 당했고, 자포자기하여 방종한 사춘기를 지내다 급기야 14세에 조산아를 분만하기도 했다.

우리가 어떤 사람인지 말하기 위해서는 어떤 경험을 거쳤는지를 이야기할 수밖에 없다. 우리는 이야기를 통해 살아온 날을 정리하고 스스로의 정체성을 쌓아 간다. 이야기로 정리되지 않은 기억은 망각 속으로 미끄러져 별똥별처럼 사라진다. 이야기는 그 실체를 깨닫지 못할 정도로 우리 삶과 너무나 밀접하게 결부되어 있는 것이다. "10년 후에 어떤 삶을 살고 싶으세요?" 이번에는 이렇게 물어보겠다. 과거뿐만 아니라 미래 역시 이야기로 구상되고 꿈꾸어진다. 평소에 생각을 많이 하고 차근차근 준비하고 있는 사람은 '10년 후의 나'에 대해 할 말이 많을 것이다. 그때쯤에는 직장 생활을 정리하고 하고 싶던 공부를 시작한다든지, 귀농하여 자연과 벗하며 살고 싶다든지 어떤 계획도 이야기로 드러난다. 반면에 도무지 어떻게 살아가야 할지

막막한 사람은 어떤 말도 할 수가 없다. 과거로부터 흘러와 현재를 살고 있고, 미래로 뻗어 나가야 할 이야기가 하나의 흐름으로 이어지지 않는다면 삶도 끊길 위험이 크다. 더 이상 삶의 대본을 쓸 수 없을 때 사람들은 극단적인 선택을 하기도 한다. 우리는 이야기를 통해 살고 있다고 해도 과언이 아닌 것이다.

이렇게 보면 우리 모두 자기 인생의 작가인 셈이다. 우리는 인생 경험을 재료로 새로운 이야기를 펼쳐 가는 저자다. 그렇다면 그 많은 경험 중에서 무엇을 택할 것인가, 이것이 중요해진다. 앞서 나는 내 어린 시절의 소중한 기억에 대해 이야기했다. 나라고 왜 언짢은 기억이 없겠는가. 초등학교 4학년 때 전학을 왔는데 담임 선생님이 어찌나 쌀쌀맞은지 적응을 못하고 무단결석을 한 적이 있다. 막 입학한 남동생까지 데리고 스케치북이며 회충약 값 같은 적절한 잡부금을 타 내서 군것질을 하며 놀이터를 전전했다. 무심도 하지. 근 한 달이 지난 후에야 학교에서 연락이 와서 내 땡땡이 행각이 들통이 났다. 물론 죽지 않을 만큼 혼이 났다. 만화 가게에 가기 위해 엄마의 잔돈을 슬쩍한 일도 여러 번 있었다. 어려서부터 덩치가 커서 여기에 관한 좋지 않은 기억도 몇 개 있다. 하지만 나는 이것을 먼저 기억하지 않는다. 나는 긍정적인 플롯을 지닌 인생 작가이기 때문이다.

긍정성으로 따지면 오프라 윈프리는 세계 최고라고 해도 과언이 아닐 것이다. 심란했던 어린 시절에 비해 그녀는 방송계에서 일찍 자리를 잡았다. 그녀가 승승장구하던 시절 이복동생이 그녀가 14세에 미숙아를 낳았으며, 그 아기가 며칠 만에 죽었다는 사실을 언론에 터뜨렸다. 언론은 죽 끓듯 들끓었고 극심한 고통에 시달리던 오프라는 결국 동생을 용서한다. 그녀 자신이 용서를 하지 못한다면 방송에서 누군가를 용서하라고 말할 수 없기 때문이었다. 그리고 그녀는 미디어의 여왕으로 세계적인 백만장자로, 아프리카의 교육자로 우뚝 섰다. 나는 그녀에게서 이야기의 전형을 본다. 비밀이 알려졌을 당시에는 죽고 싶도록 괴로웠을지 몰라도 결과적으로 그것은 득이 되었다. 더 이상 그녀는 세상을 속이지 않아도 되었고, 끔찍했던 유년 시절이 극적인 성공과 대비되어 그녀의 신화를 완성해 주었다. '실수는 모든 사람이 한다, 실수란 당신이 잘못된 길을 가고 있다는 것을 알게 해 주는 신의 배려'라는 그녀의 절대 긍정이 큰 역할을 했음은 물론이다.

이야기적인 세계관을 가지면 어지간한 실수나 고통은 극복할 수 있다. 어떻게든 이 갈등을 해소하고 해피엔드를 만드는 것이 주인공인 나의 역할이기 때문이다. 여기 내 삶의 대본이 있다. 지금은 상상도 할 수 없는 우연한 만남, 아주 커다란 비전을 위해 하나는 비워 두었다. 내가 내 삶의 저자라는 인식을 갖고 있으면 적극적으로 내가 원하는 삶을 만들어 나갈 수 있다. 그대는 삶의 대본을 직접 쓰고 있는가? 그대의 플롯은 비극인가, 희극인가? 아니면 영웅 신화인가?

1. 일

2011년 9월, 두 번째 책 〈나는 쓰는 대로 이루어진다〉를 출간했다. 쉰 살이나 되어서 시작한 글쓰기를 통해 삶을 바꾼 나의 진솔한 이야기는 제법 주목을 받았다. 이것은 최근 자기 탐구에 대한 열풍과 무관하지 않다. 요즘은 40대가 진짜 청춘이다. 멋모르고 허비한 20대에 비해 그간의 경험에서 얻은 절실함을 가지고 본격적으로 자기 삶을 찾아 나서는 시기이기 때문이다. 독자적인 삶을 추구하는 자에게 글쓰기는 필수적인 장비이고, 진정 어린 팁으로 가득한 내 책이 그들에게 스며든 것이다. 글쓰기에 대한 책을 내고 나니 강좌 기회가 늘어 출간한 지 1년 만에 내가 원하는 수익 모델에 도달할 수 있었다. 덕분에 신촌에 작업실을 열었다. 20평의 아담한 공간이지만 강좌를 위해 더 이상 대여 공간을 전전하지 않아도 된다.

2012년, 내 개인 아카데미를 열었다. 1년에 열 명씩 모아 책 쓰기를 훈련하는 도제식 교육과정이다. 그동안 강좌를 해 오면서 글쓰기가 문장력보다도 심리적인 문제라는 데 주목해 왔다. 많은 사람들이 자신의 재능을 알아보지 못하고 있었고, 글쓰기 안에서의 적절한 목표를 설정하지 못했고, 일단 목표를 세운 뒤에는 꾸준히 헌신하지 못하고 있었던 것이다. 나는 글쓰기가 한낱 손끝의 문제가 아니라 삶 전체와 연관되어 있으며, 그 첫걸음은 긍정적인 자기 이미지와 실행력의 문제라는 것을 알게 되었다. 이런 생각을 가지고 심리학과 코칭 공부를 꾸준히 한 결과 수강생들의 강점을 좀 더 잘 알아보고, 독려할 수 있게 되었다. 이로써 많은 사람들이 내 아카데미를 통해 중요한 변화를 맞이하였다. 세상에 내 목소리를 내는 중요한 관문인 자신의 책을 갖게 됨으로써, 저마다 새로운 자신감과 기획력, 행동력을 갖게 되어 새로운 삶을 열어젖혔다.

3년 만에 나의 아카데미는 작지만 탄탄한 교육기관으로 자리 잡았다. 누군가를 도와줄 수 있다는 것은 인생 최고의 기쁨이다. 살면서 깨달은 중요한 것들을 전파하는 일이니, 강좌는 내 존재를 증명하는 것이고 조금도 힘들 것이 없다. 늦게 시작한 만큼 나는 줄기차게 썼다. 돌아가시기 몇 달 전까지 책을 내신 박완서 선생님처럼 나도 평생 현역이 될 것이다.

2. 가족

딸은 졸업하자마자 스쿠버다이빙 자격증을 따고 전 세계를 돌며 레저스포츠를 섭렵하더니, 대단한 사업가가 되었다. 입버릇처럼 한국 남자는 답답해서 싫다더니 국제결혼을 해서 남편과 함께 태국, 뉴질랜드, 베트남 등지에 지점을 가진 레저스포츠 전문 여행사를 차려 승승장구하고 있다. 그들의 회사는 패키지여행, 배낭여행에 이은 제3세대 스포츠여행 바람을 일으키며, 가격 대비 양질의 프로그램으로 스포츠여행의 저변을 넓혔다. 언젠가 베트남 여행 중에 무이네 해변에서 본 장면이 떠오른다. 한 여자가 윈드서핑용 보드에 서서 노를 젓고 있었다. 멀리서 보아도 탄탄한 근육으로 다져진 실루엣이 멋진 그녀는 아득한 수평선에 한 점으로 남을 때까지 나아갔다. 그녀는 한 시간도 넘게 조붓한 보드에 선 채로 바다를 떠다녔고, 나도 한 시간 넘게 그녀를 지켜보았다. 해안이 10킬로미터에 달한다는 거대한 바다, 나는 바라만 보아도 두려움이 이는 거대한 바다를 노 하나

로 부리고 있는 그녀가 감탄스러웠다. 사방천지 아득한 바다에 홀로
서 있는 기분은 어떤 것일까. 무엇이 그녀로 하여금 망망대해로 나아
가게 하는 것일까. 그녀의 내면에 내가 짐작도 할 수 없는 고독과 분
노, 열정이 뒤엉켜 용솟음칠 것 같았는데, 그때의 이미지가 내 딸의
모습과 겹쳐진다.

아들은 10년 만에 회사에서 해방되었다. 그동안 꾸준히 필살기를
다지는 한편 어느 정도의 활동 자금을 확보할 수 있었다. 내가 글쓰
기 캠프를 세우기 위해 마련한 부지 한쪽에 아들은 체험형 펜션을
지었다. 대학 3학년 때 휴학을 하고 한옥건축학교를 수료한 이후 오
랫동안 품어 온 꿈이 이루어진 것이다. 10년 동안 수없이 손질하며
구상해 온 설계에 따라 직접 지은 한옥에서 아들은 요리와 목공 수
업을 제공한다. 책도 두어 권 쓴 데다 딸의 레저스포츠, 나의 글쓰기
캠프와 연결되어 아들의 펜션은 꽤 유명하다. 갈수록 여행이 보편화
되어 테마가 있는 여행, 한 군데 머물며 다양한 취향을 만족시키는
여행이 정착한 덕분이다. 조용하고 계획 세우기 좋아하는 기질 그대
로 아들은 차근차근 자신의 펜션을 마니아들의 왕국으로 꾸미며, 일
상에 푹 빠져 즐기고 있다. 이럴 줄 알고 나는 아들의 이름자에 '즐
길 낙樂' 자를 넣어 두었었다.

우리 셋 다 자기가 하고 싶은 일을 하면서 먹고살고 있다. 아니 일
이라기엔 놀이에 가까워서 아무리 해도 힘들지 않고 언제나 우리를
흥분시킨다. 자기 분야에 대한 헌신이 우리의 삶의 핵심이다. 우리는
가족 그 이상이다. 아이들이 대학을 졸업할 무렵 한바탕 미래를 꿈

꾸는 대화 끝에, 우리 가족은 새로운 일을 도모하고 만들어 가는 데 적격이라는 말을 딸이 한 적이 있다. 내가 워낙 애면글면 자녀를 돌보는 모성상에서 먼 대신, 젊은 사람보다도 실험적이고 성장 지향적이어서 그런 말을 했을 것이다. 어쨌든 절대 공감이다. 이 또한 새로운 가족문화의 대안으로 내 책의 아이템이 될 수 있다는 생각에 두 배로 환영한다.

그는 학원 건물을 작은 빌딩으로 바꿔 임대업을 하고 있다. 잔정이 많고 부지런하고 솜씨 좋은 그에게 딱 맞는 일이다. 재혼도 했다. 그가 잘 살아서 내 마음이 좋다.

3. 여행

2011년부터 매년 열흘 이상 해외여행을 갔다. 어디를 가나 사람이 살고 있었고, 나는 더 이상 내가 특별한 사람이라고 생각하지 않게 되었다. 내 안의 보편성을 인정하고, 보편적인 인간을 받아들일 수 있게 된 것이다. '아는 만큼 보인다'는 말을 넘어 '아는 만큼 사랑할' 수 있어서, 여행은 나를 열린 마음을 가진 코스모폴리탄으로 거듭나게 해 주었다. 뿐만 아니라 여행은 무진장한 저술 아이템의 보물 창고였다. 나이를 먹을수록 관심사가 다양해지고 탐구열이 늘어나는 데다 세계를 뒤지고 다닐 여력이 생기니, 내 책의 주제는 '세계의 집 구경', '세계의 정원 구경', '공동체 실험', '오지에서의 봉사활동'으로까지 넓혀졌다. 여행만으로도 소중한 경험인데, 그것을 다시 책으로 재창조했으니 얼마나 귀한 성과인가! 시각적인 면에도 신경을 많이 쓴 내 책들은 하나같이 그림책에 가깝다. 소중한 사람이 선물한 액세서리처럼 늘 몸에 붙이고 쓰다듬고 싶은, 내 인생의 사치품이다. 나는 여행하기 위해 글을 쓰고, 글쓰기 위해 여행하는 일을 계속한다.

4. 나눔

여행 작가 오소희는 여행을 네 단계로 나누었단다. '어디를 가든 나 자신만을 들여다보기, 그곳을 있는 그대로 바라보기, 나를 열어 그들과 관계 맺기, 내가 가진 것을 나누어 그곳을 더 좋은 곳으로 만들기!' 이 말에 접하는 순간 댕댕 가슴속에서 종소리가 들렸다. 이미 내 것이었던 어떤 생각에 이제야 맞닿은 느낌이었다. 스무 살의 내가 사정없이 농촌활동에 이끌렸듯이 언젠가 내가 세계의 오지에 꽂히리라는 것을 나는 알았다. 아프리카나 히말라야, 아니면 동남아의 오지 어느 곳, 여행을 다니다 마음이 가는 곳에서 의미 있는 활동을 하고 싶다.

5. 공간

시내에서 일이 많을 때는 가끔 작업실에 머물기도 하지만, 주거지는 경기도의 한 근교다. 나는 이곳에서 엄마와 같이 산다. 내 집은 조그맣지만 전망 좋고, 계단이 예쁜 이층집이다. 이층의 서재에는 내 인생의 책들이 빼곡하게 꽂혀 있다. 모두가 내 안에 들어와 나의 일부, 내 책의 일부가 된 책들이다. 내가 저자로서 어느 정도 입지를 마련한 다음에는 마음에 꼭 드는 책이 있으면 저자를 청하여 만나는 일이 잦아졌다. 그렇게 해서 친분 있는 저자 그룹이 생겼다. 자주 만나지는 않지만 우리는 서로의 책을 제일 먼저 받아 보는, 무섭고도 애틋한 독자가 되어 준다. 책을 읽다 내다보면 일하고 계시는 엄마의 모습이 보인다. 마당에는 엄마의 소일거리인 텃밭과 아들의 목공소가 있어, 아들도 주말마다 온다. 그다지 넓지 않은 텃밭이지만 우리가 일 년 내 먹을 채소를 재배하기에 충분하다. 커다란 냉동고와 김치냉장고를 두 개씩 구비하여 수확 철에 쟁여 놓으면 채소를 살 일은 없다. 아련히 들리는 아들의 전기톱 소리가 우리 집의 배경음악이다.

6. 베스트셀러

2015년 출간한 나의 다섯 번째 책은 20만 부가 팔려서 베스트셀러가 되었다. 나는 꼭 대박 나는 책을 쓰고 싶었다. 돈보다 영광이랄까, 이제껏 살면서 한 번도 나 자신에게 빛나는 면류관을 씌워 주지 못했다는 생각에서다. 이상하게도 어릴 때부터 만사를 데면데면 눈 아래로 내려다보는 편이라 마음을 다해 도달하고 싶은 곳이 없었던 탓이다. 글을 쓰기 시작하면서 한 번은 최고의 자리에, 그 빛나는 정점에 서 보고 싶다는 목표가 생겼는데 드디어 이루었다! 그러니 베스트셀러를 쓰고 싶다는 것은 세속적인 욕심이라기보다 나를 계속 걸어가게 하는 힘이요, 내 인생에 클라이맥스를 만들고 싶은 자기애의 상징이다.

7. 관계

원로 작곡가 김희갑과 작가인 양인자는 부부이기 이전에 한 팀이
다. 그들이 함께 만든 노래는 '킬리만자로의 표범', '사랑의 미로', '립
스틱 짙게 바르고', '알고 싶어요' 등 이루 셀 수가 없을 정도다. 오래
전 인터뷰 기사에서, 아내가 가사를 써 놓으면 남편이 곡을 붙이는
데 어쩌면 그렇게 자기 마음을 잘 살렸는지 놀라울 정도라고 한 말
이 내 마음에 들어와 박혔다. 방송작가 김기호, 이선미 부부의 경우
도 생각난다. 그들은 〈발리에서 생긴 일〉을 쓸 때 컴퓨터 한 대를 가
지고 작업했다고 한다. 아내가 쓰다가 자리를 비우면 남편이 이어서
쓰곤 했다니, 이들이야말로 일심동체가 아닐까. 방송작가 중에는 '홍
자매'라는 이름으로 자매가 함께 작업하는 팀이 둘 있다. 만화 '신의
물방울'의 스토리작가 아기 다다시도 한 사람이 아닌 남매의 필명이
다. 나는 이들처럼 무언가를 함께 만들어 내는 사람들이 참 좋아 보
인다. 딱히 부부가 아니더라도 창작의 세계까지 공유하는 사람들이
전 존재를 투영하는 소통을 이룬 것이라는 생각에서다. 더구나 함께
작업한 결과물이 후대에까지 살아남아 영향을 미친다면 그것은 내
가 상상할 수 있는 최고의 삶이요, 의미다.

그토록 〈릴케의 로댕〉에 매혹되었던 것도 이런 이유였던 것이다.
젊어서 막연히 로맨스를 꿈꾸었다면 이제는 서로의 창조성을 속속
들이 이해하는 지기를 꿈꾼다. 관심사와 가치관이 비슷해서 공저를
하든지, 사진이나 그림 작업으로 참여하는 것도 좋을 것이다. 서로가
서로에게 스며들어 가 창작의 계기가 되거나, 지식을 공동 생산하는

것! 언감생심 릴케와 로댕만큼은 아니더라도, 내가 꿈꾸는 최고의 인간관계다.

8. 매력

나는 전에 내 미래 풍광이 너무 단순한 것이 마음에 들지 않았었다. 좀 더 거창한 비전이 필요할 것 같았다. 그런데 아니었다. '무엇이' 되느냐가 중요한 것이 아니라 '어떻게' 하느냐가 중요한 것이었다. '넓이'가 아니라 '깊이'다. 예를 들어 책을 쓰는 것이 중요한 것이 아니라 '어떤' 책을 쓰느냐가 중요한 것이고, 작가가 되었다고 목에 힘을 줄 것이 아니라 '어떤' 작가가 될 것인지에 사활을 걸어야 할 것이다.

자기중심성이 강한 나는 천방지축 내 생각만 하느라 외부에 비치는 모습에 전혀 관심이 없었는데 점점 변하게 되었다. 아이들이 성장하여 관계 역학에 변동이 일어났을 뿐 아니라, 더러 객관적인 눈으로 나를 평가하기도 하니 '어떤' 엄마가 되어야 할지 궁리하게 되었고, 작으나마 글쓰기 강좌도 비즈니스이니 '어떤' 강사가 되어야 할지 고심하게 된 것이다. 한발 더 나아가 내가 '어떤' 인간인지에 대해 생각하는 시간이 늘었다.

나는 언제까지나 새로운 일을 시작할 수 있는 호기심과 행동력을 갖고 싶고 그를 통해 이 세상에 없던 가치를 더하고 싶다. 그리하여 사람들에게 다시 시작하고 싶다는 활력을 불러일으키고, 실험 정신을 중요하게 여기는 사람들의 역할 모델이 되고 싶다. "저 사람은 그게 매력이야." 내가 원하는 것을 정확하게 인정받을 수 있도록 차근 차근 공들여야겠다. 내가 어느 길을 가고 있는지 정확하게 인지하여 운명의 주인이 되고, 세상에 열려 있으며 힘써 노력하여 내가 갖고 태어난 것 이상으로 성장할 수 있다면 내 삶은 성공이리라.

9. 마을

언제나 마을에 대한 그리움을 품고 있었다. 어스름이 깔릴 무렵 산길을 걷다 보면 언젠가 접한 듯한 익숙함이 몰려왔다. 유년기에 외가에서 뛰어놀던 기억, 20대에 농활 다닐 때의 기억을 몸이 간직하고 있었던 것이다. 어릴 때 읽던 동화책이 생각난다. 가끔 주인공이 사는 곳을 일개 주택이 아니라 커다란 농원이나 마을 전체로 표현할 때가 있었다. '그가 사는 곳은 스프링빌이었다.' 이런 식의 문장을 접하면 내 마음은 부러움으로 가득 찼다. 순한 짐승의 앞발 같은 산자락이 품어 주는 마을에 모여 사는 사람들, 혹은 마을 전체를 소유하는 상상으로 내 가슴은 뛰었다. 세월이 많이 흐른 후에도 이런 성향은 변하지 않아서, '피터 래빗' 캐릭터를 창조한 베아트릭스 포터의 농장이나 '타샤 튜더'의 농장, 건축가 원대연 부부의 '이원아트빌리지' 같은 곳은 생각만 해도 좋다.

나의 종착지는 마을이 되었으면 좋겠다. 어쩌면 그것은 아이들과 같이 하는 펜션 마을이 될지도 모른다. 아들은 한옥에서 요리와 목공 수업을 하고, 딸은 현대식 건물과 자연 속에서 레저스포츠를 주도하고, 나는 숲 속 방갈로에서 명상과 글쓰기 캠프를 주도한다. 넓은 마당과 산자락에까지 군데군데 건물이 서 있고, 우리 셋이 제공하는 과정에 수업을 받는 사람들이 머물다 보니 작은 마을이라고 불러도 좋을 만하다.

아니면 새로운 형태의 거주지 실험을 해도 좋겠다. 알다시피 유례없는 고령사회가 다가오고 있고, 가족이나 거주 형태의 극심한 변화가 예상된다. 공동육아를 벤치마킹하여 공동거주를 실험해 보거나, 혹은 실험적인 형태의 거주지에 합류하고 싶다. 어느 동호회에서 직접 마을을 조성할 수도 있다. 이곳에서 일 년에 한 번 축제를 연다. 무엇엔가 꽂힐 줄 아는 사람들, 자신의 일부를 담은 성과물을 만들어 낼 줄 아는 사람들, 무조건 자연에 '땡기는' 사람들이 속속 모여든다. 오랜 세월을 돌아 제자리로 돌아온 듯 감개무량하다.

봄의 과수원으로 오세요
꽃과 술과 촛불이 있어요
당신이 안 오시면
이것들이 무슨 소용이 있겠어요
당신이 오신다면
또한 이 모든 것들이
다 무슨 소용이 있겠어요
-잘랄루딘 루미

참고 도서

고미숙, 〈열하일기, 웃음과 역설의 유쾌한 시공간〉, 그린비
구본형, 〈마흔세 살에 다시 시작하다〉, 휴머니스트
김서령, 〈삶은 천천히 태어난다〉, 중앙북스
김선우, 〈김선우의 사물들〉, 눌와
김연수, 〈우리가 보낸 순간 : 소설〉, 마음산책
김용규, 〈철학 통조림〉, 김영사
김진규, 〈달을 먹다〉, 문학동네
김찬호, 〈생애의 발견〉, 인물과사상사
김탁환, 〈천년습작〉, 살림
김태원, 〈가장 듣고 싶은 한마디 Yes!〉, 지식노마드
문요한, 〈굿바이 게으름〉, 더난출판사
밥장, 〈비정규 아티스트의 홀로그림〉, 리더스컴
서정오 외, 〈내 인생의 글쓰기〉, 나남
안정효, 〈안정효의 글쓰기 만보〉, 모멘토
이강룡, 〈뚜껑 대신 마음을 여는 공감 글쓰기〉, 뿌리와이파리
이남희, 〈자기 발견을 위한 자서전 쓰기 특강〉, 연암서가
이만교, 〈나를 바꾸는 글쓰기 공작소〉, 그린비
이외수, 〈글쓰기의 공중부양〉, 해냄
이호철, 〈살아 있는 글쓰기〉, 보리
정덕현, 〈숨은 마흔 찾기〉, 엘도라도
정진홍, 〈완벽에의 충동〉, 21세기북스
주철환, 〈청춘〉, 춘명
최수묵, 〈기막힌 이야기 기막힌 글쓰기〉, 기네스출판사
편집부, 〈글쓰기의 힘〉, 한국출판마케팅연구소
한근태, 〈40대에 다시 쓰는 내 인생의 이력서〉, 미래의창
한승원, 〈한승원의 글쓰기 비법 108가지〉, 푸르메

고바야시 케이치, 〈4행일기〉, 새로운제안
나탈리 골드버그, 〈뼛속까지 내려가서 써라〉, 한문화
대니 그레고리, 〈창작 면허 프로젝트〉, 세미콜론
데릭 젠슨, 〈네 멋대로 써라〉, 삼인
데이비드 베일즈·테드 올랜드, 〈예술가여 무엇이 두려운가〉, 루비박스
라이너 마리아 릴케, 〈릴케의 로댕〉, 미술문화
러셀 베이커, 〈성장〉, 연암서가
로버타 진 브라이언트, 〈누구나 글을 잘 쓸 수 있다〉, 예담
로저 하우스덴, 〈서른, 시에서 길을 만나다〉, 21세기북스
린다 스펜스, 〈내 인생의 자서전 쓰는 법〉, 고즈원
베스 제이콥스, 〈감정 다스리기를 위한 글쓰기〉, 학지사
브라이언 트레이시, 〈목표 그 성취의 기술〉, 김영사
브렌다 유랜드, 〈참을 수 없는 글쓰기의 유혹〉, 다른생각
스티븐 킹, 〈유혹하는 글쓰기〉, 김영사
앨리스 카이퍼즈, 〈포스트잇 라이프〉, 까멜레옹
윌리엄 진서, 〈글쓰기 생각쓰기〉, 돌베개
이자와 고타로, 〈사진을 즐기다〉, 한국출판마케팅연구소
줄리아 카메론, 〈아티스트 웨이〉, 경당
톰 피터스, 〈내 이름은 브랜드다〉, 21세기북스